交通强国系列丛书

国家综合立体交通网研究成果汇编

（上册）

交通运输部加快建设交通强国领导小组　编

人民交通出版社股份有限公司

北　京

图书在版编目(CIP)数据

国家综合立体交通网研究成果汇编.上册／交通运输部加快建设交通强国领导小组编.—北京:人民交通出版社股份有限公司,2022.12

ISBN 978-7-114-18471-0

Ⅰ.①国… Ⅱ.①交… Ⅲ.①交通规划—研究成果—汇编—中国 Ⅳ.①F512.1

中国版本图书馆 CIP 数据核字(2022)第 257527 号

Guojia Zonghe Liti Jiaotongwang Yanjiu Chengguo Huibian(Shangce)

书　　名:	国家综合立体交通网研究成果汇编(上册)
著　作　者:	交通运输部加快建设交通强国领导小组
责任编辑:	韩亚楠　郭晓旭
责任校对:	孙国靖　宋佳时
责任印制:	张　凯
出版发行:	人民交通出版社股份有限公司
地　　址:	(100011)北京市朝阳区安定门外外馆斜街 3 号
网　　址:	http://www.ccpcl.com.cn
销售电话:	(010)59757973
总 经 销:	人民交通出版社股份有限公司发行部
经　　销:	各地新华书店
印　　刷:	北京印匠彩色印刷有限公司
开　　本:	720×960　1/16
印　　张:	21.5
字　　数:	320 千
版　　次:	2022 年 12 月　第 1 版
印　　次:	2022 年 12 月　第 1 次印刷
书　　号:	ISBN 978-7-114-18471-0
定　　价:	68.00 元

(有印刷、装订质量问题的图书,由本公司负责调换)

编 委 会

编审委员会主任
    杨传堂 李小鹏

编审委员会委员
  邹天敬 戴东昌 王志清 徐成光 付绪银
  费东斌 宋志勇 赵冲久 刘振芳

编写委员会委员
  李天碧 李国平 王忠刚 殷时军 韩　钧
  曾军山 黄小平 刘鹏飞 魏　东 卢尚艇
  李良生 吴春耕 蔡团结 彭思义 岑晏青
  李　扬 柯林春 王　雷 张大为 陈胜营
  侯振兴 王　强 张　清 刘　莹 刘　昕
  石宝林 张劲泉 刘占山 金敬东 徐洪磊
  赵忠德

编写委员会成员
  刘　东 宋彩萍 王　晨 邬志华 张金发
  尹振军 穆　阳 赵砚秋 陈　钟 高　翠
  王　婧 聂向军 陈　璟 郑学文 肖春阳
  耿彦斌 毛亚平 马衍军 杜彩军 刘　凌
  丁向群 黄威 卢　洋 杨环宇 张晓利
  赵晋宇 毛　睿 李镏洋 孔　哲 罗诗屹
  李　乾 左天立 高　飞 史书铨 蒋　斌
  邵春福 傅少川 刘　洋 欧阳斌 袁春毅
  姜彩良 刘振国 胡贵麟 李晓华 欧心泉
  李连成 樊　桦 李　茜 金凤君 李艳红
  朱高儒 胡华清 李鹏林 朱苍辉 陈小鸿
  王晖军 王明喆 张小强 张　兵 吴金中
  蔡　翠 陆化普 鲁光泉 张丽蒲 奚宽武
  崔　敏 姚晓霞 奉　鸣   李育天

前　言

为深入贯彻习近平总书记关于交通运输的重要指示批示精神，全面落实党中央、国务院关于加快建设交通强国、构建现代化高质量国家综合立体交通网的决策部署，在以刘鹤副总理为组长的《交通强国建设纲要》起草组领导下，交通运输部会同起草组成员单位组建了工作组，承担了《国家综合立体交通网规划纲要》（以下简称《规划纲要》）的起草工作。2019年4月，为支撑起草工作，围绕理论方法、现状评价、需求分析、布局方案和保障措施等方面，开展了12项研究专题（包括25个子课题），由中国科学院、中国社会科学院、国务院发展研究中心、清华大学、北京航空航天大学、北京交通大学、同济大学、中国城市和小城镇改革发展中心、国家发展改革委综合运输研究所、交通运输部规划研究院、交通运输部科学研究院、交通运输部公路科学研究院、国家铁路局规划与标准研究院、中国民航科学技术研究院、国家邮政局发展研究中心、中国石油规划总院等单位承担。在《交通强国建设纲要》起草组成员单位的指导下，各专题承担单位精心组织实施，深入开展调查研究，广泛听取各方意见，全面分析规划基础，运用各种交通规划理论与前沿方法，采用翔实的研究数据。专题研究重点不仅包括国家综合立体交通网及其主骨架、国家综合交通枢纽、面向全球的运输网络的空间布局，而且立足发挥各方式比较优势和组合效率，对综合交通统筹融合发展和高质量发展进行了专门研究，对国家综合立体交通网的体系框架、网络评估、需求预测、布局研究等进行了技术探索与创新。这些研究成果具有创新性和前瞻性，为《规划纲要》的起草工作提供了支撑。

2020年3月，我们出版了《交通强国建设专项研究成果汇编》，受到广大读者的好评，为贯彻落实《交通强国建设纲要》提供了有力支撑。本书编写组提炼国家综合立体交通网专题研究部分成果汇编成书，为共享研究成果，学习贯彻好《规划纲要》，以及为深化交通强国相关理论研究做好支撑。

在本书付梓之际，交通运输部加快建设交通强国领导小组向参与《规划纲要》编制的交通强国建设纲要起草组成员单位，以及参与专题研究的行业内外专家表示衷心感谢！深切希望本书能够为交通运输相关政府部门、企业、高校、科研院所等人员研究工作提供有益的参考，为逐步构建中国特色交通运输规划理论体系，加快建设交通强国贡献绵薄之力。同时也敬请广大读者对本书不足之处予以指正。

本书编写组
2022年12月

目 录

上册

第一章 概述 ················· 1
一、研究背景 ················· 1
二、基本内涵 ················· 5
三、研究范围 ················· 6
四、研究期限 ················· 8
五、总体定位 ················· 9
六、研究思路 ················· 11
七、研究体系 ················· 13
八、主要结论 ················· 14
九、主要创新点 ················· 18

第二章 各种运输方式技术经济特征及比较优势分析 ················· 20
一、技术经济特征及比较优势分析指标 ················· 20
二、各种运输方式技术经济特征及比较优势概述 ················· 22
三、各种运输方式比较优势分析模型构建 ················· 25
四、各种运输方式技术经济特征及比较优势分析 ················· 38
五、小结 ················· 41

第三章 综合立体交通网规划研究方法与模型 ················· 55
一、国家综合立体交通网规划研究思路与方法 ················· 55
二、超级交通网络需求预测模型 ················· 63
三、综合立体交通网规划研究相关模型的验证 ················· 72

第四章 综合立体交通网评价指标体系 ... 82
一、综合立体交通网评价指标构建思路 ... 82
二、国内外评价指标实践及研究综述 ... 85
三、综合立体交通网评价指标构建 ... 96

第五章 我国综合交通基础设施网络现状评价 ... 112
一、综合交通基础设施建设规划现状 ... 112
二、综合交通基础设施网络布局分析 ... 119
三、综合基础设施网络衔接分析 ... 123

第六章 未来经济社会发展对交通运输的要求 ... 138
一、宏观经济发展对交通运输的要求 ... 138
二、产业结构调整对交通运输的要求 ... 149
三、人口发展趋势对交通运输的影响 ... 155
四、城镇化与城市群发展对交通运输的影响 ... 160
五、未来消费需求变化对交通运输的影响 ... 165
六、新一轮科技革命对交通运输发展的影响 ... 171
七、研究结论 ... 177

第七章 未来交通运输需求分析 ... 181
一、我国运输需求发展现状分析 ... 181
二、发达国家运输需求的发展规律及借鉴意义 ... 191
三、未来我国客运需求预测 ... 208
四、未来我国货运需求预测 ... 227

第八章 面向全球的运输网络研究 ... 249
一、网络发展特征评估 ... 249
二、发展趋势研判 ... 260

第九章 国家综合交通网规模与结构研究 ... 271
一、我国综合交通网发展回顾与评价 ... 271

二、典型国家交通基础设施发展经验与启示 …………………… 278

三、综合交通网规模的影响因素及其趋势 …………………… 282

四、综合立体交通网规模的测定 …………………………… 295

第十章 国家综合立体交通网基础节点方案分析 …………… 308

一、研究意义 ………………………………………………… 308

二、研究范围及基础单元 …………………………………… 309

三、研究方法与数据 ………………………………………… 309

四、基础节点分析过程 ……………………………………… 313

五、中心节点识别结果及应用 ……………………………… 317

六、结果评价 ………………………………………………… 324

七、结论 ……………………………………………………… 327

第一章
概　　述

本章重点阐明研究背景、基本内涵、研究范围、总体定位、研究思路和研究体系等。

一、研究背景

交通是经济的脉络和文明的纽带，是国民经济的基础性、先导性、战略性产业和重要的服务性行业，是中国现代化的开路先锋。改革开放以来，特别是党的十八大以来，我国交通运输发展取得了历史性成就、发生了历史性变革，用几十年时间走过了发达国家上百年的发展历程，建成了交通大国，部分领域已经跻身世界先进行列，正阔步向着加快建设交通强国的奋斗目标迈进。

一是综合交通基础设施网络日趋完善。我国建成了全球最大的高速铁路网、高速公路网、世界级港口群，航空航海通达全球，综合交通网突破600万公里。截至2021年底，全国铁路营业里程已突破15万公里，其中高速铁路超过4万公里；全国公路总里程达到528万公里，高速公路覆盖98%的20万以上人口城市；全国港口万吨级及以上泊位2659个；城市轨道交通运营里程8708公里，超特大城市轨道交通加快成网；全国颁证运输机场达248个；"快递进村"比例超过80%，末端服务体系不断完善。高速铁路"四纵四横"主通道、国家高速公路"71118"主线、内河高等级航道"两横一纵两网十八线"、民用运输机场主干网络等基本形成，综合交通枢纽加快建设。交通运输极大缩短了时空距离，深刻改变了城乡面貌。

二是交通运输服务水平和保障能力不断提升。我国已成为世界上运输最繁忙的国家之一。铁路、公路、水运、民航客货周转量、港口货物吞吐量、邮政快递业务量等指标居世界前列。2021年完成营业性客运量83.03亿人次，旅客周转量19758.15亿人公里；完成城市客运量993.84亿人次；完成营业性货运量521.60亿吨，货物周转量218181.32亿吨公里；完成快递业务量1083.0亿件。交通运输服务体系更加完善，旅客出行服务更加便捷舒适，货运物流服务更加高效，有力支撑了国民经济持续快速发展。

三是国际互联互通不断加强。我国已经成为全球海运连接度最高、货物贸易额最大的经济体，港口货物吞吐量和集装箱吞吐量位居全球第一。中欧班列通达24个欧洲国家，国际道路运输合作范围拓展至19个国家，水路国际运输航线覆盖100多个国家，国内航空公司经营国际定期航班通航44个国家的153个城市。中欧班列、丝路海运、中欧陆海快线、空中丝绸之路极大便利了国家运输，"六廊六路多国多港"互联互通架构基本形成，为我国深度参与全球贸易、推进全方位对外开放，特别是在新冠肺炎疫情期间保障国际产业链供应链安全稳定提供了有力支撑。

四是交通运输科技现代化水平大幅提升。"复兴号"高速铁路等达到世界一流水平，C919大飞机、时速600公里高速磁浮试验样车等装备研制取得重大突破。港珠澳大桥、北京大兴国际机场、京张高速铁路、洋山深水港等一批超大型交通工程建成投运，标注了中国建造的新高度，成为中国发展的亮丽名片。新能源汽车占全球总量一半以上，新能源公交车占城市公交的比例超过66%。北斗系统在交通运输领域应用不断深入，智能船舶、智能网联汽车、无人配送、自动化码头等加快发展，中国交通正在现代化道路上阔步前行。

但是，与支撑全面建设社会主义现代化国家的新要求相比，我国综合交通运输发展仍然存在不平衡、不充分、不协调等问题，主要是网络布局仍需完善，结构有待优化，统筹融合亟待加强，资源节约集约利用水平有待提高，质量效率和服务水平不高，交通运输重点领域关键环节改革任务仍然艰巨等。目前的综合交通网络是在各种运输方式相对独立发展中形成的，资源统筹优化和综合利用不足。随着各种运输方式逐渐联网贯通，已经到了充分发挥各运输方式比较优势和组合效率，加强各种资源优化配置的关键时期。

党和国家领导同志高度重视交通运输事业发展，多次作出重要指示批示。2014年2月，习近平总书记在北京市考察时指出，要把解决交通拥堵问题放在城市发展的重要位置，加快形成安全、便捷、高效、绿色、经济的综合交通体系❶。2018年4月，习近平总书记在深入推动长江经济带发展座谈会上指出，沿长江通道集合了各种类型的交通运输方式，要注意加强衔接协调，提高整体效率。❷ 2018年6月，习近平主席在与俄罗斯总统普京乘坐高速铁路列车前往天津的谈话中指出，我们现在做立体的规划，过去是单独做，公路做公路的，铁路做铁路的，现在是把它全部综合起来考虑，哪里适合公路，哪里适合铁路，不要造成浪费，要用最合理的交通工具。❸ 李克强总理指出，要加快推进运输结构调整，提高综合运输效率，降低综合物流成本。这些重要论述，为科学推进国家综合立体交通网规划建设提供了根本遵循、明确了实施路径，为创新综合交通规划理念和方法指明了方向。我们必须站在党和国家事业发展全局的高度，深刻认识构建现代化高质量国家综合立体交通网的重大意义。

（一）这是立足新发展阶段，支撑全面建设社会主义现代化国家的时代要求

党的十九届五中全会指出，全面建成小康社会、实现第一个百年奋斗目标之后，我们要乘势而上开启全面建设社会主义现代化国家新征程、向第二个百年奋斗目标进军，这标志着我国进入了一个新发展阶段。党的十八大以来，在以习近平同志为核心的党中央坚强领导下，我国交通运输事业取得了举世瞩目的成就，建成了名副其实的交通大国，为全面建成小康社会，实现第一个百年奋斗目标提供了坚实支撑。在向第二个百年奋斗目标进军的新发展阶段，更需要交通运输。我国综合交通进入联网贯通和互联互通的新阶段，我们必须把握"综合"和"立体"两个关键，充分发挥各种运输方式的比较优势和组合效率，实现各种运输方式综合化、空间布局立体化、运输服务一体化，着力推动交通运输跨方式、跨领域、跨区域、跨产业融合发展，打造现代化高质量国家综合立体交通网，为全面建设社会主义现代化国家提供坚实支撑和有力保障。

---

❶ 出自《人民日报》（2014年02月27日01版）。
❷ 出自《人民日报》（2018年06月14日02版）。
❸ 出自《人民日报》（2014年02月27日01版）。

（二）这是贯彻新发展理念，满足人民日益增长的美好生活需要的内在要求

我国经济发展进入新常态，已由高速增长阶段转向高质量发展阶段，面临增长速度换挡期、结构调整阵痛期、前期刺激政策消化期"三期叠加"的复杂局面，传统发展模式难以为继。党中央强调，贯彻新发展理念是关系我国发展全局的一场深刻变革，必须实现创新成为第一动力、协调成为内生特点、绿色成为普遍形态、开放成为必由之路、共享成为根本目的的高质量发展，推进经济发展质量变革、效率变革、动力变革。在这样的宏观环境下，人民群众出行模式和货物流通方式正在发生深刻变化，高品质、多样化、个性化的出行需求不断增强，高价值、小批量、时效强的货物运输需求快速攀升。必须顺应新发展阶段的新要求，完整、准确、全面贯彻新发展理念，聚焦加快建设交通强国目标，构建便捷顺畅、经济高效、绿色集约、智能先进、安全可靠的现代化高质量国家综合立体交通网，打造一流设施、一流技术、一流管理、一流服务，推进交通出行从"走得了"向"走得好"转变，加快实现"人享其行、物优其流"，全面适应人民日益增长的美好生活需要。

（三）这是服务构建新发展格局，促进国民经济良性循环的现实要求

加快构建以国内大循环为主体、国内国际双循环相互促进的新发展格局，是关系我国发展全局的重大战略任务。近年来，经济全球化遭遇逆流，国际经济循环格局发生深度调整。构建新发展格局是应对世界大变局的战略举措，也是顺应国内发展阶段变化、把握发展主动权的先手棋。交通运输贯通生产、分配、流通、消费全过程，是畅通经济循环的重要环节，在构建新发展格局中具有重要地位和作用。我们必须加快优化国家综合立体交通布局，加强现代物流体系建设，打造开放、安全、稳定的全球物流供应链体系，形成统一开放、竞争有序的交通运输市场，推进交通与相关产业融合发展，充分发挥国家综合立体交通网在服务国民经济扩大循环规模、提高循环效率、增强循环动能、保障循环安畅、降低循环成本等方面的重要作用。

（四）这是贯彻落实党中央决策部署，加快建设交通强国的关键举措

加快建设交通强国，是党中央立足国情、着眼全局、面向未来作出的重大战略决策。2019年9月，中共中央、国务院印发的《交通强国建设纲要》明确提出"建设现代化高质量综合立体交通网络"的任务,党的十九届五中全会提出"加快建设交通强国,完善综合运输大通道、综合交通枢纽和物流网络"。党的二十大再次提出"加快建设交通强国"。国家综合立体交通网是现代综合交通运输体系的物质基础。我们必须以优化资源配置、完善功能布局、提高网络效率、增强系统韧性为导向,聚焦补短板、重衔接、优网络、提效能,加快构建以铁路为主干,以公路为基础,水运和民航比较优势充分发挥的现代化高质量国家综合立体交通网,为加快建设交通强国开好局、起好步奠定良好的基础。

二、基本内涵

深入贯彻习近平总书记关于交通运输重要指示批示精神,结合国家综合立体交通网提出的历史背景以及承载的重大使命,作为加快建设交通强国、支撑社会主义现代化国家建设的重要载体,国家综合立体交通网是全国交通基础设施的顶层网络,涵盖铁路、公路、水运、民航、管道、邮政快递等国家级基础设施,在全国交通基础设施网络中发挥骨干作用,充分体现综合化、立体化、一体化、高质量等时代要求与核心要义,具体含义包括以下几方面:

——综合化。国家综合立体交通网是由铁路、公路、水运、民航、管道以及邮政快递等交通基础设施有机组成的"一张网",充分考虑各运输方式的技术经济特征,实现"宜铁则铁、宜公则公、宜水则水、宜空则空",发挥各运输方式比较优势和组合效率。

——立体化。国家综合立体交通网统筹考虑经济社会发展需求以及国土空间开发保护和资源环境承载能力,高效利用地面、地下、水上、空中等各类空间资源,在宏观层面体现为空中走廊、陆路通道、海上航线、地下管廊等立体化布局,在微观层面体现为通道共用、立体布局、空间共享等立体化建设。

——一体化。国家综合立体交通网在方式间、领域间、区域间、产业间四个维度上实现统筹融合发展,体现为铁路、公路、水运、民航、管道等各种运输方式融合发展;交通基础设施网与运输服务网、信息网、能源网融合发展;区域交通协调发展、城乡交通一体化以及城市群、都市圈交通一体化发展;交通与相关产业融合发展。

——高质量。坚持创新核心地位,注重科技赋能,推进国家综合立体交通网数字化，提升交通运输智慧化发展水平。统筹发展和安全，加强交通运输安全与应急保障能力建设，注重系统安全性和韧性提升。加快推进绿色低碳发展，重点体现国土空间集约利用、生态保护修复、污染防治、节能降碳、资源节约等各项要求，促进交通与自然和谐共生。完善治理体系，提升治理能力，深化综合交通运输体制机制改革，推进"放管服"改革，构建统一开放、竞争有序的交通运输市场。

三、研究范围

根据国家综合立体交通网的基本内涵，在全国综合交通基础设施的构成及层次划分的基础上，界定国家综合立体交通网研究的范围。

（一）全国综合交通基础设施的构成及层次划分

层次性是交通基础设施网络的重要特征。对全国综合交通基础设施的层次划分进行研究，是确定国家综合立体交通网研究范围的重要前提。全国综合交通基础设施由全国范围内的铁路、公路、水运、民航、管道、邮政快递等基础设施构成，具体构成及层次划分情况总结如下：

——铁路基础设施的构成及层次划分。铁路基础设施主要包括线网设施和枢纽。从管理主体角度看，铁路线网可以分为国家铁路、地方铁路、专用铁路和铁路专用线。国家铁路是指由国务院铁路主管部门管理的铁路。地方铁路是指由地方人民政府管理的铁路。专用铁路是指由企业或者其他单位管理，专为本企业或者本单位内部提供运输服务的铁路。铁路专用线是指由企业或者其他单位管理的与国家铁路或者其他铁路线路接轨的岔线。从功能层次角度看，铁路线网可以分为高速铁路、普速铁路。高速铁路主要指服务于跨区间旅客快速交流的高速客运专线铁路，由"八纵八横"高速铁路主通道、高速铁路区域连接线和部分城际铁路（时速200公里及以上）组成。普速铁路主要包括服务于区域间和区域内客货运输的普速干线铁路，促进脱贫攻坚和国土开发的普速铁路，以及服务港口及物流园区、资源富集区等的集疏运铁路。铁路枢纽主要包括铁路客运枢纽和铁路货运枢纽。

——公路基础设施的构成及层次划分。公路基础设施主要包括线网设施和运输场站。线网设施从功能角度可以分为主干线公路、干线公路、集散公路和连接公路。从技术等级角度可以分为高速公路、一级公路、二级公路、三级公路、四级公路、等外公路。从行政管理角度可以分为国道、省道、县道、乡道、村道。其中，国道包含国家高速公路和普通国道，它们共同构成了我国的国家公路网。公路运输场站包括汽车客运站和公路货运站。其中，汽车客运站分为等级车站、便捷车站和招呼站。公路货运站从业务功能角度可以分为综合型、运输型、仓储型和信息型公路货运站。

——水运基础设施的构成及层次划分。水运基础设施主要包括港口和航道设施。港口一般分为沿海港口和内河港口。从功能层次角度看，全国港口可以分为主要港口、地区性重要港口和一般港口。航道一般包括内河航道和沿海航道。从功能层次角度看，全国内河航道可以分为高等级航道和其他等级航道。其中，高等级航道是可通航千吨级船舶的三级及以上航道，个别地区的航道受条件限制为可通航500吨级船舶的四级航道，是全国内河航道的核心和主干。从技术等级角度看，内河航道可以分为等级航道和等外级航道，等级航道包括一至七级航道。沿海航道是指在内海、领海中经建设、养护可以供船舶通航的通道。

——民航基础设施的构成及层次划分。民航基础设施主要是指民用机场设施。民用机场包括运输机场和通用机场。民用运输机场从功能角度可以划分为国际航空枢纽（含国际航空货运枢纽）、区域航空枢纽和非枢纽机场。国际航空枢纽通常是指航空作业规模大、服务国际客货运输功能较为突出的机场。该类机场主要服务国家对外开放战略要求，占据较好的地理区位，具有完善的地面设施、发达的航线网络，是全球航空网络中的重要节点。区域航空枢纽通常是指具有较大业务规模、国内航线覆盖广泛并具有一定国际功能的机场。非枢纽机场是指除枢纽机场以外的其他民用运输机场。

通用机场是使用民用航空器从事公共航空运输以外民用航空活动的机场。根据是否对公众开放分为A类和B类。其中，A类通用机场根据航空器搭载的乘客数量不同分为A1、A2和A3三级。

——管道基础设施的构成及层次划分。根据《中华人民共和国石油天然气管道保护法》《石油天然气管道保护条例》等，管道基础设施由输送石油（包括原油、成品油）、天然气（含煤层气）的管道及其附属设施构成，大体可以划分为干线管道和支线管道等。

——邮政快递基础设施的构成及层次划分。邮政快递基础设施大致分为全球性国际邮政快递枢纽集群、区域性国际邮政快递枢纽、全国性邮政快递枢纽和其他快递基础设施。

(二) 国家综合立体交通网的范围界定

根据国家综合立体交通网的基本内涵，结合全国综合交通基础设施构成及层次划分，对国家综合立体交通网的范围界定如下：

——根据《中华人民共和国铁路法》等，铁路网中的高速铁路、普速铁路在综合交通运输体系中发挥主干作用，作为国家级交通基础设施纳入国家综合立体交通网范围。

——根据《中华人民共和国公路法》等，国道（国家高速公路和普通国道）是具有全国性和区域性政治、经济意义的干线公路，纳入国家综合立体交通网范围。

——根据《中华人民共和国港口法》《中华人民共和国航道法》等，主要港口与国家高等级航道在全国港口体系和航道网中具有关键作用，纳入国家综合立体交通网范围。

——根据《中华人民共和国民用航空法》等，全国民用机场的布局和建设规划，由国务院民用航空主管部门会同国务院其他有关部门制定，据此将民用运输机场纳入国家综合立体交通网范围。

——根据《中华人民共和国石油天然气管道保护法》有关精神，将承担油气资源跨区域长距离输送任务的原油、成品油和天然气管道纳入国家综合立体交通网范围。

——根据《国务院办公厅关于印发交通运输领域中央与地方财政事权和支出责任划分改革方案的通知》，邮政普遍服务和特殊服务主干网络、邮件和快件进出境设施由中央承担专项规划、政策决定、监督评价职责，据此将全球性国际邮政快递枢纽集群、区域性国际邮政快递枢纽、全国性邮政快递枢纽纳入国家综合立体交通网范围。

四、研究期限

党的十九大提出，综合分析国际国内形势和我国发展条件，从 2020 年到

21世纪中叶，可以分两个阶段来安排。第一个阶段，从2020年到2035年，在全面建成小康社会的基础上，再奋斗15年，基本实现社会主义现代化。第二个阶段，从2035年到21世纪中叶，在基本实现现代化的基础上，再奋斗15年，把我国建成富强民主文明和谐美丽的社会主义现代化强国。

为了服务和支撑我国第二个百年奋斗目标，落实《交通强国建设纲要》提出的要求，与区域协调发展战略、新型城镇化战略、全国国土空间规划等相衔接，本研究的目标年为2035年，远景展望到21世纪中叶。一方面，聚焦2035年我国基本实现社会主义现代化的第一阶段目标，对国家综合立体交通网进行了系统性、综合性和战略性谋划。另一方面，展望21世纪中叶建成社会主义现代化强国的宏伟目标，对国家综合立体交通网发展目标愿景进行了描绘。

五、总体定位

《中共中央 国务院关于统一规划体系更好发挥国家发展规划战略导向作用的意见》提出：建立以国家发展规划为统领，以空间规划为基础，以专项规划、区域规划为支撑，由国家、省、市县各级规划共同组成，定位准确、边界清晰、功能互补、统一衔接的国家规划体系。

交通规划是重要的专项规划。交通规划自身体系总体上可分为按时间序列安排的发展类规划和按空间分布安排的布局类规划。发展类规划应包括综合交通运输以及各种运输方式中长期发展规划和五年发展规划以及相应的专项规划等；布局类规划应包括综合交通运输以及各种运输方式基础设施的布局规划、总体规划、详细规划以及相应的专项规划等，如图1-1所示。

国家综合立体交通网规划是我国综合交通基础设施体系的顶层规划，是国家发展规划体系中重要的专项规划，规划对象为铁路、公路、水运、民航、管道和邮政快递的国家级交通基础设施，主要解决全国范围跨区域综合交通网络和枢纽布局问题。国家综合立体交通网规划统筹各种运输方式规划，与国务院已批复的各运输方式中长期规划是继承和发展的关系。国家综合立体交通网规划是指导交通运输建设发展、布局重大工程项目、合理配置公共资源、引导社会资本投向的重要依据，对各行业规划、区域及省级综合立体交通网规划编制具有重要的指导作用。

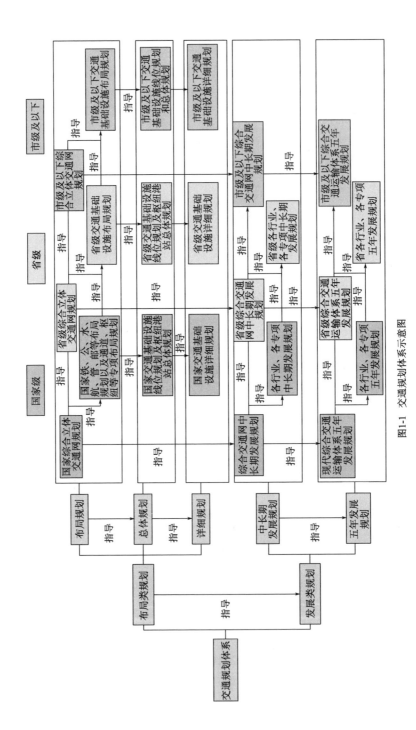

图1-1 交通规划体系示意图

六、研究思路

本研究以习近平新时代中国特色社会主义思想为指导，深入贯彻党的十九大和十九届历次全会精神，坚持系统观念，创新理论方法，坚持问题导向、目标导向与需求导向相结合，统筹考虑国内与国际、当前与长远、存量与增量、传统与新型、发展与安全，加强顶层谋划，总体按照"统、合、联"的理念思路开展研究。

——"统"，就是加强统筹、统领。长期以来，各种运输方式布局规划更多的侧重自身行业发展，在资源配置上缺乏统筹，集约发展不足。为统筹各种运输方式规模、结构、功能与布局，本研究强化战略统领，支撑服务国家重大战略实施，统领综合交通运输体系发展，全面落实《交通强国建设纲要》重点任务，强化规划统筹，统筹铁路、公路、水运、民航、管道、邮政等国家级基础设施规划建设，系统设计我国综合立体交通网空间布局和形态。

——"合"，就是加强整合、融合。本研究充分契合各方面发展需求、融合各运输方式，形成工作合力。一是契合需求，通过建立统一的运输需求预测分析模型，充分发挥各运输方式技术经济比较优势，全面响应各行业发展诉求。二是融合方案，坚持系统性观念，对各运输方式国家级基础设施中长期研究方案、32个地方组中长期研究方案进行衔接平衡，不断反复优化调整，优化存量资源利用、扩大优质增量供给。三是形成合力，各行业组、地方组、专题组充分对接，强化行业互动、部门协同、上下联动的工作合力。

——"联"，就是加强联接、联通。本研究重点围绕各种运输方式补短板、促衔接开展研究，着眼全面提升交通基础设施的网络化水平和衔接转换效率。一是完善各种运输方式网络布局，提高通达程度，充分发挥网络效应。二是加强各种运输方式衔接，着力推进立体互联，构筑多层级、一体化的综合交通枢纽体系。三是加强国际与国内运输通道、城市群之间综合运输大通道、城市群内部城际交通、中心城市与卫星城镇、城市内外交通等衔接。

围绕上述理念，本研究在系统梳理国内外综合交通规划理论、方法及实践，准确把握我国基本国情、交通发展阶段特点及主要矛盾变化的基础上，充分运用大数据、云计算等新技术，形成了在各运输方式基本成网的大背景下基于多元数据复杂形态的综合交通规划理论方法及成套技术，针对国家综合立体交通网布局体系功能定位、理念方法、网络评估技术、需求预测技术、布局规划技术等进行了全方位探索与创新。以此作为支撑，对我国交通网现状及规划进行了评价，对未来经济、社会、国土、科技、生态等宏观趋势进行了研判，对未来（2035年、2050年）客货运输总量变化、结构变化、空间分布等需求特征等进行了深入分析，结合全国交通网规模结构、层次划分及功能定位研究，提出了构建现代化高质量国家综合立体交通网的指导思想、基本原则、发展目标、研究方案、重点任务、重大工程及保障措施。研究思路如图1-2所示。

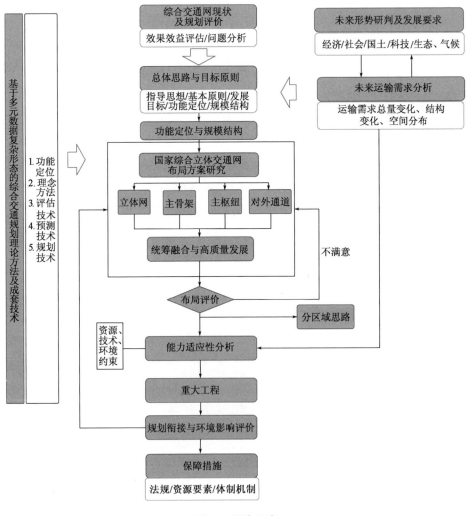

图1-2 研究思路

七、研究体系

围绕上述思路,本研究设计了 1 + 6 + 7 + 32 + 12 的研究体系架构。

即:"1"个国家综合立体交通网研究总报告,铁路、公路、水运、民航、管道和邮政"6"个行业研究报告,京津冀、长三角、粤港澳、长江经济带、东北、黄河流域和成渝"7"个区域研究报告,"32"个地方研究报告,"12"个专题研究报告。"12"个专题及其子课题设置见表1-1。

专题及其子课题设置一览表　　表1-1

专题名称	子课题设置
1. 综合立体交通网规划基础理论研究	子课题一:综合立体交通网作用机理研究
	子课题二:综合立体交通网规划方法与模型研究
2. 综合立体交通网评价及目标体系研究	子课题一:各方式技术经济特征及比较优势量化研究
	子课题二:综合立体交通网评价指标体系研究
	子课题三:综合立体交通网规划目标研究
3. 综合立体交通网现状、规划评价	
4. 未来经济社会发展状态及其对交通的要求研究	
5. 未来科技趋势及其对交通的影响研究	
6. 未来国土空间利用格局及其对交通的影响研究	
7. 未来综合立体交通网运输需求分析	子课题一:货运总量及空间分布研究
	子课题二:客运总量及空间分布研究

续上表

专题名称	子课题设置
8. 国家综合立体交通网布局方案研究	子课题一：综合立体交通网基础节点方案研究
	子课题二：面向全球的互联互通交通网布局研究
	子课题三：城市（群）交通布局思路研究
	子课题四：开发性铁路布局思路研究
	子课题五：通用机场布局思路研究
	子课题六：基于多元数据复杂形态的国家综合立体交通网布局基础方案研究
	子课题七：综合立体交通网规模与结构研究
9. 综合立体交通网安全能力研究	子课题一：交通运输应急救援能力空间布局方案研究
	子课题二：交通基础设施网络系统可靠性研究
	子课题三：交通国防功能布局研究
10. 综合立体交通网规划布局的环境约束与影响评价	
11. 规划实施及保障措施研究	子课题一：投融资政策研究
	子课题二：交通规划管理体制机制研究
12. 综合立体交通网重大工程研究	

八、主要结论

（一）优化国家综合立体交通布局

从构建完善的国家综合立体交通网、加快建设高效率国家综合立体交通网主骨架、建设多层级一体化国家综合交通枢纽系统、完善面向全球的运输网络 4 个方面提出了优化国家综合立体交通布局的关键任务，这 4 个任务是紧密联系的有机整体。

1. 构建完善的国家综合立体交通网

按照高效连接全国所有县级及以上行政区、边境口岸、国防设施、主要景区等目标要求，以高效覆盖、均衡发展等功能性要求为主线，着力补短板、重衔接、优网络、提效能，更加注重存量资源优化利用和增量供给质量提升，研究提出国家综合立体交通网布局研究方案。到 2035 年，国家综合立体交通网实体线网总规模合计 70 万公里左右（不含国际陆路通道、空中及海上航路、邮路里程）。其中，国家铁路网包括高速铁路 7 万公里（含部分城际铁路），普速铁路 13 万公里（含部分市域铁路）；国家公路网包括国家高速公路网 16 万公里左右，普通国道网 30 万公里左右；国家水运网包括国家航道网和全国主要港口；国家民航网包括国家民用运输机场和国家航路网，基本建成以世界级机场群和国际航空（货运）枢纽为核心、区域枢纽为骨干、非枢纽机场和通用机场为重要补充的国家综合机场体系；国家邮政快递设施包括国家邮政快递枢纽和邮路。到 2035 年，高速铁路网覆盖全部省会城市、50 万人口以上大中城市；国家高速公路连接所有地市级行政中心和城区人口超过 10 万人的市县，普通国道连接所有县级及以上节点；运输机场覆盖 95% 的地级行政单元中心（60 分钟抵达）；寄递网络覆盖城乡。通用航空服务覆盖全国所有的县级行政单元、农产品主产区、主要林区、重要旅游景区，建立覆盖重点地区的全国通用航空应急救援网络。除部分边远地区外，基本实现全国县级行政中心 15 分钟上国道、30 分钟上高速公路、60 分钟上铁路，地级行政中心 45 分钟上高铁、60 分钟到机场。

2. 加快建设高效率国家综合立体交通网主骨架

依据国家区域发展战略和国土空间开发保护格局，结合未来交通运输需求和空间分布特点，将城市产业集群（都市圈）按照交通运输需求量级划分为"极、群、组团"三个层次。其中，"极"是全国交通发生吸引量最为密集的地区，对全球资源配置、对外开放格局、国土空间开发、交通组织集散等具有全国性乃至全球性的影响；"群"是全国交通发生吸引量较为密集的地区，承接"极"的辐射带动作用，对全国资源配置、国土空间开发、交通组织集散等具有区域性的影响；"组团"主要承接"极"与"群"的辐射带动作用。按照"极""群"和"组团"之间交通联系强度。其中，"主轴"主要服务于"极"与"极"之间的交通联系，服务的经济、人口最为密集，承担的交通运输量最为繁重，战略地位最为突出，复合程度最高（至少由两条及以上传统综合运输通道复合而成），通道构成最为复杂；"走廊"主要服务于"极"对"群"及"组团"辐射作用，服务的经济、人口较为密集，承担的交通运输量较大，战略地位较为突出，是复合程度较高的综合运输通道；"通道"主要服务于主轴与走廊之间的衔接，"群"与"组团"之间、"组团"与"组团"之间的交通联系，服务的经济、人口及承担的交通运输量相对较少，复合程度相对较低。

国家综合立体交通网主骨架由国家综合立体交通网中最为关键的线网构成，是我国区域间、城市群间、省际间以及连通国际运输的主动脉，是支撑国土空间开发保护的主轴线，也是各种运输方式资源配置效率最高、运输强度最大的骨干网络。一是加快构建6条主轴。加强京津冀、长三角、粤港澳、成渝4极之间联系，建设综合性、多通道、立体化、大容量、快速化的交通主轴，充分发挥促进全国区域发展南北互动、东西交融的重要作用。二是加快构建7条走廊。强化京津冀、长三角、粤港澳、成渝4极的辐射作用，加强极与群和组团之间的联系，建设7条多方式、多通道、便捷化的交通走廊，优化完善多中心、网络化的主骨架结构。三是加快构建8条通道。强化"主轴"与"走廊"之间的衔接协调，加强"群"与"组团"之间、"组团"与"组团"之间的联系，加强资源产业集聚地、重要口岸的连接覆盖，建设8条交通通道，促进内外连通、通边达海，扩大中西部和东北地区网络覆盖。

3. 建设多层级一体化国家综合交通枢纽系统

建设综合交通枢纽集群、枢纽城市及枢纽港站"三位一体"的国家综合交通枢纽系统。一是依托超大型城市群内高度发达的多方式一体化综合立体交通网，以国际性综合交通枢纽城市为核心，联动多个不同层级的枢纽城市，加快打造空间分布相对集中、枢纽功能融合互补、运行组织协同高效的4大国际性综合交通枢纽集群。二是推进国家综合交通枢纽城市建设，国家综合交通枢纽城市是综合立体交通网实现一体融合的空间载体，是枢纽功能建设和发挥的基本依托，包括20个左右国际性综合交通枢纽城市和80个左右全国性综合交通枢纽城市。三是推进综合交通枢纽港站建设，包括一批国际性、全国性综合交通枢纽港站。

4. 完善面向全球的运输网络

围绕东西双向互济、陆海内外联动的全面对外开放新格局，完善对外运输网络。一是发展多元化国际运输通道，重点打造新亚欧大陆桥、中蒙俄、中国—中亚—西亚、中国—中南半岛、中巴、中尼印和孟中印缅7条陆路国际运输通道。二是完善经日本、韩国跨太平洋至美洲，经东南亚至大洋洲，经东南亚、南亚跨印度洋至欧洲和非洲，跨北冰洋的冰上丝绸之路4条海上国际运输通道，保障原油、铁矿石、粮食、液化天然气、集装箱等国家重点物资国际运输，拓展国际海运物流网络，加快发展邮轮经济。三是依托国际航空枢纽，构建四通八达、覆盖全球的空中客货运输网络。四是建设覆盖五洲、连通全球、互利共赢、协同高效的国际干线邮路网。

（二）推进综合交通统筹融合发展

坚持系统观念，整体性推进、一体化发展，从跨方式、跨领域、跨区域、跨产业四个维度，推进综合交通统筹融合发展。一是推进各种运输方式统筹融合发展，统筹综合交通通道规划建设，推进综合交通枢纽一体化规划建设，推动城市内外交通有效衔接。二是推进交通基础设施网与运输服务网、信息网、能源网融合发展。三是推进区域交通运输协调发展，推进重点区域交通运输统筹发展、东中西部和东北地区交通运输协调发展、城市群内部交通运输一体化发展，都市圈交通运输一体化发展，城乡交通运输一体化发展。四是推进交通与邮政快递、现代物流、旅游、装备制造等相关产业融合发展。

（三）推进综合交通高质量发展

完整、准确、全面贯彻新发展理念，把握交通运输发展规律和趋势，推进综合交通发展质量变革、动力变革、效率变革。一是推进安全发展，提升安全保障能力，提高基础设施安全水平，完善交通运输应急保障体系。二是推进智慧发展，扩大新一代通信技术、人工智能、大数据等应用场景，提升既有设施数字化水平，系统布局新型基础设施。三是推进交通运输绿色低碳发展和人文建设，四是提升治理能力，深化交通运输行业改革，加强交通运输法治建设，加强人才队伍建设。

九、主要创新点

本研究立足新发展阶段，结合我国交通运输发展阶段特征，针对综合交通规划体系框架、网络评估、需求预测、布局规划技术等进行全链条、全方位的探索与创新，形成基于多元数据复杂形态的综合交通规划理论方法及成套技术，提出2035年乃至21世纪中叶国家综合立体交通网的发展目标、布局研究方案、重点任务和建设要求，主要创新点如下：

（1）首次提出完整科学的交通规划体系，明确交通规划与国家规划体系的关系及衔接方法，界定各类别、各层次交通规划的功能定位及相互关系，为规划决策科学化、管理规范化提供支撑。

（2）首次构建全国综合交通规划GIS（Geographic Information System，地理信息系统）平台和基础数据库体系，将全国铁路、公路、水运、民航、管道等各运输方式纳入统一的分析框架，使统一的网络评估、需求预测、布局规划成为可能。首次建立国家空间尺度的跨区域跨方式的超级交通网络，通过枢纽节点将以往相互独立的各运输方式国家级基础设施相互连接在一起，解决了超级交通网络中各运输方式网络之间互联拓扑关系问题，形成可用于综合交通网络技术经济比较研究和综合交通OD（起讫点）分配的超级交通网络地理信息"一张网"。

（3）探索提出多模式综合交通小区及OD统一归集技术，根据地理空间交通经济联系强度将铁路、民航等统一到以县级行政区划为基本单元的综合交通小区，结合大数据首次将不同运输方式不同空间精度多元化的OD数据统一起来，建立全国统一的综合交通OD，对全国综合交通发生吸引及分布进行研究。根据重点区域交通运输发生吸引量级，提出"4极8组群9组团"方案。提出基于多模式广义费用的超级交通网络OD分配技术，将各运输方式运输时间、运输成本、衔接转换时间等技术经济因素货币化，首次在研究中将全国统一的综合交通OD进行跨方式联合分配，体现了各方式的比较优势和组合效率。

（4）探索应用综合交通节点重要度多维魔方分析法，从支撑国家战略、服务经济社会、以人为本、空间均衡、全域服务等角度，构建"政治—经济—交通—国土"于一体的评价指标体系，将多维魔方分析方法运用于综合立体交通网基础节点研究，提出了国家综合立体交通网广覆盖多层次的基础节点方案。

（5）形成综合交通网络布局综合平衡技术。基于各运输方式初步研究方案，以综合性、功能性要求为主线，辅以通过交通资源利用效率进行控制的综合平衡方法，提出国家综合立体交通网研究方案。首次提出对客货运关键线路和枢纽进行识别筛选、联网叠加、综合优化的布局规划技术方法，提出国家综合立体交通网主骨架研究方案。

（6）研究体例和内容上的创新，既研究未来我国综合立体交通基础设施的空间布局问题，也对综合交通统筹融合和高质量发展等进行了研究，是基础设施空间布局与建设发展的有机统一，顶层设计与实施路径的有机统一。

课题组长：

陈胜营（组长）、王忠刚（副组长）、胡华清（副组长）、赵忠德（副组长）、曾军山（副组长）、金敬东（副组长）、聂向军（副组长）、张小文（副组长）

主要执笔人：

蒋斌、马衍军、刘东、王晖军、马俊、冯宏琳、王达川、陈文来、李育天、兰艳丽、邵春福、王婧、袁春毅、张男、李继学、李鹏林、陈璟、朱高儒、刘长俭、刘建军、饶宗浩、牛耀栋、陈琨、孙金莹、王佳强、何佳媛、岳昊、傅少川、周晓雪、逯长翔、周强、张冬花、马芳芳、韩童、杜雨、程敏娇、李璐

主要承担单位：

交通运输部规划研究院、国家铁路局规划与标准研究院、中国民航科学技术研究院、国家邮政局发展研究中心、北京交通大学

本章参考文献

[1] 傅志寰,孙永福.交通强国战略研究[M].北京:人民交通出版社股份有限公司,2019.

[2] 《中共中央 国务院关于建立国土空间规划体系并监督实施的若干意见》正式印发[Z].[2019-05-03].北京新华社.

[3] 中共中央 国务院.交通强国建设纲要[Z].[2019-09-19].北京新华社.

第二章
各种运输方式技术经济特征及比较优势分析

各种运输方式在技术经济方面具有各自的特征，在客货运输中有各自的适用范围和比较优势。构建综合交通运输体系，关键是要充分发挥各种运输方式的技术经济特征及比较优势，合理配置和有效利用各种交通运输资源。充分了解各种运输方式的技术经济特征与比较优势是编制综合交通规划的重要前提之一。本章从费用化比较的角度，建立各种运输方式技术经济特征及比较优势评价指标体系，并构建模型，对指标计算提出量化方法，在此基础上，对各种运输方式的技术经济特征及比较优势进行深入分析。

一、技术经济特征及比较优势分析指标

综合交通运输有铁路、公路、水运、航空、管道五种运输方式。构建现代化综合交通运输体系本质上要求根据各种运输方式的技术经济特征和比较优势，经济合理地发展各种运输方式，使之有机结合形成一个完整体系。因此，正确识别判断各种运输方式技术经济特征及比较优势是综合交通运输规划研究的基础。

关于各种运输方式的技术经济特征及比较优势应从哪些方面衡量，国内外许多研究都有系统论述。一般来说，各种运输方式的技术和经济特性主要体现在社会成本与运输效用两方面。

社会成本包括外部成本和私人成本。外部成本是指由运输活动引起但运输活动本身并不承担的成本，如环境影响、交通事故、资源占用和资源消耗

等。私人成本是指运输生产者自己必须承担的成本，包括固定成本和可变成本，也可分为直接成本和间接成本。

运输效用指运输服务满足社会需要的程度，包括安全性、完好性、快速性、准时性、方便性、灵活性、舒适性以及运输能力和运输价格等。

成本与效用反映了各种运输方式的优势与不足，成本-效用的权衡决定了社会对运输发展与运输消费的选择。各种运输方式的技术经济特性决定了各种运输方式的适用范围，进而决定了各种运输方式的基本功能。

归纳理论研究的论述，衡量各种运输方式技术经济特征的因素主要聚焦于经济性、时效性、便捷性、安全性、绿色性等方面。尤其是近些年来，安全性、绿色性等技术经济特征逐步强化，体现了现代化高质量发展和新发展理念下的技术经济特征评价趋势，与《交通强国建设纲要》提出的"构建安全、便捷、高效、绿色、经济的现代化综合交通体系"目标紧密契合。

各种运输方式技术经济特征及比较优势评价指标体系见表2-1。

各种运输方式技术经济特征及比较优势评价指标体系　　表2-1

一级指标	二级指标
经济性	建设费用
	运输装备购置费用
	运营维护费用
	运输价格（客运）
	运输价格（货运）
	运输能力
	运距（客运）
	运距（货运）
时效性	运输速度
	准时性
便捷性	机动性
	换乘便利性（客运）
	换装转运时间（货运）
	旅客舒适度（客运）

续上表

一级指标	二级指标
安全性	交通事故率（死亡率、受伤率）
	可靠性
绿色性	土地占用
	能源消耗
	温室气体排放（客运）
	温室气体排放（货运）
	大气污染
	水污染
	噪声污染
	固体废弃物污染

二、各种运输方式技术经济特征及比较优势概述

综合交通运输系统所包含的铁路、公路、水路、航空、管道五种运输方式有其不同的特性和功能，具体如下。

（一）铁路运输

铁路运输指车辆在机车的牵引下沿着铁路线路运行，实现旅客或货物空间位移的一种运输方式。

铁路运输的主要优势是运能大、速度快、成本低，不足之处是通达性差，固定资本庞大、营运缺乏弹性。一般认为其适合于中长途、大批量客货运输。

铁路运输技术经济特征及比较优势见表2-2。

铁路运输技术经济特征及比较优势　　　　　表2-2

指标	技术经济特征及比较优势
经济性	①建设投资费用大； ②运距长，运输成本较低； ③运能大
时效性 （含便捷性）	①客运运行速度较快，但非大宗货运输过程复杂，运达时间不确定； ②经常性、连续性、通用性较高，班列运输准时性强，受气候和自然条件影响较小，能在较恶劣气候条件下稳定运行； ③不能实现门到门运输

续上表

指　　标	技术经济特征及比较优势
安全性	①平稳性高，运输安全性强； ②经济可靠性高
绿色性	①占用土地较多，但运能大，土地资源利用率高； ②能耗低，多以电力为动力源，环境污染小
适用范围	中长距离旅客运输、大批量货物运输

（二）公路运输

公路运输指利用载运工具沿公路线路实现旅客或货物空间位移的一种运输方式，现代公路上使用的载运工具主要是汽车。

公路运输的主要优势是覆盖面广、适应性强、直达性好、机动灵活，不足之处是土地占用多、能源消耗高、环境污染大、交通事故多。一般认为其适合于中短途、小批量、门到门客货运输。

公路运输技术经济特征及比较优势见表2-3。

公路运输技术经济特征及比较优势　　　　表2-3

指　　标	技术经济特征及比较优势
经济性	①建设投资费用较大； ②运输成本较高； ③单车运能较小
时效性 （含便捷性）	①短距离运输速度较快，时速一般为80～120公里； ②机动性高，灵活性强，通用性好，根据客货运输需求随时起运，货运启动批量最小； ③受自然条件影响大； ④公路覆盖面大，社会普及率高，直达性最强，可实现门到门运输
安全性	交通事故率高，安全性差
绿色性	①占用土地多； ②能耗较高，环境污染大
适用范围	短途客货运输，门到门运输

（三）水路运输

水路运输是一种以船舶为运输工具，以港口或港站为枢纽节点，在海洋、江河、湖泊、水库等水域沿航线载运旅客和货物的运输方式，包括内河运输、沿海运输和远洋运输。

水路运输的主要优势是运能大、污染小、成本低、占地少、投资省，不足之处是受自然条件限制大，覆盖面窄、通达性差，运输速度慢。一般认为其适合于大批量、低价值、远距离的大宗货物，以及超大件、超重件货物的运输。

水路运输技术经济特征及比较优势见表2-4。

水路运输技术经济特征及比较优势　　　表2-4

指标	技术经济特征及比较优势
经济性	①建设投资少，主要利用天然航道，海上航道几乎无其他投资； ②运距长，运输成本最低； ③运能大
时效性（含便捷性）	①运达时间相对较长； ②连续性差，受自然条件限制大（如冬季结冰、枯水期水位下降、大风大雾等）； ③覆盖面窄，直达性差，不能实现门到门运输
安全性	事故率低，安全性强
绿色性	能耗较低，环境污染相对较小
适用范围	长距离、时间要求不强的大批量货物运输及旅游客运

（四）航空运输

航空运输指使用航空器定期或不定期运送旅客、货物、邮件的运输方式。

航空运输的主要优势是快速、安全、舒适、货损少，不足之处是投资大、成本高，货运的体积和重量受到限制。一般认为其适合于国内、国际长距离客运，以及紧急、高附加值、鲜活货物的远距离运输。

航空运输技术经济特征及比较优势见表2-5。

航空运输技术经济特征及比较优势　　　表2-5

指标	技术经济特征及比较优势
经济性	①建设投资少，但飞机造价高； ②运输成本高； ③运能最小

续上表

指　　标	技术经济特征及比较优势
时效性 （含便捷性）	①速度最快，时速一般为 800~1000 公里； ②机动性高，航线开辟灵活； ③受天气条件影响大； ④不能实现门到门运输
安全性	事故率低，安全性高于其他运输方式
绿色性	能耗大，大气污染大
适用范围	中长距离、高时间价值客货运输

（五）管道运输

管道运输指使用管道进行长距离液体、气体、浆化固体货物运输的一种运输方式，其利用输送设备增压以驱动管道中流体货物的输送。

管道运输的主要优势是运能大、成本低、占地少、能耗低、污染小，而且安全程度高，易于实现自动化管理，但管道运输的货种有限、流向单一，主要用于油、气的运输。

管道运输技术经济特征及比较优势见表 2-6。

管道运输技术经济特征及比较优势　　　　表 2-6

指　　标	技术经济特征及比较优势
经济性	①建设投资中等水平； ②运输成本低； ③运能较大
时效性 （含便捷）	①经常性、连续性好，长期稳定、连续不间断作业，受天气影响小； ②灵活性差，特定运输货种
安全性	安全性强
绿色性	①占用土地较少； ②能耗低，主要使用电力驱动，封闭运输，环境污染小
适用范围	固定线路、大量特定货物运输

三、各种运输方式比较优势分析模型构建

本研究从费用化比较的角度，首先甄选各种运输方式技术经济特征及比

较优势指标体系中的代表性指标，并加以量化，在此基础上构建模型，提出指标计算方法和数据采集来源。具体过程如下。

（一）经济费用（经济性）

1. 客运运价

（1）客运运价指标解释

客运运价指单个出行者选择某种运输方式出行，平均单位里程所支付的运费，单位为：元／（人·公里）。

（2）客运运价模型

铁路（中央管理企业全资及控股铁路上开行的设计时速 200 公里以上的高速铁路动车组）、航空运价开始实行在政府制定的定价规则下实施企业自主定价。

水运自 2001 年起全部开放市场。

道路客运方面，根据《交通运输部　国家发展改革委关于深化道路运输价格改革的意见》（交运规〔2019〕17 号），除农村客运外，由三家及以上经营者共同经营线路、与高铁动车组线路平行线路等竞争充分的班车客运，原则上实行市场调节价；同一方向上运输方式单一且同业竞争不充分的班车客运，可实行政府指导价（最高上限价格）管理；取得道路客运经营许可、按照固定线路运行或者实行区域经营的农村客运，原则上实行政府指导价（最高上限价格）管理。

在具体应用该模型时，建议针对通道所处区域进一步调查获取更为准确的实际客运运价参数值。

本模型提供了各种运输方式客运运价参考值，详见表 2-7。

客运运价模型参数　　　　　　　表 2-7

运输方式	参 考 数 值	数 据 来 源
铁路	高速铁路动车组列车二等座：0.484 元／（人·公里） 动车组列车二等座：0.2805 元／（人·公里） 动车组列车一等座：0.3366 元／（人·公里） Z、K 字头普速铁路：0.14 元／（人·公里）	①根据国家发展改革委《关于改革完善高铁动车组旅客票价政策的通知》（发改价格〔2015〕3070 号），自 2016 年 1 月 1 日开始，对在中央管理企业全资及控股铁路上开行的设计时速 200 公里以上的高速铁路动车组列车一、二等座旅客票价，由铁路运输企业依据价格法律法规自主制定。

续上表

运输方式	参考数值	数据来源
铁路	高速铁路动车组列车二等座：0.484元/（人·公里） 动车组列车二等座：0.2805元/（人·公里） 动车组列车一等座：0.3366元/（人·公里） Z、K字头普速铁路：0.14元/（人·公里）	②2011年《新京报》报道，高速铁路动车组列车二等座基准票价0.484元/（人·公里）。 ③根据2007年铁道部发布的《关于动车组票价有关事项的通知》（铁运电〔2007〕75号）文件规定，旅行速度达到110公里/时以上的动车组列车软座基准价为一等座0.3366元/（人·公里），二等座0.2805元/（人·公里），可上下浮动10%。 ④根据2016年12月21世纪经济报道《铁路运价改革进入深水区：普客定价成本标准初定》，Z、K字头普速铁路票价约为0.14元/（人·公里）
公路	特大型高三级：0.29~0.42元/（人·公里） 特大型高二级：0.25~0.39元/（人·公里） 特大型高一级：0.22~0.3元/（人·公里）	公路客运基价参考了江苏、广东、湖南、山西、贵州、云南等省物价局公布的汽车客运价规则
水运*	长江水路客运：0.05~0.1元/（人·公里）	水运运价自2001年起全部开放市场，本参数值参考了1994年交通部、国家计划委员会公布的《关于调整交通部直属水运企业客运票价的通知》（计价格〔1994〕21号），并根据现状调查得到
航空*	平均约0.5元/（人·公里）	①2014年，中国民用航空局、国家发展改革委发布了《关于进一步完善民航国内航空运输价格政策有关问题的通知》（民航发〔2014〕107号），明确民航客运基价由政府核定改为政府制定、公布定价规则和公式，各航空公司根据规则及公式自行测算基价，由原来的0.75元/公里调整为"长短有别"的新定价模式。上浮不超过25%，下浮不限。 ②可采用民航行业发展统计公报中的单位周转量客运收入水平反映航空客运运价的市场平均值

注：*项参考数值为2019年市场价格。

2. 货运运价

（1）货运运价指标解释

货运运价是指运输企业对特定货物提供运输服务的价格，单位为：元/（吨·公里）。

（2）货运运价模型

目前，交通运输领域的公路货运、水路货运、航空货运、铁路集装箱、铁路零担运输以及 12 个货物品类的铁路整车运输等均实行市场调节价，管道运输、12 个货物品类之外的铁路整车运输实行政府指导价。

需要说明的是，各种运输方式的货运运价因运输距离的不同是有所变化的，不同货物种类的运输价格也存在差异，故在具体应用该模型时，建议针对通道所处区域、运距、货种进一步调查得到更为准确的实际货运运价参数值。

本模型提供了暂不区分货类的各种运输方式平均货运运价参考值，详见表 2-8。

货运运价模型参数　　　　　　　　　　　　　　　　表 2-8

运输方式	参考数值	数据来源
铁路	0.1551 元/（吨·公里）	①2017 年，《国家发展改革委关于深化铁路货运价格市场化改革等有关问题的通知》（发改价格〔2017〕2163 号）规定：铁路集装箱、零担各类货物运价格，以及整车运输的矿物性建筑材料、金属制品、工业机械等 12 个货物品类运输价格实行市场调节，由铁路运输企业依法自主制定；12 个货物品类之外的整车运输实行政府指导价。 ②对于政府指导价部分，该文件规定：实行政府指导价的整车运输各货物品类基准运价不变，铁路运输企业可以国家规定的基准运价为基础，在上浮不超过 15%、下浮不限的范围内，根据市场供求状况自主确定具体运价水平。根据 2015 年《国家发展改革委关于调整铁路货运价格进一步完善价格形成机制的通知》（发改价格〔2015〕183 号），国家铁路货运统一运价率平均每吨公里 15.51 分，并作为基准价。 ③对于市场调节价部分，可通过中国铁路"95306"平台查询铁路货运价格
公路*	整车货运：0.4599 元/（吨·公里） 集装箱：9.4431 元/（箱·公里） 零担货运：0.6323 元/（吨·公里）	根据国家发展改革委价格监测中心发布的价格监测数据可获得公路货运价格
内河*	长江水路货运：0.042 元/（吨·公里）	根据黄金水道物流网、长江航务管理局有关监测数据可获得水路货运价格
航空*	1.45 元/（吨·公里）	根据民航行业发展统计公报中的单位周转量货邮运输收入水平反映航空货运运价的市场平均值

续上表

运输方式	参考数值	数据来源
管道	天然气：0.4497元/（吨·公里） 石油：0.12元/（吨·公里）	管道运输货物主要为石油和天然气。根据国家发展改革委2019年发布的《国家发展改革委关于调整天然气跨省管道运输价格的通知》（发改价格〔2019〕561号），全国主要天然气管道平均运输单价约为0.4497元/（吨·公里）。根据国家发展改革委原油和成品油管道运输价格的有关文件与批复，全国主要石油管道平均运输单价约为0.12元/（吨·公里）

注：*项参考数值为2019年市场价格。

（二）时间价值（时效性、便捷性）

1. 客运时间价值

（1）客运时间价值指标解释

客运时间价值指旅客完成一次出行所用时间的全部价值。旅客在途时间之所以具有价值，是因为从机会成本的角度看，人们在旅途中的时间如果用于生产或休闲，将会增加他们的收入或效用。

（2）客运时间价值模型

客运时间价值计算公式为：

$$\text{VOT}_p = T \times Y_{atp} \tag{2-1}$$

式中：VOT_p——客运时间价值（元/人）；

Y_{atp}——单位时间价值[元/（人·时）]，以单位时间人均产值（Y_1）或单位休闲时间价值（Y_2）体现，选二者中高值计算。

单位时间人均产值（Y_1）计算公式为：

$$Y_1 = \frac{Y_a}{P \times T_0} \tag{2-2}$$

式中：Y_a——地区生产总值（万元）；

P——地区就业人口数量（万人）；

T_0——劳动者平均劳动时间（时）。

单位休闲时间价值（Y_2）可通过对通道所处地区开展典型调查得到。

T为出行时间（时），计算公式为：

$$T = T_b + T_a + T_w + T_{tr} + T_r \tag{2-3}$$

式中：T_b——购票时间（时）；

T_a——到达站点时间（时）；

T_w——候车（船、飞机）时间（时）；

T_{tr}——站点间旅行时间（时）；

T_r——站点到目的地时间（时）。

客运时间价值模型参数见表2-9，各种运输方式非旅行时间比较见表2-10。

客运时间价值模型参数　　　　　　　　　　表2-9

主要指标	运输方式	参考数值	数据来源
购票时间	铁路	5分钟	经验值
	公路	15分钟	
	航空	5分钟	
	水运	5分钟	
到达站点时间	铁路	60分钟	
	公路	30分钟	
	航空	70分钟	
	水运	30分钟	
候车（船、飞机）时间	铁路	30分钟	
	公路	15分钟	
	航空	45分钟	
	水运	15分钟	
站点到目的地时间	铁路	60分钟	
	公路	30分钟	
	航空	70分钟	
	水运	60分钟	
站点间旅行时间（运行速度）	高铁	300～350公里/时	站点间旅行时间根据班次时刻表查询，或者可用出行距离除以运行速度反映
	动车	200～250公里/时	
	普通铁路	100～120公里/时	
	高速公路	80～120公里/时	
	普通公路	20～100公里/时	
	航空	800～1000公里/时	
	水运	25～30公里/时	

续上表

主要指标	运输方式	参考数值	数据来源
单位时间价值	—	—	单位时间人均产值通过统计资料查询通道所处地区的生产总值、就业人口数量,并通过公式计算获得;单位休闲时间价值可通过对通道所处地区开展典型调查得到

各种运输方式非旅行时间比较(单位:分钟)　　表2-10

主要指标	运输方式			
	铁路	公路	水运	航空
购票时间	5	15	15	5
到达站点时间	60	30	60	70
候车(船、飞机)时间	30	15	15	45
站点到目的地时间	60	30	60	70
非旅行时间合计	155	90	150	190

2. 货运时间价值

(1) 货运时间价值指标解释

通常情况下,货主把货物在途时间延长视为一种损失,一方面是因为货物运输途中本身对资金的占用,另一方面是因为货物运输时间长,不仅会增加周转及其他环节所需费用,而且某些种类的货物在流通领域停留的时间超越一定界限后会发生损耗。

货物的时间价值受到多种因素影响,除了最主要的受运输方式不同带来的在途时间差异导致的资金占用成本不同外,货物种类不同,其时间价值也不同,对时间敏感度高的货物,如生鲜产品,时间价值往往高于一般货物。

我国对货物时间价值的研究主要应用于建设项目的经济评价,主要是基于货物运送速度的提高引起资金周转速度加快,从而缩短了货物占用资金周转时间这一前提,将货物在途时间节约视为资金占用时间的节约,最终把货物的时间价值转化为资金的时间价值来考虑。货物种类不同带来的时间价值影响较难以量化计算。

（2）货运时间价值模型

根据国家发展改革委、建设部 2006 年发布的《建设项目经济评价方法与参数》（第三版）的规定，货运时间价值的计算公式为：

$$B_{hs} = \frac{P_r \times Q_h \times R \times T}{365 \times 16} \tag{2-4}$$

式中：B_{hs}——货物在途时间价值（万元）；

P_r——在途货物平均价值（元/吨）；

Q_h——年度新建或改建项目上的货运量（万吨）；

R——社会折现率（收益率）；

T——节约的运输时间（时）。

结合运输方式技术经济特征比较需求，将上述模型转化为各种运输方式的单位货运时间价值计算公式：

$$\text{VOT}_F = \frac{P_r \times R}{365 \times 16} \times T \tag{2-5}$$

$$T = T_1 + T_2 + T_3 \tag{2-6}$$

式中：VOT_F——货运时间价值（元/吨）；

P_r——货物平均价值（元/吨）；

R——社会折现率（收益率）；

T——货物在途时间（时）；

T_1——站点间运行时间；

T_2——非行车（船、飞机）时间（主要考虑运输组织、装卸时间）；

T_3——起终点与站点间的联络时间。

为了使得货物的时间价值更能反映实际情况，对该模型进行优化，考虑货物运输途中物流费用的时间价值，优化之后的模型为：

$$\text{VOT}_F = \frac{(P_r + C_L) \times R}{365 \times 16} \times T \tag{2-7}$$

式中：C_L——物流费用（元/吨）。

该模型中涉及 4 个参数，在途货物平均价值、货物在途时间（包括 3 个子时间参数）、物流费用、社会折现率，各参数数据来源见表 2-11。

货运时间价值模型参数来源　　　　　表2-11

主要指标	数据来源
货物平均价值	货物平均价值可通过国家发展改革委价格监测中心、商务部商品价格网查询
物流费用	物流费用根据运输费用推算得到。根据国家发展改革委、中国物流与采购联合会发布的《2019年全国物流运行情况通报》，运输费用占物流费用比例为52.74%，但管道运输的物流成本主要为运输费用，该比例取100%。运输费用取经济性指标的货运运价数据
社会折现率（收益率）	根据《建设项目经济评价方法与参数》（第三版），社会折现率（收益率）取8%
站点间运行时间	站点间运行时间，可根据官方公布时间，或者是两地距离除以不同运输方式速度得到。 | 运输方式	速度（公里/时）	来源
---	---	---
铁路	100~140	经验值
高速公路	80~120	
普通公路	20~100	
水运	25~30	
航空	800~1000	
管道	石油：5.4~9 天然气：36~54		
非行车（船、飞机）时间	非行车（船、飞机）时间、联络时间，根据经验值或调查确定
联络时间	

（三）安全成本（安全性）

1. 安全成本指标解释

安全成本指在出行中发生交通事故导致的损失，事故损失通常可按直接损失和间接损失划分。

直接损失是由事故后果所产生的物质损失和必要的服务所产生的费用，包括财产损失、急救和交通紧急服务费用、医疗费用、法律诉讼等费用。

间接损失包含事故所涉及的人和社会所体验到的不可弥补的损失，这些损失包括生活中不可见的部分（如痛苦和承受）、可见的部分（如事故发生后个人不能生产产品或提供服务的损失,即人力资本损失)。

2. 安全成本模型

鉴于现有统计资料中对各种运输方式事故导致的"直接财产(经济)损失"、受伤人数的统计不完整,痛苦和承受等间接损失较难量化,本研究用各种运输方式发生事故中死亡导致的人力资本损失来估算安全成本。

单位运输周转量的安全成本计算如下:

$$\text{VOS} = \frac{N \times A \times C}{\text{TV}} \tag{2-8}$$

式中:VOS——单位运输周转量(换算周转量)的安全成本[元/(吨·公里)];

N——运输方式的年度事故死亡人数(人);

A——人均年产值[元/(人·年)];

C——死亡人员平均损失劳动年限(年);

TV——运输方式的年度运输周转量(吨·公里)。

安全成本模型参数见表2-12。

安全成本模型参数   表2-12

主要指标	运输方式	参考数值
死亡人数	铁路	来源于铁道统计公报
	公路	来源于中国统计年鉴
	航空	来源于民航行业发展统计公报
	水运	来源于交通运输行业发展统计公报
人均年产值	—	以就业人员人均GDP(Gross Domestic Production,国内生产总值)衡量。就业人员数量、GDP来源于中国统计年鉴
平均损失劳动年限	—	由于缺乏各运输方式事故死亡人员年龄构成的相关统计数据,假设交通事故死亡人员年龄分布与全国人口年龄分布比例相同,分为1~14岁、15~64岁、65岁以上三个年龄段。 死亡人员平均损失劳动年限分为完全劳动能力时间损失和部分劳动能力时间损失。 人员年龄小于15岁,无生产和社会经济创造能力;处于15~64岁之间,具有完全劳动能力;65岁至期望寿命(按75岁计算)期间,具有部分劳动能力,衡量标准为完全劳动能力的25%。

续上表

主要指标	运输方式	参考数值
平均损失劳动年限	—	即： 1~14岁年龄段的死亡人员平均损失年限为：完全劳动能力损失时间50年+部分劳动能力损失时间11年； 15~64岁年龄段的死亡人员平均损失年限为：完全劳动能力损失时间25.5年（中值39.5~64岁之间的25.5年）+部分劳动能力损失时间11年； 65岁以上年龄段的死亡人员平均损失年限为：部分劳动能力损失时间6年（中值70岁至期望寿命75岁之间的6年）
换算周转量	—	根据统计资料获得旅客周转量、货物周转量，通过客货周转量换算系数得到换算周转量

注：缺乏管道事故统计数据，暂不考虑管道运输方式。

（四）绿色费用（绿色性）

绿色费用是指各种运输方式在基础设施建设、生产运营过程中对环境、生态带来影响，为治理这些影响所产生的费用。近年来，世界各国越来越重视在交通项目评价和定价中充分反映各种运输方式的资源消耗和环境影响。

限于数据可得性，本研究主要考虑各种运输方式温室气体排放、大气污染物排放的量化费用。

1. 交通运输温室气体（二氧化碳，即 CO_2）排放费用

（1）CO_2 排放费用指标解释

交通运输排放的温室气体主要包括由燃料燃烧所排放出的二氧化碳（CO_2）、甲烷（CH_4）、一氧化二氮（N_2O）、氢氟碳化物（HFCs）。其中，CO_2 是最主要的温室气体，占所有温室气体排放量的97%以上。本研究主要聚焦温室气体中 CO_2 的排放做量化费用分析。各种运输方式 CO_2 排放费用为单位周转量排放的 CO_2 所产生的治理费用。

（2）CO_2 排放费用模型

单位旅客周转量的 CO_2 排放费用计算如下：

$$VOC_p = I_1 \times P_C \qquad (2\text{-}9)$$

式中：VOC_p——单位旅客周转量 CO_2 排放费用 [元/（人·公里）]；

I_1——单位旅客周转量 CO_2 排放量，即客运 CO_2 排放强度 [千克/

(人·公里)];

P_C——碳价(元/千克)。

单位货物周转量的 CO_2 排放费用计算如下：

$$VOC_F = I_2 \times P_C \qquad (2-10)$$

式中：VOC_F——单位货物周转量 CO_2 排放费用[元/(吨·公里)]；

I_2——单位货物周转量 CO_2 排放量，即货运 CO_2 排放强度[千克/(吨·公里)]；

P_C——碳价(元/千克)。

CO_2 排放费用模型参数见表 2-13。

CO_2 排放费用模型参数　　　　表 2-13

主要指标	参 考 数 值
客货运碳排放强度	客货运碳排放强度可根据交通运输行业统计资料及公报公布的各种运输方式客货运周转量数据，交通运输部科学研究院、民航科学技术研究院、中国铁道科学研究院研究提出的不同交通运输方式能源消耗数据，以及能耗和碳排放之间的转换系数进行测算得到。 **各种能源的折标系数和碳排放系数表** <table><tr><th>能源种类</th><th>碳排放系数</th></tr><tr><td>柴油</td><td>3.1604 千克 CO_2/千克</td></tr><tr><td>汽油</td><td>2.9848 千克 CO_2/千克</td></tr><tr><td>燃料油</td><td>3.2366 千克 CO_2/千克</td></tr><tr><td>液化石油气(LPG)</td><td>3.1013 千克 CO_2/千克</td></tr><tr><td>天然气</td><td>2.1840 千克 CO_2/立方米</td></tr><tr><td>液化天然气(LNG)</td><td>3.0614 千克 CO_2/千克</td></tr><tr><td>航空燃油</td><td>3.073 千克 CO_2/千克</td></tr></table>数据来源：联合国政府间气候变化专门委员会(IPCC)。 注：①不考虑电力的碳排放。 ②管道运输90%以上使用电力驱动，暂不考虑碳排放
碳价	根据中国碳交易网典型地区的碳价，可测算通道所处地区平均碳价

2. 大气污染费用

(1) 大气污染费用指标解释

交通运输空气污染主要指由机动车船、飞机等运输工具尾气中的微粒物质(PM)、NO_x、HC、CO 等排放造成的健康损失、建筑和器物损坏、植物和生态系统(生物圈、土壤、水)恶性改变等。

各种运输方式大气污染费用为单位运输周转量排放的 PM、NO$_x$、HC、CO 等大气污染物所产生的治理费用。

（2）大气污染费用模型

单位运输周转量的大气污染费用计算如下：

$$\text{VOA} = \sum_i \frac{N_i \times P_i}{\text{TV}} \tag{2-11}$$

式中：VOA——单位运输周转量（换算周转量）的大气污染费用〔元/（吨·公里）〕；

N_i——第 i 种污染物的排放量（千克）；

P_i——第 i 种污染物的边际治理成本（元/千克）；

TV——换算周转量（吨·公里）。

大气污染费用模型参数见表 2-14。

大气污染费用模型参数　　表 2-14

主要指标	参考数值			
大气污染物排放边际治理成本	根据欧盟国家大气污染物的单位治理成本取值，并考虑欧盟人均 GDP 与我国人均 GDP 比较情况及我国人均 GDP 增长情况进行调整，得到我国各种大气污染物的边际治理成本参数值。 **主要大气污染物排放的边际治理成本（2019 年）** （单位：元/千克）			
	CO	NO$_x$	PM	HC
	5.788	36.761	59.231	5.736
大气污染物排放量	铁路	铁路大气污染物排放量从全国铁道统计公报获得		
	公路	公路运输的年大气污染物排放量模型如下： $$\text{EQ}_i = \sum_{j=1}^{n} P_j \times M_j \times \text{E}f_{ij} \ (j = 1, 2, \cdots, n)$$ 式中：EQ$_i$——所有机动车辆第 i 种污染物的年排放量； 　　　j——车辆类型，分为大型汽油车、大型柴油车、其他汽油车、其他柴油车； 　　　P_j——统计年份中 j 类型车的保有量，可从统计资料获得； 　　　M_j——j 类型车的年均行驶里程，货车以统计资料中的货物周转量/（总吨位×实载率）计算，客车以统计资料中的旅客周转量/（总客位×客座率）计算； 　　　Ef_{ij}——j 类型车第 i 种污染物的排放因子，根据生态环境部标准确定，具体见《道路机动车大气污染物排放清单编制技术指南（试行）》（环境保护部公告 2014 年第 92 号）		

续上表

主要指标	参考数值				
大气污染物排放量	水运	内河运输的大气污染物排放强度根据统计数据及相关研究获得，根据内河运输周转量可得到污染物排放量。 内河航运的大气污染排放强度［单位：克／（吨·公里）］ | HC	CO	NO$_x$	PM | |---|---|---|---| | 0.072 | 0.0224 | 0.0292 | 0.021 |				
	航空	航空运输的大气污染物排放强度根据民航科学技术研究院相关研究获得，根据航空运输周转量可得到污染物排放量				
换算周转量	根据统计资料获得旅客周转量、货物周转量，通过客货周转量换算系数得到换算周转量					

注：管道运输90%以上使用电力驱动，暂不考虑其大气污染。

四、各种运输方式技术经济特征及比较优势分析

根据各种运输方式技术经济特征及比较优势分析模型，辅以长江通道（以上海—重庆为主要节点）为例进行验证，对各种运输方式技术经济特征及比较优势得出以下分析结论。

（一）经济费用（经济性）

1. 客运运价

根据客运运价参数和节点实际运价调查，客运运价从高到低依次是：航空、高速铁路、动车、长途客车、普通铁路、水运。

以上海—重庆为例，2019年各种运输方式的客运运价分别为：航空经济舱2000元/人、高速铁路动车组列车二等座1100元/人、动车组列车二等座600元/人、长途客车400元/人、普通铁路350元/人。

2. 货运运价

根据货运运价参数和节点实际运价调查，水运货运费率最低，最为经济，航空货运费率最高，货运运价从高到低依次是：航空、公路、管道（天然气）、铁路、管道（石油）、水运。

以上海—重庆为例，2019年典型大宗货物各种运输方式的平均运价分别

为：航空 2200 元/吨，公路 900 元/吨，管道（天然气）500 元/吨，铁路 300 元/吨，管道（石油）200 元/吨，水运 85 元/吨。

（二）时间价值（时效性、便捷性）

1. 客运时间价值

在运输过程中，旅行时间相比于购票、等候、联络（从起终点到站点的时间）等时间来说是最花费时间的，如果仅考虑旅行时间，各种运输方式运行速度的快慢直接决定了运输效率的高低。根据当前各种运输方式的运行速度，航空的运行效率最高，其次是高速铁路、动车、普通铁路、高速公路、普通公路、水运，这是运输方式自身的技术特征使然。

购票时间、等候时间、联络时间等，这些是各种运输方式附带的技术发展带来的结果，运输组织效率高、信息化方式应用广泛，带来的非旅行时间就低，效率就高，体现了便捷性程度。结合经验数值进行各种运输方式比较，公路的效率最高，其次为水运、铁路、航空，符合公路门到门便捷的认识。铁路的便捷性主要受高速铁路车站设置离城区较远影响，联络时间较长，影响了总体的运行效率。

以上海—重庆为例，2019 年各种运输方式的客运时间价值分别为：普通公路 3050 元/人、高速公路 1380 元/人、普铁 1350 元/人、动车 990 元/人、高速铁路 870 元/人、航空 370 元/人。

2. 货运时间价值

货运时间价值的比较，主要取决于各种运输方式所运的货物平均价值、物流费用、在途时间。无论采用何种运输方式，每类货物的平均价值是相同的，不同的是物流费用和在途时间。

各种运输方式的物流费用与运输价格成正比，从高到低依次为航空、公路、管道（天然气）、铁路、管道（石油）、水运。

对于在途时间的比较，站点间运行时间的长短可以通过各种运输方式速度的大小体现，各种运输方式速度从高到低（即站点间运行时间从低到高）的顺序为：航空、铁路、公路、管道（天然气）、水运、管道（石油）。根据经验和节点间实际情况调查，非行车（船、飞机）和联络耗时从低到高为：管道、公路、航空、水运、铁路。

由于不同种类货物价格不同，使得货物时间价值也会有所差异，价值高的货物时间价值也会相应高。以上海—重庆的原油和黄金运输为例计算2019年货运时间价值。各种运输方式的原油运输时间价值分别为：水运11元/吨，铁路8元/吨，管道2.2元/吨，公路1.7元/吨；黄金运输时间价值分别为：水运95万元/吨，铁路62万元/吨，公路10万元/吨，航空1.1万元/吨。

（三）安全成本（安全性）

安全成本的比较，主要取决于各种运输方式的单位周转量死亡人数，各种运输方式安全性从高到低依次为航空、水运、铁路、公路。

根据相关统计数据测算，2019年各种运输方式的安全成本分别为：航空0元/（万吨·公里），水运0.6元/（万吨·公里），铁路6.7元/（万吨·公里），公路393.2元/（万吨·公里）。

（四）绿色费用（绿色性）

1. 交通运输温室气体（CO_2）排放费用

根据模型，CO_2排放费用的多少，主要取决于各种运输方式的CO_2排放强度。客运CO_2排放强度从高到低的顺序为航空、公路、水运、铁路。货运CO_2排放强度从高到低的顺序为航空、公路、水运、铁路。

以上海—重庆地区的平均碳价计算，2019年单位旅客周转量CO_2排放费用为：航空2.03元/（千人·公里）、公路0.69元/（千人·公里）、水运0.25元/（千人·公里）、铁路0.06元/（千人·公里）；单位货物周转量CO_2排放费用为航空21.59元/（千吨·公里）、公路1.71元/（千吨·公里）、水运0.34元/（千吨·公里）、铁路0.07元/（千吨·公里）。

2. 大气污染费用

根据模型进行测算，各种运输方式单位周转量大气污染费用排序从高到低的顺序为航空、公路、水运、铁路。

根据全国平均水平计算，2019年单位运输周转量（换算周转量）的大气污染费用为航空56.3元/（千吨·公里）、公路11.5元/（千吨·公里）、水运1.7元/（千吨·公里）、铁路0.05元/（千吨·公里）。

五、小结

本章提供的各种运输方式技术经济特征及比较优势分析模型，能够量化分析各种运输方式在经济性、时效性（便捷性）、安全性、绿色性等方面的技术经济特征量化水平，为测算通道主要节点间各种运输方式的直接费用和外部成本提供了方法指南。

科学编制综合立体交通网规划，要重视对各种运输方式技术经济特征与比较优势进行分析，尤其是要创新思维，引入安全、绿色等外部性特征的量化分析，统筹交通运输服务供给与需求，贯穿于综合立体交通网规划建设的全领域、全过程和全要素，应用于规划方案预评估和实施效果后评估，以更加客观、全面、合理地综合评判各种运输方式的比较优势。同时，鉴于技术经济特征及比较优势量化分析参数在不同地区、不同条件、不同时间下各不相同，为进一步提高量化分析质量，今后还要持续深入开展各种运输方式技术经济特征及比较优势量化参数跟踪调查与动态调整。

课题组长：
刘洋（组长）、欧阳斌（副组长）
主要执笔人：
刘洋、欧阳斌、杨雪英、费文鹏、王雪成、王海燕、石磊、崔彦博
主要承担单位：
交通运输部科学研究院

本章参考文献

[1] 周伟.旅客时间价值[J].交通运输工程学报,2003,3(3):110-116.
[2] 王海洋,周伟,王元庆.货物运输时间价值确定方法研究[J].公路交通科技,2004(7):131-133+138.

[3] HE K,HONG H,ZHANG Q,et al. Oil consumption and CO_2 emissions in China's road transport:current status,future trends,and policy implications[J]. Energy Policy,2005,33(12):1499-1507.

[4] 吴群琪,孙启鹏.综合运输规划理论的基点[J].交通运输工程学报,2006,6(3):122-126.

[5] 黄日爱.综合运输体系技术经济特征分析[J].交通科技与经济,2008(4):122-123+126.

[6] 王孝坤.货物运输时间价值计算方法研究[J].交通标准化,2008(11):138-141.

[7] 宿凤鸣.低碳交通的概念和实现途径[J].综合运输,2010(5):13-17.

[8] 孙启鹏,朱磊,陈波.基于动态广义费用的客运通道交通方式选择Logit模型[J].交通运输系统工程与信息,2013,13(4):15-22.

[9] 孙启鹏,王庆云.不同交通方式技术经济特性可比性研究框架设计[J].长安大学学报(社会科学版),2010,12(1):29-33.

[10] 关宏志,西井和夫.货物的时间价值的评估方法及应用研究[J].公路交通科技,2000(5):107-110.

[11] HAN H,WANG H,RAN Y. Hybrid modeling of China's vehicle ownership and projection through 2050[J]. Energy,2011,36(2):1351-1361.

[12] OU X,YAN X,ZHANG X. Life-cycle energy consumption and greenhouse gas emissions for electricity generation and supply in China[J]. Applied Energy,2011,88(1):289-297.

[13] HUO H,HE K,WANG M,et al. Vehicle technologies,fuel-economy policies,and fuel-consumption rates of Chinese vehicles[J]. Energy Policy,2012,43(Apr):30-36.

[14] 张雪芹,曹立新.各种运输方式的技术经济特征比较分析[J].交通与运输(学术版),2013(01):171-172.

[15] 谭争伟,陈珍.考虑油耗模型的广义费用在交通分配中的应用[J].天津城建大学学报,2014,20(5):324-327.

[16] 贺琳,罗佳.基于货物时间价值的运输方式选择研究[J].浙江交通职业技

术学院学报,2015,16(2):30-33.

[17] 吴群琪,董彬,宋京妮.综合运输的本质及其特征研究[J].技术经济与管理研究,2016(11):105-109.

[18] 陆化普.绿色智能一体化交通[J].中国公路,2018(15):27-29.

[19] PENG T,OU X,YUAN Z,et al. Development and application of China provincial road transport energy demand and GHG emissions analysis model[J]. Applied Energy,2018,222:313-328.

[20] XIE C,BAI M,WANG X. Accessing provincial energy efficiencies in China's transport sector[J]. Energy Policy,2018,123:525-532.

[21] 史富文.我国社会折现率参数测算及使用建议[J].工程经济,2019,29(04):77-80.

[22] 张曾莳.道路运输通道交通特性研究[D].西安:长安大学,2002.

[23] 彭俊.社会折现率的理论探讨与选择[D].上海:同济大学,2004.

[24] 高杨斌.区域综合交通体系战略规划研究[D].南京:东南大学,2005.

[25] 孙启鹏.运输方式动态技术经济特性研究[D].西安:长安大学,2007.

[26] 邵俊杰.货物运输通道的演变及实证研究[D].北京:北京交通大学,2010.

[27] 李艳红.综合运输通道客运结构优化理论与方法研究[D].北京:北京交通大学,2010.

[28] 胡贵麟.综合运输广义网络规划模型构建[D].哈尔滨:哈尔滨工业大学,2011.

[29] 赵永刚.成渝通道城际客运运输方式分担率研究[D].成都:西南交通大学,2012.

[30] 史佩红.基于广义费用的道路客运经济运距测量模型研究[D].西安:长安大学,2014.

[31] 赵琪.基于技术经济特性的交通运输方式比选平台研究[D].天津:中国民航大学,2015.

[32] 宋京妮.综合运输效率形成机理及评价研究[D].西安:长安大学,2017.

[33] 沈志云,邓学钧.交通运输工程学[M].2版.北京:人民交通出版社,2003.

[34] 许庆斌,荣朝,马运.运输经济学导论[M].北京:中国铁道出版社,2000.

[35] 胡思继.综合运输工程学[M].北京:清华大学出版社,北京交通大学出版社,2005.

[36] 彭辉,朱力争.综合交通运输系统及规划[M].成都:西南交通大学出版社,2006.

[37] 国家发展改革委,建设部.建设项目经济评价方法与参数[M].3版.北京:中国计划出版社,2006.

[38] 孙启鹏.综合运输理论与方法:运输方式动态技术经济特性[M].北京:经济科学出版社,2010.

[39] 毕理克巴图尔.区域综合交通运输一体化:运作机制与效率[M].北京:经济管理出版社,2012.

[40] 荣朝和,等.综合交通运输体系研究[M].北京:经济科学出版社,2013.

[41] 曹晔.我国综合运输体系优化[M].北京:经济管理出版社,2017.

[42] 傅志寰,孙永福.交通强国战略研究[M].北京:人民交通出版社股份有限公司,2019.

附件

各种运输方式技术经济特征及比较优势量化分析模型

附表 2-1

类别	量化指标	测算方法	数据来源
经济性	客运运价：指单个出行者选择某种运输方式出行，平均单位里程所支付的运费。计量单位为：元/(人·公里)	我国客运运价实行政府指导价，根据有关文件规定可获得各种运输方式客运运价。但近年来，客运运价有放开趋势，建议针对通道开放所处区域应对该模型进一步调查得到更为准确的实际客运运价参数值	(1) 铁路 ①根据国家发展改革委《关于改革完善高铁动车组旅客票价政策的通知》(发改价格〔2015〕3070号)，自2016年1月1日开始，对在中央管理企业全资及控股铁路上开行的设计时速200公里以上的高速铁路动车组列车一、二等座旅客票价，由铁路运输企业依据铁路格法律法规自主制定。 ②2011年《新京报》报道，高速铁路动车组列车二等座基准票价0.484元/(人·公里)。 ③根据2007年铁道部发布的《关于动车组票价有关事项的通知》(铁运电〔2007〕75号)文件规定，旅行速度达到110公里/小时以上的动车组列车软座基准价为一等座0.3366元/(人·公里)，二等座0.2805元/(人·公里)，可上下浮动10%。 ④根据2016年12月21世纪经济报道《铁路运价改革进入深水区：普客定价成本标准初定》，Z、K字头普速铁路票价为0.14元/(人·公里)

45

续上表

类别	量化指标	测算方法	数据来源
经济性	客运运价：指单个出行者选择某类运输方式出行，平均单位里程所支付的运费。计量单位为：元/(人·公里)		(2)公路 公路客运基价参考了江苏、广东、湖南、山西、贵州、云南等省物价局公布的汽车客运价的规则，本参数值参考1994年交通部、国家计划委员会公布的《关于调整部直属公路客运企业客运票价的通知》(计价价〔1994〕21号)，并根据现状调查得到。 (3)水运 水运运价自2001年起全部开放市场。 (4)航空 ①2014年，中国民用航空局、国家发展改革委发布了《关于进一步完善民航国内航空运输价格政策有关问题的通知》(民航发〔2014〕107号)，明确民航客运基价由航空公司根据定改为政府制定，公布定价自行测算和公式，各航空公司根据规则及政府公式自行测算的模式，由原来的0.75元/公里调整为"长短有别"的新定价模式。上浮不超过25%，下浮不限。 ②可采用民航行业发展统计公报中的单位周转量客运收入水平反映航空运价的市场平均值

续上表

类别	量化指标	测算方法	数据来源
经济性	货运运价:指运输企业对特定货物提供运输服务的价格。计量单位为:元/(吨·公里)	目前,交通运输领域的公路货运、水路货运、航空货运,铁路集装箱、铁路零担运输、铁路整车运输的矿物性建筑材料、金属制品、工业机械等12个货物品类之外的铁路整车运输实行政府指导价。对于实行市场调节货运价的,根据有关文件规定可获得的,根据有关部门的监测数据,可获得货运价的参考值	①铁路集装箱、零担各类货物运输价格,以及整车运输的矿物性建筑材料、金属制品、工业机械等12个货物品类运输价格为市场调节价,12个货物品类之外的整车运输价格为政府指导价。对于政府市场化改革关于深化铁路货运价格市场化改革有关问题的通知》(发改价格〔2017〕2163号)规定,实行政府指导价的铁路货运各货物品类运输价不变,在上浮不超过15%、下浮不限的范围内,根据市场供求状况自主确定具体运价水平;根据《国家发展改革委关于调整铁路货运基准运价的通知》(发改价格〔2015〕183号),国家铁路货运统一运价率平均为每吨每公里15.51分,并作为基准价。对于市场调节价部分,可通过中国铁路"9306"平台查询铁路货运价格。 ②公路货运价格为市场调节价,根据国家发展改革委价格监测中心发布的价格监测数据可获得公路货运价格。

47

续上表

类别	量化指标	测算方法	数据来源
经济性	货运运价：指运输企业对特定货物提供运输服务的价格。计量单位为：元/(吨·公里)		③内河水运价格为市场调节价，根据黄金水道物流网、长江航务管理局有关监测数据可获得水路货运价格。 ④航空货运价格为市场调节价，可根据民航行业发展统计公报中的单位周转量货邮运输收入水平反映航空货运价的市场均值。 ⑤管道运输实行政府指导价，运输货物主要为石油和天然气。根据国家发展改革委 2019 年发布的《国管道运价格的通知》（发改价格〔2019〕561号），计算全国主要省管道跨省天然气管道运输单价约为 0.4497 元/(吨·公里)。根据国家发展改革委原油和成品油管道运输价格的有关文件与批复，全国主要石油管道平均运输单价约为 0.12 元/(吨·公里)。

续上表

类别	量化指标	测算方法	数据来源
时效性、便捷性	客运时间价值：指旅客完成一次出行所用时间的全部价值。计量单位为：元/人	客运时间价值为单位时间价值与出行时间之积： $\mathrm{VOT_p} = T \times Y_{atp}$ 式中：$\mathrm{VCT_p}$——客运时间价值； Y_{atp}——单位时间价值，以单位时间人均产值（Y_1）或单位休闲时间价值（Y_2）体现，选二者中高值计算。 单位时间人均产值（Y_1）计算公式为： $$Y_1 = \frac{Y_a}{P \times T_0}$$ 式中：Y_a——地区生产总值； P——地区就业人口数量； T_0——劳动者平均劳动时间。 单位休闲时间价值（Y_2）可通过对通道所处地区开展典型调查得到。 T 为出行时间： $T = T_b + T_a + T_w + T_{tr} + T_r$	①购票时间、到达站点时间、候车（船、飞机）时间、站点到目的地时间均根据经验值获得。 ②站点间旅行时间根据班次时刻表查询，或者可用出行距离/运行速度反映。 ③单位时间人均产值、就业人口数量，通过统计资料查获得，的生产总值、就业人口数量可通过对通道所处地区开展典型调查得到

续上表

类别	量化指标	测算方法	数据来源
	客运时间价值：指旅客完成一次出行所用时间的价值。计量单位为：元/人	式中：T_b——购票时间；T_a——到达站点时间；T_w——候车（船，飞机）时间；T_{tr}——站点间旅行时间；T_r——站点到目的地的时间	
时效性、便捷性	货运时间价值：指货物在途时间中造成的资金占用产生的价值损失，与货值等因素有关，在途时间计量单位为：元/吨	$$VOT_F = \frac{(P_r + C_L) \times R}{365 \times 16} \times T$$ 式中：VOT_F——货运时间价值（元/吨）；P_r——货物平均价值（元/吨）；C_L——物流费用（元/吨）；T——货运在途时间；R——社会折现率（收益率）。$T = T_1 + T_2 + T_3$ 式中：T_1——站点间运行时间；T_2——非行车（船，飞机）的时间，主要考虑运输组织、装卸时间；T_3——起终点与站点间的联络时间	①货物平均价值可通过国家价格监测中心查询。②物流费用根据采购物流联合会发布的《中国物流运行情况通报》，运输费用占物流费用比例乘到。根据国家发展和改革委，中国物流与采购联合会发布的《2019年全国物流运行情况通报》，运输费用占物流费用比例为52.74%，但管道运输的物流成本主要为运输费用，该比例取100%。运输费用取经济性指标的货运价数据。③根据《建设项目经济评价方法与参数（第三版）》，社会折现率（收益率）取8%。④站点间运行时间，可根据官方公布时间，或者是两地距离除以各种运输方式速度得到。⑤非行车（船，飞机）时间，联络时间，根据经验值或调查确定

续上表

类别	量化指标	测算方法	数据来源
安全性	单位运输周转量安全成本：指单位运输周转量发生事故导致的死亡人员的人力资本损失。计量单位为：元/(吨·公里)	$$\text{VOS} = \frac{N \times A \times C}{\text{TV}}$$ 式中：VOS——单位运输周转量（换算周转量）的安全成本； N——运输方式的年度事故死亡人数； A——人均年产值； C——死亡人员平均损失劳动年限； TV——运输方式的年度运输周转量	①铁路死亡人数来源于铁道统计公报。 ②公路死亡人数来源于中国统计年鉴。 ③民航死亡人数来源于民航行业发展统计公报。 ④水运死亡人数来源于交通运输行业发展统计公报。 ⑤缺乏管道运输统计数据，暂不考虑管道运输方式。 ⑥人均年产值以就业人员人均GDP衡量，GDP、就业人员数量均来自中国统计年鉴。 ⑦由于缺乏数据，假设交通事故死亡人员年龄构成与全国人口年龄构成比例相同，分为1~14岁、15~64岁、65岁以上三个年龄段。 死亡人员平均损失劳动年限分为完全劳动能力时间损失和部分劳动能力时间损失。 人员年龄小于15岁之间，具有完全劳动能力；65岁至期望寿命（按75岁计算）期间，具有部分劳动能力，衡量标准为完全劳动能力的25%。

51

续上表

类别	量化指标	测算方法	数据来源
安全性	单位运输周转量安全成本：指单位运输周转量发生事故导致的死亡人员的人力资本损失。计量单位为：元/(吨·公里)		即：1～14岁年龄段的死亡人员平均损失年年限为：完全劳动能力损失时间50年+部分劳动能力损失时间11年；15～64岁年龄段的死亡人员平均损失年年限为：完全劳动损失时间25.5年（中值39.5～64岁之间的25.5年）+部分劳动能力损失时间11年；65岁以上年龄段的死亡人员平均损失年年限为：部分劳动能力损失时间6年（中值70岁至期望寿命75岁之间的6年）。⑧根据统计资料获得旅客周转量、货物周转量，通过客货周转量换算系数得到换算周转量
绿色性	单位旅客周转量的CO_2排放费用：单位旅客周转量排放的CO_2所产生的治理费用。计量单位为：元/(人·公里)	$VOC_p = I_1 \times P_C$ 式中：VOC_p——单位客运周转量CO_2排放费用； I_1——单位客运周转量CO_2排放量，即CO_2排放强度； P_C——碳价。	①客货运碳排放强度可根据交通运输行业统计资料及公报公布的各种运输方式客货运量数据、交通运输部科学研究院、民航科学技术研究院、中国铁道科学研究院提出的不同交通运输方式能源消耗数据，以及能耗和碳排放之间的转换系数进行测算得到。 ②根据中国碳交易网典型地区碳价，可测算通道所处地区平均碳价。

续上表

类别	量化指标	测算方法	数据来源
	单位货物周转量的 CO_2 排放费用。单位货物周转量排放的 CO_2 所产生的治理费用，计量单位为：元/(吨·公里)	$VOC_F = I_2 \times P_C$ 式中：VOC_F——单位货物周转量 CO_2 排放费用； I_2——单位货物周转量，即 CO_2 排放量，排放强度； P_C——碳价	③管道运输 90% 以上使用电力驱动，暂不考虑碳排放
绿色性	单位运输周转量的大气污染费用。单位运输周转量排放的 $PM、NO_x、HC、CO$ 等大气污染物所产生的治理费用，计量单位为：元/(吨·公里)	$VOA = \sum_i \dfrac{N_i \times P_i}{TV}$ 式中：VOA——单位运输周转量（换算周转量）的大气污染费用； N_i——第 i 种污染物的排放量； P_i——第 i 种污染物的边际治理成本； TV——换算周转量	①大气污染物排放边际治理成本：根据欧盟相关国家大气污染物的单位治理成本取值，并考虑欧盟人均 GDP 与我国人均 GDP 比较情况及我国各种大气污染物治理成本参数值，得到我国大气污染物排放的边际治理成本。 ②铁路运输大气污染物排放量从全国铁道统计公报获得。 ③公路运输的年大气污染物排放量模型如下： $EQ_i = \sum_{j=1}^{n} P_j \times M_j \times Ef_{ij} (j = 1, 2, \cdots, n)$ EQ_i——所有机动车辆第 i 种污染物的年排放量； j——车辆类型，分为大型汽油车、大型柴油车、其他汽油车、其他柴油车；

53

续上表

类别	量化指标	测算方法	数据来源
绿色性	单位运输周转量的大气污染费用:单位运输周转量排放的PM、NO_x、HC、CO等大气污染物所产生的治理费用。计量单位为:元/(吨·公里)		P_j——统计年份中 j 类型车的保有量,可从统计资料获得; M_j——j 类型车的年均行驶里程,货车以实载率计算,客车以统计资料中的旅客周转量/(总客位×客座率)计算; Ef_{ij}——j 类型车 i 种污染物的排放因子,根据国家生态环境部标准确定。 ④内河运输的大气污染物排放强度根据统计数据及相关研究获得,根据内河运输周转量可得到污染物排放量。 ⑤航空运输的污染物排放强度根据民航科学技术研究院相关研究获得,根据航空运输周转量可得到污染物排放量。 ⑥管道运输90%以上使用电力驱动,暂不考虑大气污染排放。 ⑦根据统计资料获得旅客周转量、货物周转量,通过客货周转量换算系数得到换算周转量

第三章
综合立体交通网规划研究方法与模型

本章介绍国家综合立体交通网规划研究方法的总体思路和技术要点，通过建立统一客货运分析框架，构建超级交通网络模型，运用多模式广义费用分配模型进行综合交通需求预测并通过对中心节点覆盖效果及客、货运量进行校验，得出模型具有较好适应性。

一、国家综合立体交通网规划研究思路与方法

（一）规划研究总体思路

1. 总体思路

在铁路、公路、水运、民航、邮政及管道既有规划基础上，与各种运输方式并行开展中长期空间布局规划研究，在统筹考虑国际互联互通、国家政治、经济、国土、国防、生态安全等方面的连通与覆盖的基础上，利用统一的需求分析框架和广义费用分配模型（其中管道运输的流量与流向清晰且主要货类运输相对独立，因此不纳入统一的预测分析框架，但在布局方案中着重考虑与各交通运输方式衔接），围绕国家综合立体交通网主要功能进行研究，以区域通道、重要城市群、主要枢纽节点为切入点，对五种运输方式的国家级基础设施布局研究方案进行多次耦合，以提高整体网络效率和集约利用资源为目标，最终优化形成初步规划研究方案。

2. 技术要点

国家综合立体交通网规划研究技术路线示意图如图3-1所示，以下三个方面是综合立体交通网规划研究的技术要点。

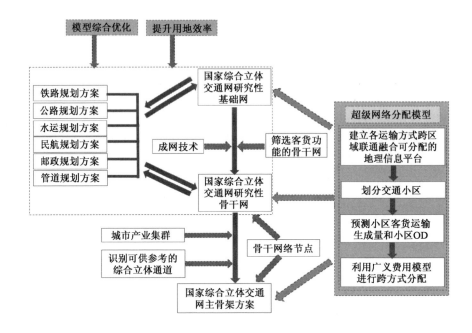

图 3-1　国家综合立体交通网规划研究技术路线示意图

(1) 形成国家综合立体交通网研究性基础网

铁路、公路、水运、民航、管道、邮政从各自角度提出规划研究方案。以此为基础，从提升用地效率角度对初步规划研究方案进行评价，建立超级网络分配模型对各行业规划研究方案进行优化完善，最终提出国家综合立体交通网研究性基础网。

(2) 形成国家综合立体交通网研究性骨干网

在国家综合立体交通网研究性基础网成果的基础上，通过确定骨干网络节点，根据超级网络分配模型分配结果筛选，连接形成客货运功能的骨干网，形成国家综合立体交通网研究性骨干网。

(3) 梳理空间形态，形成研究性主骨架方案

根据国家综合立体交通网研究性骨干网，梳理识别可供参考的综合立体通道，结合国家明确的"19＋2"城市群格局和交通发生吸引空间分布特征，进行统筹规划衔接，最终形成以"主轴、走廊、通道"为结构的主骨架方案，展现为具有多中心、多层次、网络化特征的国家综合立体交通网空间形态。

（二）规划研究方法具体步骤

规划研究方法围绕研究性基础网、研究性骨干网、形成主骨架方案三个重点展开，具体过程如下。

1. 形成国家综合立体交通网研究性基础网

1）第一步，建立国家综合立体网规划基础空间数据库

①建立全国省、市、县行政区划、经济、人口基础空间数据库。

②建立全国交通基础设施空间规划数据平台。

③建立交通运输（绩效监测）数据集。

④建立国土空间规划数据集。

⑤建立综合交通运输的运输量数据库。

2）第二步，确定国家综合立体交通网基础节点

①构建基础节点指标体系。采用层次分析法，考虑政治地位、人口经济、交通运输、地域公平四方面准则构建基础节点指标体系。采用专家打分法对每个指标进行赋值。

②分县级行政单元计算准则分值。以县级行政单元为基础，针对各个准则，采用加权平均法得到各准则分值。

③多维魔方分类提取节点。将四方面准则采用自然断裂法分为低、中、高三级，采用自然资源部"双评价"使用的多维魔方法，选取至少 1 个方面等级为"高"的作为中心节点，2 个及以上方面等级为"高"的作为核心节点。

④技术调整中心节点。将相邻 50 公里以内的点仅保留一个综合等级更高的点位。

3）第三步，基于客、货运功能的关键路段筛选

研究范围以已经通过审批的国家铁路网、公路网、港口及航道网、运输机场、管道网等相关规划为基础。由于研究定位国家、区域层级，根据统计数据，公路客运功能平均运距为 55 公里，对于国家、区域层级网络的需求特征不明显，因此，不进行公路客运关键路段筛选及后续成网。

①识别国家综合立体交通网公路货运关键路段。以高速公路为主，普通国道作为参考。通过软件生成公路货运密度分布图（范围为高速公路与普通国道），通过对货物周转量占比、覆盖国家级设施和重要节点的试算，选择东

部地区公路货运密度（年货运量）达到 3000 万吨的路段作为关键路段、西部地区公路货运密度达到 1000 万吨的路段作为关键路段。

②识别国家综合立体交通网铁路货运关键路段。通过软件生成铁路货运密度分布图，选择东部地区铁路货运密度（年货运量）达到 3000 万吨的路段作为关键路段、西部地区铁路货运密度达到 1000 万吨的路段作为关键路段。

③国家综合立体交通网铁路客运关键路段识别。以高速铁路、普速铁路、城际铁路为研究范围，通过软件生成铁路客流密度分布图，选择铁路客流密度（年客运量）达到 3000 万人次的路段作为关键路段。

④国家综合立体交通网水路货运关键路段识别。通过软件生成内河水路货运密度分布图，选择内河水路货运密度达到 3000 万吨的路段作为关键路段。

⑤国家综合立体交通网民航关键运输机场识别。以运输机场为研究范围，按运输机场客运吞吐量进行高低排序，选择累积总量占 90% 的作为关键机场。选择航段运输量达到 30 万人次以上的线路作为关键空中链路。

4）第四步，国家综合立体交通网研究性基础网生成

（1）生成铁路货运基础参照网。

①分析铁路关键路段，结合铁路路由，将相邻路段沿着货运密度最高的路线创建网络。

②考察国家城市群、主要港口、重要口岸的连接情况（并参考基础节点方案），对未连接的节点，结合铁路路由，沿着货运密度最高的路线连接到创建网络。

③考察铁路主要外贸流量与流向，结合国际班列线路，形成互利共赢、支撑全球互联互通的铁路货运网络。

（2）生成铁路客运基础参照网。

①分析铁路关键路段，结合铁路各自路由（高速、普速、城际），将相邻路段沿着客流密度最高的路线创建网络。

②考察国家综合立体交通网基础节点连接情况，包含相邻省会、国家城市群、重要客运口岸、AAAAA 级景区所在的城市等的连接情况，对未连接的节点，首先使用高速铁路进行连接，结合铁路各自路由（高速、普速、城际），沿着客流密度最高的路线连接到创建网络，原则上只要有一个层次的铁

路与基础节点连接即视为联通。

③考察铁路主要客运流量与流向,结合国际班列线路,形成互利共赢、支撑全球互联互通的铁路客运网络。

(3)生成公路货运基础参照网。

①分析关键路段,如果路段间隔等于或小于700公里(载货汽车单日合理行驶距离),则通过连接这些路段创建网络。

②考察国家综合立体交通网基础节点连接情况并与创建的网络进行连接。

A. 考察相邻省会及计划单列市连接情况,对未连接的节点,沿着货运密度最高的路线进行连接。

B. 考察国家城市群(新型)间及内部连接情况,对未连接的城市群,沿着货运密度最高的路线进行连接。

C. 考察重要公路、铁路口岸连接情况,沿着货运密度最高的路线进行连接。

D. 考察主要港口连接情况,对未连接的主要港口,沿着货运密度最高的路线进行连接。

③考察国家国防功能及其他战略性节点的连接情况,对未连接的节点,沿着货运密度最高的路线进行连接。

④普通国道采用相同原则,补充货运量较大的线路。

(4)生成水路货运基础参照网。

①分析水路关键路段,结合水路路由,将相邻路段沿着货运密度最高的路线形成联通的水路骨架。

②考察主要港口和相关水系,对未连接的节点,结合水路路由,形成全国范围的水路骨架。

③考察主要外贸流量与流向,结合国际海运航线,形成互利共赢、支撑全球互联互通的海运网络。

(5)生成民航客运基础参照网。

考察主要国际客运流量与流向,结合国际航线,形成互利共赢、支撑全球互联互通的空中客运网络。

（6）生成管道运输基础参照网。

考察主要港口衔接，结合管道路由，形成联通的管道骨架。

（7）国家综合立体交通网研究性基础网生成。

将生成的各种运输方式基础参照网进行叠加形成综合立体交通网研究性基础网。

2. 形成国家综合立体交通网研究性骨干网

1）第五步，建立综合交通小区及现状 OD

考虑到管道运输流量与流向较为清晰的特点，其主要货类原油和天然气运输相对独立，主要涉及与港口衔接问题，因此，不纳入统一预测分析框架。

（1）划分综合交通小区。

①原则由县级行政区组成，不跨越地级区划。

②内部交通流量不宜过大，应控制在 10%。

③具有长期适应性和稳定性。

初步考虑按照县级行政区划划分为 2200 个综合交通小区。

（2）确定综合交通小区现状客、货运发生、吸引量。

按客、货不同功能分类原则，将铁路、公路、水路、航空、管道各运输方式的发生、吸引量进行叠加。

①货运发生、吸引总量。

A. 将铁路小区发生、吸引量，按照其范围内综合交通小区的经济生产总值占比及与铁路场站距离等因素并考虑一定公路运输折减，分配到相应的综合交通小区。

B. 将高速公路出入口货运量和普通国道反推得到的发生、吸引量（考虑一定折减）相加，作为相应的综合交通小区的公路发生、吸引货运量。

C. 将港口本地货运量计入所在综合交通小区（对于除本地产生的发生、吸引量，已在其他集疏运方式上体现）。

②客运出行发生、吸引总量。

方法一：

A. 将铁路小区发生、吸引量，按照其范围内综合交通小区的人口占比并考虑一定公路转运折减，分配到相应的综合交通小区。

B. 将高速公路客运量和普通国道反推得到的发生、吸引量（考虑一定折减）相加，作为相应的综合交通小区的公路发生、吸引客运量，用移动互联网位置数据和手机信令数据进行校核。

C. 将民航运输机场的发生、吸引量，按照其辐射范围内综合交通小区的人口占比并考虑一定公路转运折减，分配到相应的综合交通小区（按辐射范围确定比例、人口和距离）。

方法二：

利用移动互联网位置数据和手机信令数据，确定地级市之间的分方式出行发生、吸引量。

2）第六步，预测综合交通小区客货发生吸引量、生成量

①对我国交通运输需求发展趋势进行判断，预测客、货运总量、内外贸及分货类运输量（煤炭、矿石、原油、干散货、液散货、其他）、不同群体出行结构（不同收入群体出行次数）等。

②结合对外开放、国土空间开发利用、区域发展战略、城镇化发展格局、产业布局等因素，提出总量分省的空间分布。

③在综合交通小区近 5 年的发生、吸引量基础上，考虑所在地区未来经济变化情况，采用弹性系数法和专家优化法进行预测，结合区域总量和空间分布进行优化调整。

3）第七步，综合交通小区客、货运发生、吸引量分布预测

基于综合交通小区现状 OD，运用增长系数法和重力模型法对未来综合交通小区 OD 进行分布预测。

4）第八步，多模式广义费用模型网络分配

将规划目标年综合交通小区 OD 需求在各种运输方式规划网络上进行分配。

（1）货运。

①将本轮研究中规划目标年各种运输方式形成的规划方案按货运功能叠加并相互联通。

A. 参考规划目标年物流场站枢纽布局。

B. 根据空间关系，将港口、铁路现状及规划场站、公路相互联通，并标

定相关参数。

②考虑大宗物资货物运输系统现状，确定特定货类（煤炭、矿石、石油等）在特定 OD 间的基本运输方式，并在相应运输方式规划网络上进行分配。

③对于特定货类以外的货物，采用多模式广义费用模型，在规划网络上进行分配。

（2）客运。

①将本轮研究中规划目标年各种运输方式形成的规划方案按客运功能叠加并相互联通。

A. 参考规划目标年客运枢纽布局。

B. 根据空间关系，将机场、高速铁路现状及规划场站、公路相互联通，并标定相关参数。

②考虑快速客运系统现状，采用广义费用模型在高速铁路、普速铁路、公路、民航各规划网络分配。

5）第九步，形成研究性骨干网

在前一步工作的基础上，重复第三、第四步的方法，对客、货运功能网关键路段进行识别和筛选，对符合客、货运功能要求的关键线路和枢纽联通成网并进行叠加，再连接基础节点，形成研究性骨干网初步网络，并与研究性基础网进行对比，找出变化情况，分析差异路段的交通特征，研究其合理性并进行优化，形成研究性骨干网。

3. 梳理空间形态，形成主骨架方案

1）第十步，形成主骨架规划基本方案和通道方案

研究性骨干网为侧重运输功能、效率较高的交通网络，以此为基础，以单因素分析为手段，考虑如旅游、国防、连接能源基地、边境口岸等影响因素，连接补充相关方案，形成主骨架线路规划基本方案；再通过单位用地运输周转量、新增单位投资完成的运输周转量等总量控制指标，形成主骨架布局初步方案，原则上初步方案应承担国家 80% 的运输量比重。再结合城市和产业集群集聚特征，梳理主骨架方案形成概念化的通道布局初步方案。

2）第十一步，形成国家综合立体交通网规划研究方案

（1）各行业与各地方对接各自规划方案的实施可行性。

（2）将国家综合立体交通网规划研究基本方案与各行业规划研究对接，重点对接总量控制指标并进行优化调整。

（3）通过与各行业规划和地方规划反馈衔接，形成国家综合立体交通网规划研究方案。

二、超级交通网络需求预测模型

（一）建模总体思路

现阶段多数综合交通需求预测模型缺乏不同运输方式间的有机融合，难以模拟各方式的比较优势和组合效率，通过建立统一的客、货运分析框架，划分综合交通小区，统一运输需求；构建基于GIS的多方式一体衔接的超级交通网络模型；采用基于多方式广义费用的分配模型，在超级交通网络上进行客货运输需求分配，体现"宜铁则铁、宜公则公"的规划理念，模拟乘客组合出行和货物多式联运，优化整合"方式分担"与"流量分配"阶段的预测方法，为综合立体交通网规划研究中各方式有机融合提供技术支撑。

（二）建立统一的客、货运分析框架

建立5种运输方式的统一分析框架，是研究构建国家综合立体交通网的内在要求，也是优化我国交通基础设施网络空间布局、合理配置交通运输资源的需要。综合交通小区的划分是解决各种运输方式交通需求融合的基础，也是超级交通网络需求预测的单元和起点。综合交通小区的划分应遵循研究对象特征及相关数据（经济、人口、产业、交通客货运量等）的可获得性，以及综合交通小区内部客货交流量比重不宜超过10%的原则。

根据交通运输部发布的《2018年交通运输行业发展统计公报》，铁路运输以长距离、大运量为主要特征，货运平均运距716公里，客运平均运距419公里，铁路以地级行政单元为主在全国划分了580个小区；水路、航空运输同样以长运距为主要特征，地级行政单元可以满足国家层面的研究需求；但公路运输以短距离为主，研究对象中的高速公路、普通国道都连接到县级行政单元，公路客运平均运距55公里，旅客周转量占比达到53.9%（含非营运小汽车），货运平均运距180公里，货物周转量占比达到35.7%，其旅客周转量

和货物周转量占比高，尤其货运对路网格局影响较大，因此，地级行政单元不能满足研究要求。不同交通运输方式客、货运平均运距测算表见表3-1、表3-2。

客运平均运距测算表　　　　　　　　　　　　　　　　　　表3-1

不同交通运输方式	客运量 （亿人次）	旅客周转量 （亿人·公里）	客运平均运距 （公里）
铁路	33.75	14146.58	419
公路	136.72	9279.68	55
水路	2.8	79.57	28
民航	6.12	10711.59	1750

货运平均运距测算表　　　　　　　　　　　　　　　　　　表3-2

不同交通运输方式	货运量 （亿吨）	货物周转量 （亿吨·公里）	货运平均运距 （公里）
铁路	40.26	28820.55	716
公路	395.69	71249.21	180
水路	70.27	99052.82	1410
内河	37.43	15365.89	411
沿海	25.14	31760.34	1263
远洋	7.7	51926.58	6744
民航	0.07385	262.42	3553

综合考虑，选取以县级行政单元为基础划分综合交通小区，全国有8000多个高速公路收费站，国家干线公路约9000个交通流量调查断面，铁路站点约7500个，港口、机场点状分布，数据可获得。在分析全国2861个县级行政单元基础上，将直辖市、地级市的中心城区进行合并，最终将全国划分为2540个综合交通小区。

建立超级网络需求预测模型：以全国县级行政区划为基础单元建立2540个综合交通小区，在统一框架下，统筹考虑小区内各运输方式的客、货运需求，预测交通小区规划目标年的客货生成量和小区间OD。

（三）超级交通网络模型构建

超级交通网络模型是实体综合交通网络模型化形态，指在系统模型研究范围内，由相互影响的各种交通运输方式基础设施及属性信息组成，具有多层次、多级别、多属性的特征，各运输方式通过综合枢纽、港站相互连接形成一体化衔接的超级交通网络。

超级交通网络模型是支撑国家综合立体交通网规划研究的重要组成部分，是应用多模式广义费用分配模型进行网络需求预测的基础，是将客货运输需求在各种运输方式网络上进行科学分配的基础，是优化国家综合立体交通网基础方案、提炼主骨架方案、实现"宜铁则铁、宜公则公、宜水则水、宜空则空"规划目标的基础性、理论性支撑。

超级交通网络模型的构建思路是：依据2018年我国交通网络现状，创建国家综合立体交通网现状超级交通网络。基于GIS平台，集成干线铁路、公路（高速公路、普通国道）、水运（主要港口、内河高等级航道）、民航（运输机场）和干线管道等网络基础设施地理信息矢量数据；依据实际交通连接关系，采用最近的实际路径，将港站与相应干线进行连接，将普通国道与高速公路出入口进行连接；在综合枢纽、港站等节点，相应各交通运输方式间采用虚拟概化连接线进行连接，实现客货流在多方式间自由穿梭。具体操作如下：

利用软件，分别创建铁路路段17525条、高速公路路段60596条、普通国道路段2854条、内河航道和沿海航道512条、民航运输机场之间的航线3539条，识别各种运输方式路段相互连通的节点，包括450个民用运输机场、149个港口、8684个高速公路和普通国道收费站、2547个铁路客货运站等节点，并在枢纽节点处将各种运输方式通过17218条连接线联通成网，其中交通小区与高速公路形成5850条连接线，交通小区与普通国道形成2854条连接线，高速公路与普通国道形成5743条连接线，铁路与高速公路或普通国道形成2547条连接线，民用机场与铁路、高速公路、普通国道形成224条连接线。再将2540个交通小区的形心与上述交通网络连接起来，从而建立综合立体交通网超级交通网络模型。这些连接线为虚拟连接线，在实际线网中这些虚拟连接线可能是铁路连接线、省级高速公路、普通省道或者是农村公路等。

通过虚拟连接线，将铁路网、国家公路网、航道网、管道网以及机场、港口、铁路车站、高速公路收费站等连接起来，构建形成具有多层次、多级别、多属性特征，各种运输方式一体衔接的国家综合立体交通网现状超级交通网络。其中，各种交通运输方式既可独立成网，也可通过综合枢纽、港站相互连接形成嵌套网络。

在超级交通网络模型中逐段标定基础设施相关属性数据。利用软件，通过上述步骤，建立由铁路、公路、水路、民航等各种交通运输方式国家级线网组成的跨区域联通、枢纽节点融合、数据流量可分配的"一张网"地理信息模型。

（四）多模式广义费用分配模型构建

多模式广义费用函数是相对于单一交通运输方式的广义费用函数而言的，配合超级交通网络模型，可计算各种运输方式在所有实际路段及交通枢纽实现组合换装的广义费用，计算综合小区间客货流在多种运输方式间自由组合穿梭的最优路径。广义费用包含客货运输产生的交通自身费以及相关联的交通正负外部性费用。在多模式广义费用模型中，将不同运输方式间转换所发生的广义费用赋值于各种运输方式间虚拟概化连接线，改进了铁路货运广义费用中的时间价值计算方法，考虑铁路编组及货物仓储时间，更符合多式联运组合运输模式。

以广义费用方式量化各运输方式比较优势、组合效率，依托模型化相互连通的实际交通网络、枢纽，模型优化整合了"四阶段法"的"方式分担"与"流量分配"阶段，模拟了国家层级的多方式组合出行和运输链，更好地体现了"宜铁则铁、宜公则公"的规划理念。

1. 广义分配模型路径选择影响因素

运输需求对运输行驶路线选择的影响因素众多，包括运输时间、运输价格、交通拥堵状况、运输等待时间、运输安全可靠性等。

运输时间方面，不同运输方式运输时间不同，运行速度越快，行程时间越短，运输需求选择该方式所在路径的概率越大，分配运输量越多，反之亦然。

以旅客运输为例，高速公路运行速度为120公里/时，普通国道运行速度为80公里/时，高速铁路运行速度为300公里/时，普速铁路运行速度为120公里/时，飞机运行速度为600~800公里/时等，不同方式条件下的旅客运输速度不同，速度越快，运输需求选择该方式的概率会越高。

运输价格方面，运输价格越高，运输所需要的成本越高，运输需求选择该运输方式的概率会越小。以旅客运输为例，飞机运输单位价格最高，普通铁路运输单位价格最低。

交通拥堵状况方面，交通拥堵指运输量超过了运输能力所造成的运输方式的时间延误。拥堵时间越长，运输需求选择该路径的概率越小。

运输等待时间方面，运输等待时间代表运输过程中的等待时间，比如客运站和机场的等待时间、换乘等待时间、货运编组转运时间、装卸货时间等。等待时间越长，选择该运输路径的概率越小。

运输安全可靠性方面，不同使用者由于其自身的因素，对不同交通运输方式舒适性及安全可靠性的要求也不相同，这也是决定是否选择不同方式出行的原因之一。

时间价值方面，不同使用者由于运输目的不同，对运输时间的敏感性均不同，有的运输需求对时间敏感，时间价值较高，则倾向于选择运输时间较短的运输方式和路径；有的运输需求对时间不敏感，时间价值较低，则倾向于选择运输时间较长的运输方式和路径。

2. 多模式客运广义费用构成及计算

多模式客运广义费用是消费者在旅客运输过程中所有消耗的总和，一般由交通自身费用以及相关联的交通正负外部性费用构成。出行过程中交通自身费用主要是各种运输方式客运票价费用，交通正负外部性费用主要包括运输服务费用、时间价值费用、舒适性费用等。对客运出行采用高低收入人群分类进行模拟。多模式客运广义费用计算如下：

$$C_p = P + T - C \tag{3-1}$$

式中：C_p——多模式旅客运输服务的客运广义费用（元/人）；

P——旅客运输服务的票价费用，包括运输服务中各种运输方式的票价费用；

T——旅客运输服务的时间价值费用，包括各种运输方式的旅行时间费用及不同运输方式之间的衔接换乘时间费用；

C——旅客运输服务的舒适性费用（元/人）。

（1）客运票价费用

客运票价费用计算公式为：

$$P = \sum_i \partial_i \times D_i \tag{3-2}$$

式中：P——旅客运输服务的票价费用（元/人）；

∂_i——旅客运输服务第 i 种运输方式的运价费率［元/（人·公里）］；

D_i——第 i 种运输方式的运输距离（公里）。

（2）旅客时间价值费用

旅客时间价值费用计算公式为：

$$T = \text{VOT} \times \left(\sum_i \frac{D_i}{v_i} + t_h \right) \tag{3-3}$$

式中：T——旅客运输服务的运输时间费用（元/人）；

VOT——旅客旅行单位时间人均产值［元/（人·时）］，$\text{VOT} = \dfrac{Y_a}{P \times T_a}$，$Y_a$ 为地区生产总值，P 为地区人口数量，T_a 为劳动者平均劳动时间；

D_i——第 i 种运输方式的旅行里程（公里）；

v_i——第 i 种运输方式的旅行速度（公里/时）；

t_h——各种运输方式之间的衔接换乘时间，模型中在虚拟概化连接线段上体现（时）。

（3）舒适性费用

舒适性费用计算公式为：

$$C = \sum_i \gamma_i \times C_i \times t_i \tag{3-4}$$

式中：C——旅客运输服务的舒适性费用（元/人）；

γ_i——第 i 种方式旅行舒适性货币价值［元/（人·时）］；

C_i——第 i 种方式旅客对运输服务总体舒服性的评价等级，$0 < c < 1$，无量纲；

t_i——第 i 种方式旅客运输服务的运输时间（时）。

3. 多模式货运广义费用构成及计算

多模式货运广义费用是货物运输过程中所有耗费的总和，运输过程中交通自身费用主要是各种运输方式货运运价费用，交通正负外部性费用主要包括货物时间价值费用、货物安全损耗风险费用等。对货运采用分货类进行模拟，按煤炭、矿石、原油、干散货（除煤炭和矿石外）、液体散货（除原油外）、集装箱和其他货类划分为七大货类。多模式货运广义费用计算如下：

$$C_\mathrm{f} = P + T + S \tag{3-5}$$

式中：C_f——货运广义费用（元/吨）；

P——货物运输的运价费用，包括运输过程中各种运输方式的货运运价费用和货运场站中转费用（模型中在虚拟概化连接线段上体现）（元/吨）；

T——货物运输的时间价值费用，包括各种运输方式的运输时间费用和货运场站中转时间费用（模型中在虚拟概化连接线段上体现）（元/吨）；

S——货物运输的安全损耗费用（元/吨）。

（1）货运运价费用

货运运价计算公式为：

$$P = \sum_i \partial_i \times D_i + L_i \tag{3-6}$$

式中：P——货物运输的运价费用（元/吨）；

∂_i——第 i 种运输方式的货物运价费率［元/（吨·公里）］；

D_i——第 i 种运输方式的运输距离（公里）；

L_i——第 i 种运输方式在货运场站的装卸费用（模型中在虚拟概化连接线段上体现，原则上直接换装只计一次，存在倒装可能的计入各运输方式）。

（2）货物时间价值费用

货物时间价值费用计算公式为：

$$T = \mathrm{VOT} \times \left(\sum_i \frac{D_i}{v_i} + t_\mathrm{h} \right) \tag{3-7}$$

式中：T——货物运输的在途时间费用（元/吨）；

VOT——货物运输单位时间价值［元/（吨·时）］，$\mathrm{VOT} = \dfrac{(P_\mathrm{r} + C_\mathrm{L}) \times R}{365 \times 16}$，$P_\mathrm{r}$ 为货物平均价值，C_L 为物流仓储费用，R 是社会折现率；

D_i——第i种运输方式的运输距离（公里）；

v_i——第i种运输方式的运输速度（公里/时）；

t_h——货运场站中转时间，模型中在虚拟概化连接线段上体现(时)。

（3）货物损耗风险费用

货物损耗风险费用计算公式为：

$$S = \sum_i \gamma_i \times S_i \times t_i \tag{3-8}$$

式中：S——货物运输的损耗风险费用（元/吨）；

γ_i——第i种方式运输损耗货币价值[元/（吨·时）]；

S_i——第i种方式货物运输损耗风险的评价等级，考虑货物损耗风险和货物丢失风险，$0<S<1$，无量纲；

t_i——第i种方式货物的运输时间（时）。

4. 综合交通多模式广义费用分配建模

构建多模式广义费用分配模型是通过建立基于各种运输方式技术经济特征、线网交通距离、运输时间价值、衔接转换效率等因素组成的多模式广义费用模型，实现客货运输需求根据广义费用最优的原则进行统筹分配。

多模式广义费用分配模型是超级交通网络需求预测技术的重要环节，综合运输需求通过多模式客、货运输广义费用分配模型在各方式网络上进行分配，突破现有传统四阶段法方式分担率的局限性，创新了综合交通网络需求预测技术。其可用于预测未来不同规划方案的综合交通网络运输量及适应性，支撑规划方案量化、精细化研究工作。

根据国家综合立体交通网研究重点，对构建的多模式广义费用分配模型进行适当简化，作如下基本假定：

一是模型构建突出经济性与时效性。主要选取运输费用、中转费用和时间价值进行广义费用模拟，部分舒适和安全性影响因素融合在这两部分中。

二是客运分配主要考虑铁路、公路、航空3种运输方式。结合现状客运方式结构，根据未来人口收入结构划分客运出行人群，中、高收入人群更注重舒适及安全性，以高速铁路和飞机为主，低收入人群以普速铁路与公路为主。

三是货运重点解决在铁路、公路、水路3种运输方式间的分配问题。将交通运输需求按照 7 大货类分别进行分配，煤炭、矿石等大宗散货以铁路为主，其余干散货、集装箱、其他货类属于公路和铁路竞争性货类。

多模式客、货广义费用函数是：

$$\mathrm{gc}_{\mathrm{OD}}^{m} = \sum_{i \in A_{\mathrm{OD}}^{m}} \{\mathrm{VOT}^{m} \cdot \mathrm{VDF}(t_a, C_a, \cdots) + \mathrm{FT}_a^m\} + \sum_{m \in \mathrm{M}_{\mathrm{OD}}^{m}} \mathrm{MT}_m^i \quad (3\text{-}9)$$

式中：$\mathrm{gc}_{\mathrm{OD}}^{m}$——对应于 m 运输方式的起终点间的广义费用；

m——运输方式（包括铁路、公路、民航）；

a——各方式路段；

OD——起终点；

A_{OD}^{m}——对应于 m 运输方式的从点 O 到 D 的最短路径上的所有路段集合；

VOT^m——对应于 m 运输方式的客、货时间价值；

t_a——路段 a 的运输时间；

C_a——路段 a 的最大运输能力；

FT_a^m——对应于 m 运输方式下路段 a 的运输价格；

$\mathrm{M}_{\mathrm{OD}}^{m}$——对应于 m 运输方式的起终点间基于路段的所有节点（枢纽节点）；

MT_m^i——m 运输方式在节点 i 的转运运输价格，包含周转集结和仓储；

VDF——运输延误函数。

VDF 函数通常采用美国联邦公路局延误函数：

$$T = t_f \times \left[1 + \alpha \left(\frac{X_a}{C}\right)^{\beta}\right] \quad (3\text{-}10)$$

式中：t_f——路段自由流运行时间；

X_a——路段 a 的客、货运输量；

C——路段最大运输能力；

α、β——路阻函数参数。

多模式广义费用函数综合考虑了客货运输时间、运输价格、运输拥堵、运输等待及时间价值的影响因素，转化为广义费用，形成多种运输方式间可衡量的运输费用函数。

5. 基于超级交通网络的 Logit 分配模型

以具备准确基础信息的超级交通网络为基础，基于广义费用函数计算起终点之间的 N 条不同方式及组合的广义费用的路径，形成运输量分配的基础。

采用基于超级交通网络 Logit 分配模型及效用函数研究多模式广义费用条件下的运输量分担率，反复迭代计算，最终实现交通网络的随机平衡状态。

$$P(k) = \frac{e^{V(k)}}{\sum_{k=1}^{n} e^{V(k)}}, \sum_{k=1}^{n} P(k) = 1 \qquad (3\text{-}11)$$

式中：$P(k)$——选择 k 线路的分担率，$k = 1, 2, \cdots, n$；

$V(k)$——选择 k 线路的效用函数。

$$V(k) = \sum_{k=1}^{n} \omega_i \cdot X_i(k) \qquad (3\text{-}12)$$

式中：ω_i——第 i 种影响因素的权重，$i = 1, 2, \cdots, m$；

$X_i(k)$——第 k 种运输方式的第 $i = 1, 2, \cdots, m$ 种影响因素的广义费用函数。

三、综合立体交通网规划研究相关模型的验证

（一）中心节点覆盖效果验证

1. 对经济社会的服务水平

中心节点对全国 660 个城市的综合覆盖率为 70%。其中，一级中心节点对全国城区 300 万以上中心人口城市覆盖率为 95%；二级以上中心节点对全国城区 100 万以上人口城市覆盖率为 92%；三级以上中心节点对全国城区 20 万以上人口城市覆盖率为 85%。

中心节点对全国户籍人口的覆盖率为 43%。

中心节点对全国国土面积的覆盖率为 32%。

中心节点对全国经济生产总值的覆盖率为 67%。

中心节点对全国重要陆路口岸的覆盖率为 100%。

2. 对交通运输行业规划的覆盖水平

中心节点对初步规划的国际枢纽和全国枢纽覆盖率为 100%；对初步规划的沿海和内河主要港口覆盖率为 100%；对初步规划的 405 个民用机场覆盖率为 90%；对铁路部门规划的 580 个节点的覆盖率为 90%。

（二）货运广义费用分配模型校验

基于 2018 年国家高速公路和货运铁路网进行了国家综合立体交通网货运

广义费用分配结果的模型验证。

1. 运输方式

国家综合立体交通网货运广义费用分配模型的构建主要考虑货运铁路、高速公路、普通国道，未考虑水路货运、民航货运、管道货运。原因如下：

水路货运较为独立，为公路和铁路货运的起点或终点，并且其货运运输量与公路、铁路等货运运输量在现状统计数据上为重复统计，因此，暂不考虑水路货运与公路、铁路货运的竞争。

航空货运量较小，可忽略不计，因此，暂不考虑航空货运与公路、铁路货运的竞争。

管道货运较为独立，为公路和铁路货运的起点或终点，并且其运输量与公路、铁路等货运运输量在现状统计数据上为重复统计，因此，暂不考虑管道货运与公路、铁路货运的竞争。

2. 模型范围

多模式广义费用分配模型的范围是基于现状已建成的交通线网，包括国家高速公路、省级高速公路、普通国道、高速铁路、普速铁路，以 2540 个综合交通小区为分析对象，共计 8185321 个 OD 对。基于 GIS 建立模型，根据铁路和高速公路的路段断面进行模型校核。

3. 验证的原则和方法

基于国家综合立体交通网货运广义费用分配模型，将现有各种运输方式分配量与现状统计量进行对比分析，校核模型的精度及合理性，调整模型的参数。

4. 模型分类

划分了 5 种货物类型，即煤炭、矿石、原油、干散货、其他货物（包含集装箱和液散货）。对 5 种货类采用不同的模型参数进行分配校核。

5. 数据来源

高速公路货运数据：根据全国收费站联网收费数据，统计全国 8000 个收费站之间的货运 OD 流量，以及不同货运载重。

国道货运数据：根据交通调查点 2018 年国道货运量交调统计数据，推算得出国道货运运输 OD 数据。

铁路货运数据：采用铁路 2018 年 580 个交通小区货运量 OD 数据。

6. 多模式广义费用模型参数

各种运输方式的单位运价。例如，公路运价为 0.35 元/（吨·公里），铁路运价为 0.08 元/（吨·公里）等。

运输时间。根据高速公路运输速度为 120 公里/时确定运输时间，根据国道运输速度为 80 公里/时确定运输时间，根据铁路运输速度为 120 公里/时确定运输时间。公路装卸货时间、铁路编组时间、铁路装卸货时间等按照具体时间推算。

其他费用。公路装卸货费用、铁路装卸货费用等按照具体费用推算。

时间价值。货物吨小时运输费用考虑货物每日仓储费用等折算生成。

根据各种运输方式运输价格，计算各个 OD 对的最短广义费用，从而分配货运量。分配时，国道与高速公路存在进出重复计算，因此，国道按照 5% 折减计算。

2018 年，国家高速公路货运量是 240 亿吨，国道货运量是 231 亿吨，铁路货运量是 33 亿吨。2018 年货运量现状和分配比例见表 3-3。

2018 年货运量现状和分配比例　　　　　　表 3-3

货物类别	现状量（亿吨）		分配量（亿吨）	
	铁路	高速公路	铁路	高速公路
煤	20.7	20.73	22.3	18.2
矿石	4.15	19.37	4.5	18.3
石油及制品	1.24	6.55	1.5	6.3
干散	1.75	75.55	2.02	73.44
其他	5.31	112.45	6.02	110.8

根据铁路站点的分布，铁路验证断面包含了 80 条线路和 645 个断面（依据 2019 年铁路统计年鉴），平均断面长度是 64 公里。断面总量是 319 亿吨，分配量为 276 亿吨，准确率为 85%（图 3-2）。

将交通调查站点的车流量数据转化为货运量数据，对国家高速公路的分配量进行校核，并对数据进行了验证。根据交通调查站点的分布和分配情况，校核的公路路段一般控制在100公里以内。选取G1京哈高速公路、G2京沪高速公路、G4京港澳高速公路、G30连霍高速公路4条高速公路进行了交通量分配结果的模型验证，验证效果较好，说明模型具有较好的适应性（图3-3）。

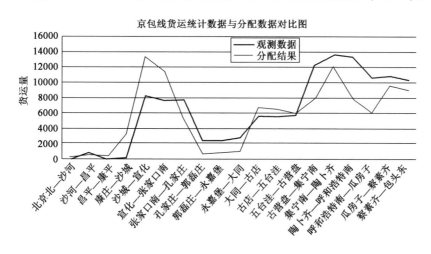

图3-2　铁路货运观测数据与模型分配数据对比示例

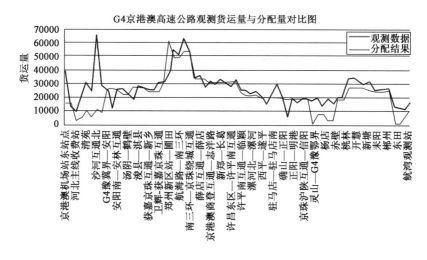

图3-3　公路货运观测数据与模型分配数据对比示例

（三）客运广义费用分配模型校验

针对国家高速公路、客运铁路、民航网络进行基于客运的广义费用模型的建模与参数验证工作。基于多模式广义费用模型，进行客运人数的分配量与现状统计量的对比分析，校核模型的精度及合理性，调整模型的参数。

1. 运输方式

国家综合立体交通网客运广义费用分配模型构建主要考虑客运铁路、高速公路、民航网络，未考虑国道客运、水路客运。原因如下：

水路客运规模较小，为公路、铁路客运的起点或终点，并且其客运量与公路、铁路等客运量在现状统计数据上为重复统计，因此，暂不考虑水路客运与其他客运方式的竞争。

国道客运主要为县域之内的客流集疏散运输，模型以2681个县域为基本单元，因此，国道客运可以认为是小区内部运输，未予考虑。

2. 模型范围

多模式广义费用分配模型的范围是已建成的国家高速公路、省级高速公路、高速铁路、普速铁路，以231个民用运输机场、2540个综合交通小区为分析对象。

3. 验证的原则和方法

基于国家综合立体交通网客运广义费用分配模型，将现有各种运输方式分配量与现状统计量进行对比分析，校核模型的精度及合理性，调整模型的参数。

4. 模型分类

对客运人群进行划分，建立较高收入人群与较低收入人群的客运分类，对两种客运人群划分后，采用不同的广义费用模型参数进行分配校核。

5. 数据来源

高速公路客运数据：基于高速公路联网收费数据统计全国8000个收费站的客运OD人数。

铁路客运数据：基于铁路2018年580个交通小区的客运OD人数。

民航客运人数：基于民航部门提供的主要航段OD客运数据。

6. 多模式广义费用模型

通过计算多种运输方式之间的运输费用，根据运输费用确定每个人选择出行方式的概率，所需的参数包括：

OD之间各种运输方式的运输票价。高速铁路票价为0.7元/公里，普速铁路票价为 0.35 元/公里，民航运输票价为 0.8 元/公里等。

运输时间。根据高铁运输速度 300 公里/时确定运输时间，根据普速铁路运输速度 120 公里/时确定运输时间，根据航空运输速度 650 公里/时确定运输时间，其他如公路等待时间、铁路车站等待时间、民航等待时间等，按照具体时间估算。

时间价值。不同类型人群出行 1 小时的费用，通常为 1 小时平均工资，相对来说高收入工资时间价值较高，高收入为 100 元/时，低收入为 40 元/时。

其他费用。换乘费用、换乘等待时间费用等根据具体费用进行折算。

根据各种运输方式的广义费用，计算各个 OD 的最短广义费用，从而分配客运运量。

高速公路 2018 年客运人数为 241.9 亿人次，其中县域内部出行为 56.8 亿人次，占 23.4%，县域之间公路出行平均距离为 96.7 公里。

铁路 2016 年客运人数为 27.95 亿人次，高速铁路客运人数计 14.72 亿人次（其中高速铁路 7.63 亿人次、城际列车 1.64 亿人次、动车 5.44 亿人次），普速铁路客运人数为 13.23 亿人次，铁路平均出行距离为 361 公里。

民航 2018 年客运人数为 6.419 亿人次，平均出行距离为 1267.92 公里。

从总体看，各种运输方式具有各自的运输优势，公路集中在短途客运上，铁路集中在中短距离的快速客运上，民航集中在长距离快速客运上。

此外，可以将高速铁路和民航运输的人群划分为高收入人群，将普通铁路和公路运输的人群划分为低收入人群。

根据各种运输方式的比较优势进行模型构建和参数选取。

参考货运量验证情况，基于现状模型校验，得到总体校验结果，见表 3-4。

客运量分配结果校验情况表　　　　　　　　　　　表 3-4

出行方式	2018 年出行量（亿人次）	模型校验量（亿人次）	校验准确度（％）
民航运输	6.419	7.56	82.3
铁路运输	27.95	29.65	94
高速公路出行	241.9	231.5	95.7

根据铁路站点的分布，铁路验证断面包含了80条线路和645个断面（依据2019年铁路统计年鉴），平均断面长度是64公里。从校验结果可以看出，校验准确度较高，模型具有较好的适应性（图3-4）。

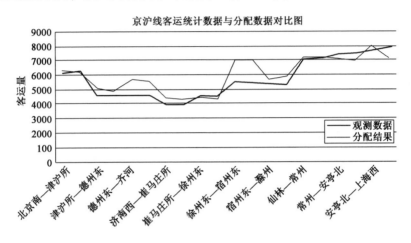

图 3-4　铁路客运观测数据与模型分配数据对比示例

将交通调查站点的车流量数据转化为客运量数据，对国家高速公路的分配量进行校核，并对数据进行了验证。根据交通调查站点的分布和分配情况，校核的公路路段一般控制在100公里以内。选取G1、G2、G4、G30等4条高速公路进行了交通量分配结果的模型验证，验证效果符合态势（图3-5）。

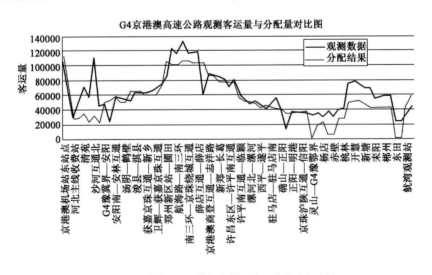

图 3-5　公路客运观测数据与模型分配数据对比示例

78

课题组长：

袁春毅（组长）、聂向军（副组长）、张小文（副组长）

主要执笔人：

蒋斌、马衍军、李继学、金冰峰、奉鸣、何佳媛、韩舒怡、田时沫、王明智

主要承担单位：

交通运输部规划研究院、北京智捷通科技发展有限公司

本章参考文献

[1] 凌攀.城市节点干线公路规划研究[D].长沙:长沙理工大学,2017.

[2] 田野.国家高速公路网规划理论与方法[J].交通世界(工程技术),2015(8):68-69.

[3] 关昌余.国家高速公路网规划理论与方法研究[D].哈尔滨:哈尔滨工业大学,2008.

[4] 赵瑞瑞,周城.城镇化进程中的农村公路网布局规划方法分析探讨[J].科技与企业,2014(7):261.

[5] 崔毅.基于复杂网络理论的县域公路网鲁棒性研究[J].公路,2017,62(11):151-154.

[6] 田青青.浅析公路网规划研究进展与发展趋势[J].城市建设理论研究(电子版),2018(4):138.

[7] 吴昂,吕玉华.浅析公路网布局规划方法[J].建材与装饰,2017(32):254-255.

[8] 高旭敏.铁路网规划方法的重大变革[J].学术动态报道,1995(1):22-23.

[9] 周荣征.中长期铁路网规划布局及优化方法研究[D].成都:西南交通大

学,2011.

[10] 于剑.新时代铁路枢纽总图规划关键问题思考[J].铁道经济研究,2019(4):32-35.

[11] 王亚凤,黄勇.基于动态可靠性评价的区域铁路网规划优化:以成渝城市群为例[J].中国安全科学学报,2019,29(5):97-104.

[12] 侯磊.多层次灰色评价法在城际铁路网规划方案评价中的应用[J].科技交流,2013(1):57-61.

[13] 朱法勇.城市群城际铁路网规划研究[D].成都:西南交通大学,2017.

[14] 王明慧,杨渝华,倪少权.基于突变级数法的城际铁路线网规划方案评价方法[J].铁道运输与经济,2018,40(11):54-57.

[15] 朱俊,张玮,余劲.基于DEA法的航道网规划综合评价与决策模型[J].交通运输工程学报,2007(4):34-38.

[16] 俞琨.航道网规划建设与流域防洪的关系研究[J].中国水运(下半月),2016,16(8):48-50.

[17] 杨大鸣.内河航运规划体系的研究与应用[D].武汉:武汉理工大学,2003.

[18] 刘延涛.区域航道网规划方法及应用[D].南京:河海大学,2007.

[19] 邱毓敏,吴凤平,徐炜勇.航道网规划方案优选模型[J].水运工程,2009(02):119-122.

[20] 齐越,姚海元,董敏,等.层次分析法(AHP)在港口空间布局规划中的应用[J].港工技术,2016,53(6):15-18.

[21] 姚海元,扬懿,靳廉洁,等.我国沿海主要港口布局规划方案深化研究[J].综合运输,2017,39(10):10-14.

[22] 胡琼虹,邹志云.内河港口布局规划模型和方法[J].水运管理,2005(12):16-19.

[23] 王姣娥,莫辉辉.民航机场布局方法探讨[J].中国民航飞行学院学报,2009,20(6):7-10.

[24] 罗凤娥.我国民航机场规划布局的研究[D].成都:西南交通大学,2003.

[25] 吴殿达.大型新机场布局规划应倾听用户声音[N].[2015-05-25].北京:

中国民航报.

[26] 范渊,黄硕.航空货运机场的选址规划和发展趋势[J].空运商务,2018(9):21-25.

[27] 吕人力,于一.省域通用机场布局规划的方法与案例研究[J].民航管理,2019(5):67-70.

[28] 符馨元.基于多因素分析的通用机场布局规划研究[J].河南科技,2019(17):100-102.

[29] 严青.关于通用机场规划建设的思考[J].中国工程咨询,2019(5):66-68.

[30] 刘强,陆化普,邹博.我国综合运输网络布局规划研究[J].武汉理工大学学报(交通科学与工程版),2009,33(2):203-206.

[31] 宋京妮,吴群琪,薛晨蕾,等.综合交通运输网络规划研究综述[J].世界科技研究与发展,2017,39(2):182-188.

[32] 国家发展改革委交通运输司《综合交通网络布局规划研究》课题组.我国综合交通网络布局规划研究[J].综合运输,2005(10):4-6.

[33] 王庆云.综合交通网规划中的系统工程思想及实践[J].交通运输系统工程与信息,2008(1):11-16.

[34] 荣朝和.推进综合交通规划的方法创新[J].综合运输,2010(1):10-14.

第四章
综合立体交通网评价指标体系

本章从综合立体交通网评价指标的总体定位出发，围绕"支撑国家综合立体交通网目标确定、指导地方综合立体交通网规划编制、评价交通基础设施网络"，提出了评价指标构建的思路，梳理了美国、英国、日本、欧盟等发达国家和组织的综合交通网络发展及评价经验，提出了国家综合立体交通网的关键指标并进行了测算。

一、综合立体交通网评价指标构建思路

（一）指标总体定位

构建综合立体交通网评价指标体系是全面、系统、准确、深刻认识综合立体交通网本质的内在要求，是把握其核心内容和决定性要素的关键，对评价现有综合交通网状况、找出存在的问题、把握设施网络总体发展水平至关重要，可为发展和完善综合立体交通网提供规划、建设、管理等方面的依据，也有助于提升综合立体交通网效率，推动综合交通运输体系发展。

1. 为国家综合立体交通网研究提供目标支撑

综合立体交通网在宏观层面要加强地上、地下、水上、空中各种运输方式的立体互联，用较少的资源发挥更高水平的网络效应和组合效率；在中观层面要加强通道资源的综合统筹，实现通道内多种运输方式资源的优化配置；在微观层面要加强枢纽空间的集约共享，实现各种运输方式的有效衔接，为人民便捷舒适出行筑牢基础。本研究需要提出2035年各种运输方式的定位和发展方向，以及国家综合立体交通网的布局、规模、结构、形态、功能、利

用效率、服务效果等方面的发展目标。

2. 为地方综合立体交通网规划编制提供指导

综合立体交通网评价指标体系对推进地方综合立体交通网建设和交通运输高质量发展具有重要的"指挥棒"作用，能够有效指导地方交通基础设施发展和综合立体交通网规划编制，同时也可以对地方铁路、公路、水运、民航等各种运输方式规划的编制提出要求。

3. 为交通基础设施网络建立评价指标体系

通过构建综合立体交通网评价指标，有利于找出综合立体交通网发展存在的问题及可能发挥的潜力，有利于把握综合立体交通网总体发展方向，有利于提升综合立体交通网效率，有利于有效指导各地评价综合立体交通网发展水平。

（二）指标选取视角

1. 国际层面选取视角

发达国家通常更关注综合交通网或交通体系的可持续性、可靠性、公平性、安全性、便捷性、智能化等，更加侧重交通设施的运行效果、环境保护和人文关怀。

联合国《2030 年可持续发展议程》提出，"要发展优质、可靠、可持续和有抵御灾害能力的基础设施，包括区域和跨境基础设施，以支持经济发展和提升人类福祉，重点是人人可负担得起并公平利用上述基础设施"；并明确"到 2030 年，向所有人提供安全、负担得起的、易于利用、可持续的交通运输系统，改善道路安全，特别是扩大公共交通，要特别关注处境脆弱者、妇女、儿童、残疾人和老年人的需要"。

美国强调建设一个便捷、安全、高效的运输系统对于提高国际竞争力、提高公众机动性、支持国土安全、保障能源利用等的重要性，同时提出要通过建立联运体系，为社会大众出行和商务活动提供安全、便捷、舒适、环保及可持续的交通选择，并从保证交通安全和通畅、能源自主性、环境可持续性和交通系统弹性可靠等方面构建指标。此外，美国也注重"3S"（安全 Safer、便捷 Simpler、智慧 Smarter）价值理念以及"4I"（国际性 International、多模式 Intermodal、包容性 Inclusive、智能性 Intelligent）等指标。

欧盟则着重针对清洁能源、集约化交通占比和信息化作出了界定，同时提出机场网络、铁路网以及海港与铁路货运的衔接指标。

日本重点从方便出行、提升效率和构建安全便捷可持续发展的交通体系3方面提出了12类指标，涉及新交通出行模式、无障碍出行、智慧交通、物流规模、交通的国际化进程、抗震救灾及老化设施改造、交通安全运营和低碳环保等方面。

2. 国家层面选取视角

（1）要坚持以人民为中心的发展思想

党的十九大提出，"我国社会主要矛盾已经转化为人民日益增长的美好生活需要和不平衡不充分的发展之间的矛盾"。国家综合立体交通网建设乃至交通强国建设，都必须坚持以人民为中心的发展思想。具体到国家综合立体交通网指标体系的构建上，也必须坚持以人民为中心的发展思想，建设人民满意交通，增强人民群众的获得感、幸福感、安全感。

（2）要贯彻新发展理念

党的十八届五中全会提出了创新、协调、绿色、开放、共享的新发展理念，是交通运输发展必须完整、准确、全面贯彻的理念。我们必须把新发展理念贯彻到交通运输发展的各领域和全过程，国家综合立体交通网指标体系的构建也必须贯彻新发展理念。

（3）要体现交通运输高质量发展的时代要求

我国经济已由高速增长阶段转向高质量发展阶段，客观上要求交通运输加快转变发展方式，推动高质量发展，即交通运输发展由"规模速度型"转向"质量效益型"，优化存量资源配置，扩大优质增量供给，实现交通运输供需更高水平的动态平衡。因此，在国家综合立体交通网指标体系的构建中也体现出从"规模速度"向"质量效益"的转变，即体现交通运输高质量发展的要求。

3. 行业层面选取视角

（1）要体现交通强国的基本内涵和价值导向

交通强国的基本内涵是"人民满意、保障有力、世界前列"，价值导向是"安全、便捷、高效、绿色、经济"。构建综合立体交通网评价指标体系是落实交通强国战略在基础设施领域的任务和重点工作，也是指导地方综合立体交通网规划编制的必然要求。因此,指标体系的构建需要从根本上体现交通强国的基本内涵和价值导向。

(2)要落实《交通强国建设纲要》关于交通基础设施的要求

《交通强国建设纲要》提出了交通基础设施的发展目标为:到2035年,现代化综合立体交通体系基本形成,拥有发达的快速网、完善的干线网、广泛的基础网。《国家综合立体交通网规划》是我国综合交通运输规划体系的顶层规划,指标体系的构建必须充分体现《交通强国建设纲要》关于基础设施的发展目标要求。

(三)指标构建思路

一是突出交通强国建设的目标和价值导向。紧扣我国综合交通发展主要矛盾变化,坚持服务大局、服务人民、服务基层、统筹融合、优化供给、集约绿色、智慧创新、安全可靠等原则,围绕综合立体交通网的内涵和特征,充分发挥对综合立体交通网规划编制工作的指引作用。

二是借鉴国内外相关领域评价指标研究经验。全面梳理交通运输各类统计指标、"十三五"交通系列规划提出的目标指标、国内外研究机构及专家提出的交通发展主要指标等,深入分析我国综合立体交通网络发展特征和战略目标,以此作为确定评价指标体系的遵循。

三是确定选取原则。提出指标的选取原则,着重处理好结果性指标与过程性指标、相对量指标与绝对量指标、客观性指标和主观性指标之间的关系,以结果性指标、相对量指标、客观性指标为准,注重社会公众的获得感、幸福感、安全感。

综合立体交通网评价指标体系,既是评价体系,也是战略实施的引领体系,应该能够评价我国综合交通网络发展的先进程度和差距,既利于进行纵向、横向对比分析,又可动态调整优化,保持指标体系良好的可扩展性。

二、国内外评价指标实践及研究综述

本节通过梳理美国、英国、日本、欧盟等发达国家和组织的综合交通网络发展及评价经验,对铁路、公路、民航、水运、综合交通网络等评价研究进行总结,充分借鉴吸收指标选取角度与构建方法。

(一) 国外综合交通网络发展及评价概况

1. 美国

美国于1991年通过并沿用至今的《美国陆上综合运输效率法案》(ISTEA) 明确提出:"为了以高能效的方式运输人员和物质,奠定生产率增长的基础,增强国家在全球经济中的竞争力,以最优的方式利用国家的交通资源,联邦政府的一项政策应当是在境内鼓励和推动国家多式联运系统的发展。"

1990年,美国运输部推出囊括各种运输方式的国家交通行动战略——《移动美国:新方向、新机遇》。

2008年,美国运输部智库——国家地面运输政策及收入研究委员会向美国运输部提交了《关于未来运输的报告》,系统地分析了建设一个便捷、安全、高效的运输系统对于提高国际竞争力、提高公众机动性、支持国土安全、保障能源利用等的重要性。

在描绘国家交通未来发展蓝图中,《美国运输部2014—2018年战略计划》提出要将美国交通建设成为一个真正的联运体系,为社会大众出行和商务活动提供安全、便捷、舒适、环保及可持续的交通选择,形成新一代的交通运输系统。

2008年,美国运输部发布了《2030年的交通运输愿景》,提出包括保证交通安全和通畅、能源自主性、环境可持续性、安全防卫等战略方向,主要目标有:

(1) 交通安全和通畅。让所有人自由作出日常决策,确信人和货物能够安全和准时地抵达目的地。

(2) 经济性的竞争力。强化在全球经济中美国的领导地位,并刺激经济增长和创造就业。

(3) 能源自主性。减少对国外石油的依赖,确保能源自主性。

(4) 环境可持续性。确保环境可持续的社区,遏制温室气体排放。

(5) 安全防卫。为国内和国际旅客、货物及危险物资的移动提供安全防卫。

(6) 弹性。准备、响应和弹性化应对人为与自然的破坏。

2017年,美国运输部发布了《2045美国交通运输展望》。报告分析了未来30年美国可能存在的一些关键性交通运输问题，同时给出了相关解决方案，如无人机和自动驾驶车辆的使用等。

面临着未来人口、经济、技术、自然、资金等方面的变化，围绕未来如何出行、如何运输货物、如何运用新的技术、如何应对自然环境、如何平衡投资与决策五个方面，《2045美国交通运输展望》在大胆预测美国交通未来走势的基础上，提出了五个"怎么办（How）"，美国重新评估政府、私人部门的角色和关系，思考未来的发展方向。

（1）如何出行？

一是人口增长：2015年美国人口数3.2亿，到2045年将达到3.9亿，在未来30年里增长7000万，这比目前纽约州、得克萨斯州和佛罗里达州人口总和还要多。二是交通拥堵：平均每人每年有40小时浪费在交通拥堵上，共造成1210亿美元的经济损失。三是老龄化：到2045年，65岁以上的老人数量比现在增加77%，并且其中三分之一会遇到行动障碍。四是新生代：到2045年，将有7300万年龄介于18～34岁之间、与互联网相伴的群体，他们比上一代少开车20%。五是收入差距：收入不平等进一步加剧，10%富人的收入占全国总收入的三分之一；由于交通运输是美国普通家庭的第二大项支出，因此，中低收入者的生活会更加窘迫。六是人口迁移改变都市空间分布：最大的11个都市区集聚了全国75%的人口和就业；在2014年，36.5万人从美国北部迁移到南部，比2013年增加了25%，向西迁移的人口数量则翻了一番。

（2）如何运送货物？

一是交通与经济增长：到2045年，美国经济总量将达到36.7万亿美元，比现在增长115%，其中交通运输领域的产出达到1.6万亿美元。二是生产与出口：国际贸易是美国经济的增长点之一，2013年达到2.3万亿美元，每10亿美元的出口就会带动5000个就业岗位。三是能源消费：交通运输领域的能源需求增长幅度超出预期，将达到2008年的42倍。四是货运量：到2040年，美国货运量将达到290亿吨，增长45%；货物价值达到390亿美元，增长125%。五是货运结构：货车是货物运输的主要方式，货运量将从2012年的132亿吨增长为188亿吨，其他运输方式也有大幅增长。六是货车拥堵的经济代价：到 2040 年，最繁忙的 3 万英里公路将陷入日常性拥堵，每年造成 270 亿美元的损失。

（3）如何更好地运输？

一是车联网：将极大提高车辆行驶安全，使事故死亡率在未来下降 80%以上。二是机器人：正在改变交通运输系统的管理方式，在很多方面发挥重要作用（如设施检测），这将对交通运输行业的就业产生深远影响。三是下一代航空运输系统：将引领美国航空运输迈向更加安全、高效的未来，到 2020 年，该系统能够实现每秒更新 3 万架航空器的实时坐标和速度。四是出行者实时信息：90%的成年人拥有手机，20%的人使用手机查阅实时路况和公交信息，智能手机普遍应用于逐向导航。五是大数据：全球数据量将以每年 40%的速度递增，强大的数据处理能力将使拼车、合乘、实时响应公交服务变为现实。

（4）如何适应气候变化？

一是气候变化：原来百年一遇的暴风雨雪以每 3~20 年一次的频率发生。二是温室效应：到 2050 年，气温将升高 2.5 华氏度，热浪将使路面、轮胎、钢轨破损加快，同时干旱使内河航道中断。三是海平面上升：预计 2045 年海平面会上升 1 英尺，新奥尔良等城市的滨海地区将不复存在。像 Sandy 这样的暴风雨会频繁发生，将导致电力、公路、铁路和航运的严重瘫痪。四是交通运输是美国温室气体排放的第二大源头：交通运输排放的温室气体占总量的 28%，仅次于能源电力行业（33%左右）。五是燃油经济标准：技术进步使燃油经济标准从 1979 年的 19.0 英里/加仑提高到 41.1 英里/加仑，这将减少 140 亿吨的 CO_2 排放。

（5）如何正确决策并落实资金？

一是交通投资：交通系统的改善需要每年投入 1200 亿美元在公路和桥梁方面，而目前联邦、州和地方每年总共投入才 831 亿美元；在公共交通方面需要每年投资 420 亿美元，而目前仅有 171 亿美元的投入。二是交通基础设施：总体上，美国交通基础设施评价等级仅为 D+，65%的道路状况欠佳，25%的桥梁需要大修，50%的船闸已运营超过 50 年。三是交通支出下降：联邦汽油税 20 年没变，受通货膨胀影响，其实际价值已经严重缩水，导致每年用于投资公共交通和公路的资金缺口分别达到40亿美元和120亿美元。四是道路使用者收费政策：为弥补日益扩大的资金缺口，俄勒冈州试点征收道路使用费，采用每英里1.56美分的标准，替代每加仑汽油30美分的州税，这样才能挽回因燃油经济性大幅提高导致的以油耗为税基的税收损失（高达500亿美元）。

2. 欧盟

1992年底，欧盟提出了首个交通发展白皮书《共同运输政策的未来发展》。白皮书强调采用政策使一体化发展的交通运输系统与运输基础设施建设相协调，并明确将环境可持续性发展列入执行日程，严格限制运输中CO_2排放量。

2001年9月12日，欧盟出台第二份交通白皮书《2010年欧洲运输政策：决策时刻》。运输政策包括四部分内容，即实现运输方式之间的均衡发展、消除运输瓶颈、推进以人为中心的运输政策以及应对运输全球化的管理。

2011年欧盟出台了第三份交通运输白皮书《一个单一欧洲运输区路线图：迈向竞争和资源高效的交通运输体系》（目标年为2050年），其主要目标有：

（1）对于市内交通，要极大地转变为使用更清洁的汽车和更清洁的燃料。到2030年，传统燃料汽车要转变50%，到2050年，传统燃料汽车都要逐步在城市中淘汰；到2030年，在城市交通中使用传统燃料的汽车实现减半，逐步地到2050年退出城市；到2030年，基本实现主要城市中心无CO_2排放的货物流动；到2050年，公路运输接近零死亡。本着这个目标，欧盟的确定到2020年交通意外伤亡人数减半。在确保在航空、铁路和海上运输的安全性和安全措施方面，欧盟是世界领先者。

（2）使50%的中等距离的城市间旅行的乘客和货物改为乘用铁路或水运交通，到2050年左右，约超过300公里的中型长途客运大多数应该通过铁路运输；到2030年左右，30%的超过300公里的公路货运应该转换到铁路或水运等其他运输方式，到2050年应超过50%；2030年左右，提供一个功能齐全的和欧盟范围内的交通走廊核心网络，确保运输方式之间转换的便捷和高效率（TEN-T core network），到2050年左右，具有高品质高容量的网络和相应的信息服务设施；到2050年，所有核心网络机场与铁路网络快速连接；确保所有核心海港与铁路货运有足够的连接，并在可能情况下连接内陆水路系统。无论是客运和货运，到 2020 年，建立一个欧洲多模式运输信息、管理和支付系统的框架。朝着"用者自付""污染者自付"，以及私营部门产生收入、确保未来交通运输投资融资的方向全面实施。

（3）对于长途旅行和洲际货运，航空旅行和船只仍将继续占据主导地位。新型发动机、燃料和交通管理系统将提高效率和减少废气排放。到 2050 年，航空业使用低碳燃料达到 40%，同时，到 2050 年由海上舱载燃料产生的欧盟 CO_2 排放量减少 40%。完成欧洲空中交通控制系统的现代化建设，以提供更安全、更大容量的空中旅行；完成 58 个国家和 10 亿人口的欧洲共同航空区。到 21 世纪中期，减少 60% 的交通运输碳排放。

2019 年 12 月，欧盟发布《欧洲绿色协议》，制定了碳达峰碳中和总体规划和路线图，并提出经济向可持续发展转型的七大路径，提出到 2050 年，欧盟交通运输领域温室气体排放将减少 90%。2020 年 5 月，欧盟通过《欧洲气候法》提案，提出 2030 年温室气体较 1990 年减排 55% 的目标。2021 年 7 月欧盟委员会通过"2035 年禁售燃油车法案"，计划从 2035 年开始在其境内停止销售、注册新的燃油车（包括油电与插电式油电车）。2030 年，汽车 CO_2 排放量比 2021 年减少 55%，到 2035 年，减少 100%。到 2025 年，欧洲建设超过 100 万个充电站，到 2030 年，建设 350 万个。高速公路每 60 公里必须安装一个充电站，每 150 公里必须有一个加氢站。

3. 英国

英国于 1998 年出台了交通白皮书《交通新政：更好为大家》，交通新政以可持续发展为核心，试图创造一个更好的、更具综合性的交通运输系统，以解决交通堵塞和污染问题。

2004 年 7 月，英国出台《交通运输业的未来：2030 年的路网规划》，围绕未来 30 年持续的投资、改进运输管理和提前做好规划三个主题展开。到 2030 年，按主题确立的各项战略目标如下：

（1）公路。目标是拥有一个能为驾驶者、其他公路使用者和商业活动提供更可靠、更通畅自如的公路网；以丰富的信息为依托，可以对出行时间等作出最佳选择；继续提高安全性，建立出行需求与环境影响的平衡。

（2）铁路。做好项目管理，控制成本，在可获得财政支持下生存；提高铁路服务的可靠性；基于收益最大化原则进行投资决策，平衡运输网络建设决策；推行铁路管理体制改革，明确业绩责任；对国家铁路网提出公共部门应当与私营部门合作，成为在政府监管下由私营部门提供服务的公共运输业。

（3）公共汽车。在交通拥堵地区给予公共汽车以优先权，更多地使用预售车票以加快上车速度，从而确保正点率；建立对出行者和纳税人而言具有良好价值的公交系统；兼顾最新信息、旅行信息可易得的班车可靠服务；整合公交与其他方式之间的网络，实现无缝衔接；确保出行者整个行程（在途或往来车站）的安全；制造设计和维护良好的公共汽车，且保持干净、舒适及有吸引力。

（4）步行与自行车。英国2030年的路网发展战略对慢行交通给予了特别关注，增加步行和骑自行车出行的数量，尤其是短途行程的出行量。

（5）航空与水运。充分利用既有机场和港口的运输能力，为英国在全球经济中持续不断地取得成功提供支撑，同时积极减少对环境和社会的影响。

（6）货运。促进有竞争力、可靠的、高效率的货运业的可持续发展，同时减少货物运输对交通拥堵及环境造成的影响。

（7）地方性与区域性的作用。英国认为，对于地方的运输需求决策而言，中央政府并非总是最合适的决策机构。因此，需要改进当前的运输决策体制，增加地方机构的决策权，保证运输服务能更好地适应地方需求和偏好。

（8）保护环境。平衡运输需求增长和环境保护的关系，向更清洁、更低噪声和减少环境破坏的方向发展。

（9）安全与防卫。既要减少运输活动自身的风险，提高安全性，也要通过较少犯罪和故意破坏公共财物的行为，提高运输网上的人身安全。

2021年7月，英国交通部发布了《交通脱碳：更好、更绿色的英国》，明确了2050年实现英国交通领域碳中和的愿景、行动和时间表，2050年实现英国所有交通方式零碳排放。

（1）明确提出汽柴油等化石燃料车辆退出市场的时间表，释放信号促进汽车产业转型。2030年前停止销售以汽油和柴油为动力的新车，包括小汽车和厢式货车，2035年前实现所有销售的新车（小汽车和厢式货车）为零排放车。为支撑这一目标，英国交通部专门出台了《向零排放客货车辆过渡：2035 年交付计划》，从战略规划、法规标准、基础设施以及公众咨询等方面提出了相应的策略措施。

（2）综合施策保障零排放车辆的市场供应和规模化推广。英国从生产、购买以及使用等环节，提出了相应的发展策略和措施。

4. 日本

日本出台了《日本国土交通省 2014—2020 年交通政策规划》及《国土大设计 2050——形成促进对流的国土形态》，旨在将交通建设与国土基础设施规划建设相互融合的基础上，完善国民生活环境，在打造安全、安心、快捷、无障碍的交通体系的主基调基础上，同时重视应对重大自然灾害的交通应急保障措施。其重点内容为：

（1）打造完善的、新的区域性综合交通运输体系。建设磁悬浮中央新干线，连接东京、名古屋、大阪三大都市圈，构建东京到大阪 1 小时交通圈。

（2）打造国际客货运输大通道，支持国际客货运交流。重视日本太平洋侧及日本海一侧国土利用，构建国土两侧的国际资源、能源物流海上运输通道，并进一步降低物流成本。

（3）打造无障碍的出行体系。在为 2020 年东京奥运会、残奥会提供高品质服务的基础上，不断探索，为今后日益增加的老年人提供便捷的人性化出行服务。

（4）通过扩大地区间人口、物流的规模和效率，缓解人口减少、城镇消失所带来的负面影响，提升国家交通物流网络国际竞争能力。

（5）向全世界推广日本交通基础设施建设、管理、养护、服务等领域的标准、技术、信息、经验，实现产业化。

（6）推广先进技术应用，建设安全、智能、环保的交通运输系统。

（7）探索强化交通领域安全的新方法，培养行业所需人才。

（8）吸收民间活力，推进融资模式改革。

5. 联合国等国际组织

联合国在《2030 年可持续发展议程》中，专门针对基础设施建设和交通运输体系的内容提出了目标和指标。

如目标9提出要"建造具备抵御灾害能力的基础设施，促进具有包容性的可持续工业化，推动创新"，其中9.1部分提道："发展优质、可靠、可持续和有抵御灾害能力的基础设施，包括区域和跨境基础设施，以支持经济发展和提升人类福祉，重点是人人可负担得起并公平利用上述基础设施。"

目标11提出要"建设包容、安全、有抵御灾害能力和可持续的城市和人类住区"，其中11.2部分提道："到2030年，向所有人提供安全、负担得起的、易于利用、可持续的交通运输系统，改善道路安全，特别是扩大公共交通，要特别关注处境脆弱者、妇女、儿童、残疾人和老年人的需要。"

达沃斯指标体系中反映交通行业竞争力的指标主要以基础设施为代表，分别从道路设施、铁路设施、航空设施、港口设施四个方面进行评价，并以此为基础评价设施综合水平。

道路设施：道路直线度、道路车速、道路基础设施质量、地面运输效率。
铁路设施：轨道路网长度、铁路基础设施质量、铁路运输服务效率。
航空设施：航空运输连接度、航空基础设施质量、航空运输服务效率。
港口设施：海运运输联结性、港口基础设施质量、港口服务效率。

（二）综合交通网络评价研究综述

通过对已有综合交通网络发展水平评价研究成果进行梳理，我们发现，研究内容主要集中在综合交通系统发展水平评价、区域综合交通网络规划方案的评价及优选、节点城市之间的交通联系度、公路交通网络可达性等方面。通过选取基础设施总量规模、设施技术等级、运输服务，以及与交通联系紧密的经济类指标、环境保护相关指标，采用层次分析法、灰色关联分析法、数据包络法、BP网络神经法等评价方法对研究对象发展水平进行评价。已有成果研究层次多样，评价指标各具特色，评价方法种类繁多，对本项目的开展具有一定的借鉴意义，但仍存在以下问题：研究范围方面，主要集中在对单一交通运输方式、城市群及都市圈等范围内的交通网络发展水平进行评价，对综合交通网络发展水平的研究成果较少；评价指标方面，构建的评价指标主要包括设施总量规模、运输量、经济类指标等偏宏观性指标，缺乏能准确反映综合交通网络自身发展特征和战略目标的结果性指标、相对量指标和客观性指标；评价方法方面，用于评价的方法主要包含定性评价法和定量评价法两类，评价方法类型较为单一，定性评价方法容易忽视指标数据本身所蕴含的信息，定量评价方法易忽视专家的知识和经验，亟须结合综合交通网络的指标数据特性对评价方法进行深入研究。

（三）国内相关评价指标构建借鉴

1. 中国民航高质量发展指标体系

《中国民航高质量发展指标框架体系（试行）》由基础指标和特征指标两部分构成，主要遵循了典型性、可测量、导向性等原则，分别从不同的侧重点反映我国民航业的发展状况和面貌，共同体现了民航高质量发展的内涵和特征。

基础指标既是民航高质量发展的基础，也是高质量发展结果的具体体现，重在反映民航业发展的基本状态、总体面貌，体现了民航业发展的特色和本质要求，包含"关键要素、评价指标、指标内涵、计算方法、备注" 5 项元素。其中，关键要素涵盖了民航安全水平、保障能力、服务品质、生产规模、运行效率、经济效益 6 个方面内容；评价指标是对关键要素的细化，遴选了 28 个具有典型代表意义的指标，且都具备统计基础、分析基础和量化条件。

特征指标体现了高质量发展的要求和特征，反映了民航高质量发展的过程、方式及路径等内容，包含"特征、关键要素、评价指标、指标内涵、计算方法、备注" 6 项元素。其中，设置特征 5 个，紧扣新发展理念，重在衡量民航业对创新、协调、绿色、开放、共享新发展理念的贯彻落实情况，重在反映民航业发展动力、协调、绿色、开放、制度及结构等综合质量和效益方面的状况；设置关键要素 15 个，体现了民航高质量发展具体内涵，全面涵盖了民航强国的战略性、阶段性目标，事关民航强国战略进程的关键性因素；设置评价指标 40 个，是对各战略阶段性目标的细化，突出问题导向，是当前推进民航高质量发展的重点和主攻方向，能够直接反映民航发展的质量变化。

2. 智慧城市评价指标体系

智慧城市评价指标体系由能力类指标和成效类指标组成；智慧城市评价指标既包括来自不同分领域的、带有领域特色的指标项，也包括适用于城市整体评价、不属于特定领域的通用指标项，如图 4-1 所示。

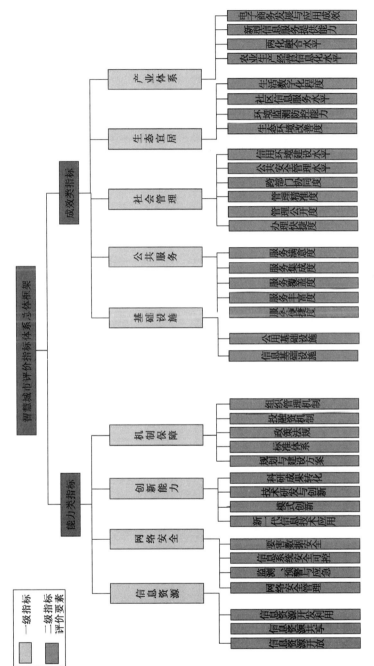

图4-1 智慧城市评价指标体系总体框架

在智慧城市评价指标体系总体框架中，能力类指标往往是客观性的指标，体现建设、管理与应用水平。能力类 4 个一级指标是指用于评价城市运用物联网、云计算、大数据、空间地理信息集成等新一代信息技术，进行城市规划、建设和提升城市管理、服务水平的一系列定性或定量的要素项，包括信息资源开放共享和开发利用水平、网络安全保障能力、技术创新能力及机制保障完善程度。

成效类指标反映智慧城市建设的主要目标和方向，体现给市民、政府等用户带来的实际影响和用户的亲身感受。成效类 5 个一级指标是指用于评价城市居民、企业及政府管理者本身所感受到的通过智慧城市建设带来的便捷性、宜居性、舒适性、安全感、幸福感等相关的一系列定性或定量的要素项，包括城市基础设施智能化程度、城市公共服务便捷化程度、社会管理精细化程度、生态环境宜居化程度和产业体系现代化程度。

三、综合立体交通网评价指标构建

本节针对综合立体交通网立体互联、统筹融合的特点，得出六方面的评价准则，根据指标构建原则，梳理了一批可选的评价指标，提出了国家综合立体交通网的关键指标并进行了测算，切实发挥了指标对综合立体交通网规划建设的引导、评估和推动作用。

（一）指标准则构建

1. 指标准则构建思路

立足指标定位和作用，全面体现交通强国"人民满意、保障有力、世界前列"的基本内涵和"安全、便捷、高效、绿色、经济"的价值导向，借鉴国内外理论研究成果，汇总各类反映交通网络发展水平或评价指标的关键词，按照导向性、代表性、可得性、可比性的原则，把相近或具有包含关系的合并，重新排列组合，得到几方面关键准则，以此研究提出综合立体交通网各级指标体系的准则。

2. 准则的筛选与梳理

（1）准则关键词汇总

综合立体交通网物理属性类（8 个）：布局、规模、结构、综合、立体、互联互通、一体化、覆盖程度。

综合立体交通网品质类（21个）：高质量、可持续、抗风险、价格合理、包容可及、集约、应急保障、能力充分、结构合理、通达便捷、综合一体、安全可靠、绿色智能、低碳环保、安全通畅、可持续、系统弹性、耐久可靠、运行高效、抗打击、可替代。

综合立体交通网服务类（13个）：安全、便捷、高效、绿色、经济、方便出行、提升效率、便利水平、正点率、衔接方便性、可达性、多模式、出行成本。

（2）关键准则筛选

通过对前面42个交通网指标关键词汇总分析，把相近或具有包含关系的合并，重新排列组合，同时结合交通运输部领导建议，总结出"布局、规模、结构、安全、便捷、经济、服务、集约、智能"9类准则，见表4-1。

关键准则归类 表4-1

序号	准则归类	涵盖关键词	上位理念
1	布局	覆盖程度、互联互通、立体、连通水平、通畅、抗风险	人民满意、保障有力、开放、共享
2	规模	能力充分、覆盖程度	保障有力
3	结构	综合、组合效率、协调、结构合理、高质量	世界前列、协调、创新
4	便捷	衔接方便性、可达性、通达便捷、综合一体	人民满意、协调
5	安全	安全可靠、系统弹性、耐久可靠、抗风险、抗打击、可替代	人民满意、保障有力
6	服务	方便出行、包容可及、正点率、通畅性、便利水平	人民满意、共享
7	经济	价格合理、出行成本	人民满意、共享
8	集约	集约、绿色、可持续、低碳环保	绿色
9	智能	智能性、智慧交通网络	世界前列、创新

——更注重交通网综合立体的特点。即各种运输方式的协调发展，准则构建更注重区域或通道交通结构的适应性，实现"宜铁则铁、宜公则公、宜水则水、宜空则空"。同时关注水、陆、空立体多维度不同交通方式设施之间

的衔接和协调,强调全出行链顺畅转化,发挥多种交通方式的组合效率,将涉及各种运输方式间的协调、结构和衔接相关内容都归入"方式协调"准则。

——更注重交通网的服务能力和水平。一方面,结合交通强国中"便捷""高效"的服务性的价值导向,明确将"便捷高效"作为评价准则。另一方面,交通网的规模合理和方式协调也是服务水平保障的重要基础。另外,将"智能"作为支撑性指标,纳入"便捷高效"准则。

——更注重交通网的经济性。注重人民群众的获得感,降低用户的交通网使用成本,同时注重全要素生产率,并更加尊重经济发展的一般规律,因此,将"经济实用"作为一条评价准则。此外,方式协调和布局合理也是交通网经济性的重要基础。

3. 指标准则确定

由此,得出规模合理、方式协调、安全可靠、便捷高效、绿色集约和经济惠民 6 项准则,同时,这 6 项准则也是未来综合立体交通网的发展方向和目标,详见表 4-2。

指标准则确定思路 表 4-2

序号	准则	考虑因素
1	规模合理	规模合理是指综合立体交通网的规模既要能够有效满足经济社会发展需求,又不至于过度超前造成浪费。该准则从物理层面描述综合立体交通网的发展目标,是保障综合立体交通网服务能力和服务水平的基础。规模合理包括网络能力和网络布局两个方面,分别从物理层面和功能层面描述综合立体交通网的供给规模
2	方式协调	综合立体交通网应"宜铁则铁、宜公则公、宜水则水、宜空则空",充分发挥各种运输方式的组合效率,实现各种交通方式间的顺畅衔接和转换,从物理层面描述国家综合立体交通网的发展目标。方式协调包括方式结构匹配和衔接顺畅两个方面,结构匹配是指在有效满足交通需求的前提下实现区域或通道内交通方式的合理配置,衔接顺畅是指不同交通方式在重要节点上的顺畅转换
3	安全可靠	安全可靠是国家综合立体交通网构建的基本前提,也是交通强国的价值导向之一。构建安全可靠的交通网,满足人民群众安全放心出行的需求,适应新形势下国家安全需要,是国家综合立体交通网建设的第一要务。同时也要注重交通网的韧性,如在重大灾害或事故下的可替代、可修复和抗打击能力。安全可靠可分为保障国家安全和网络可靠两个方面

续上表

序号	准则	考 虑 因 素
4	便捷高效	便捷高效应体现综合立体交通网的服务性，同时也是交通强国价值导向的内容。该准则从交通网使用者的角度来评判服务效果，主要包含交通网服务水平、网络智能两个方面
5	绿色集约	绿色集约的目标是综合立体交通网实现资源集约利用和生态环保。绿色集约是指充分考虑我国资源禀赋和环境承载能力，促进资源节约集约利用，考察交通基础设施节约集约利用土地、岸线、空域等资源的水平。绿色集约包括资源集约和绿色发展两个方面
6	经济惠民	遵循经济发展的一般规律，注重综合立体交通网对经济竞争力的支撑，预防交通债务风险，降低社会物流成本，注重用户使用经济性

（1）准则1：规模合理

规模合理是从物理层面描述国家综合立体交通网发展水平的指标，是保障国家综合立体交通网服务能力的必要条件。构建规模合理的基础设施网络体系，既能够有效满足经济社会发展对交通基础设施的需求，又不至于过度超前造成浪费。规模合理可以从能力供给和空间布局两个维度考虑。

（2）准则2：方式协调

方式协调是从物理层面描述国家综合立体交通网协调水平的指标，是充分发挥国家综合立体交通网效率的必然要求。构建结构优化的基础设施网络体系，"宜铁则铁、宜公则公、宜水则水、宜空则空"，发挥各种运输方式的技术经济优势和组合效率，是国家综合立体交通网发挥最大效率的客观要求，有助于切实发挥综合交通运输体系的组合效率和规模效益，实现各种运输方式间顺畅衔接转换。方式协调可以从结构匹配和衔接一体两个维度考虑。

（3）准则3：安全可靠

安全可靠是坚持以人民为中心的发展思想的具体体现，是国家综合立体交通网构建的基本前提。安全可靠指综合立体交通网既能满足人民群众安全放心的出行需求，减少交通事故和人员伤亡，又能支撑新形势下国家安全的需要。安全可靠可以从网络可靠和安全保障两个维度考虑。

（4）准则4：便捷高效

便捷高效指从增强人民群众获得感、幸福感方面评判交通网的服务效果，实现人便其行，货畅其流。便捷高效可以从服务水平和网络智能两个维度考虑。

（5）准则5：绿色集约

绿色集约是指充分考虑我国资源禀赋和环境承载能力，促进资源节约集约利用，考察交通基础设施节约集约利用土地、港口岸线、空域等资源的水平。综合立体交通网规划建设应把绿色发展摆在更加突出的位置，提高可持续发展能力。绿色集约可以从绿色发展和资源集约两个维度考虑。

（6）准则6：经济惠民

经济惠民指综合立体交通网建设应遵循经济发展的基本规律，强化交通债务风险防控，提高用户经济可负担性，适应经济社会发展需要。经济惠民可以从债务风险、用户经济性和经济适应性三个维度考虑。

（二）指标构建思路

1. 构建原则

——引导性。从满足经济社会发展需求和人民群众美好生活需要出发选择指标，明确综合立体交通网规划建设的方向，引导各类资源要素优化配置。

——综合性。着眼于各种交通运输方式基础设施网络发展的共性需求，统筹综合立体交通网发展规模、质量、效益，强化指标对区域间、各种运输方式间的交通差异化特征的包容性，避免突出单一交通方式。

——代表性。选取指标坚持"少精准"，坚持问题导向与目标导向相结合，聚焦影响综合立体交通网空间布局的关键因素，充分发挥主要指标的核心带动作用。

——可比性。指标应内涵清晰、通俗易懂、便于对标，既能够进行纵向、横向对比分析，又可根据新形势、新要求动态调整完善。

2. 构建思路

以习近平新时代中国特色社会主义思想为指导，把握新发展阶段，完整、准确、全面贯彻新发展理念，坚持推动高质量发展，坚持以人民为中心的发展思想，紧扣我国社会主要矛盾变化，围绕交通强国"人民满意、保障有力、世界前列"的基本内涵和"安全、便捷、高效、绿色、经济"的价值导向，对标世界发达国家交通运输发展特征，综合考虑综合立体交通网的物理形态特征及其功能效果，针对综合立体交通网立体互联、统筹融合的特点，创新性地构建评价指标体系，切实发挥其对综合立体交通网规划建设的引导、评估和推动作用，有力支撑交通强国建设。

（三）指标框架构建

围绕规模合理、方式协调、安全可靠、便捷高效、绿色集约和经济惠民六项准则，本研究构建了综合立体交通网指标框架。

1. 规模合理类指标

1）指标1：交通网密度

该指标反映综合立体交通网的能力供给水平，需要综合考虑经济总量、国土面积、人口数量等与交通网规模的适配性。

指标可通过交通网面积密度、人口密度和经济密度的加权综合计算得出。

2）指标2：交通网通达程度

该指标反映综合立体交通网的空间布局，需要综合考虑铁路、公路、水运、民航、管道等各种方式的整体通达与覆盖水平。

指标可通过对外连通度、综合交通重要节点通达率和村镇节点公路（邮政）通达率加权综合计算得出。

对外连通度指至少有一种对外交通方式直达的国家和地区数量与全球国家和地区总数的比值。

综合交通重要节点通达率，指铁路、高速公路、民航中两种以上快速交通方式覆盖的重要节点城市与国家或区域中全部城市的比值。具体计算时还可考虑采用1小时内享受快速交通服务的人口占比指标来表征，是指在1小时内通过任意一种交通方式能够抵达快速交通方式入口（高速公路入口、高铁站、机场）之一的地理范围内居住人口占全国总人口的比值。

村镇节点公路（邮政）通达率，指已通公路（邮政）村镇节点数量与全部村镇节点数的比值。

2. 方式协调类指标

1）指标3：交通方式结构合理配置水平

该指标反映综合立体交通网结构的优化配置水平，在有效满足区域或通道交通需求的前提下，选择与经济社会发展和人民群众需求相适应的交通方式。

指标可通过客货运输集约化交通占比、多式联运量占比等加权综合计算得出。其中，客运集约化交通占比，指采用城市公共交通、轨道交通的运能比例；货运集约化交通占比，指采用铁路、水运等集约化交通运能比例。

2）指标4：综合交通枢纽衔接转换效率

该指标反映综合交通一体化发展水平，需要综合考虑交通枢纽城市空间布局和客货枢纽的衔接转换效果。

指标可通过交通枢纽城市空间布局合理性、综合客运枢纽比例、进港（园区）铁路比例和枢纽换乘（转换）时间等加权综合计算得出。

交通枢纽城市空间布局合理性，指交通枢纽城市与综合运输通道的匹配程度；枢纽换乘（换装）时间，指客货在不同交通方式间换乘（换装）过程中占用换乘（换装）衔接设施的时间。客运可采用综合客运枢纽至中心城区半小时可达率表征。货运方面可采用多式联运换装1小时完成率表征。

3. 安全可靠类指标

1）指标5：交通网韧性

该指标反映综合立体交通网的可靠性水平，可重点考虑综合运输通道、关键路段在突发事件下的可替代、可修复、抗毁坏能力。

指标可通过交通网连通可靠性、时间可靠性和容量可靠性加权综合计算得出。其中，连通可靠性，指在突发事件情况下，网络节点保持连通的概率；时间可靠性，指在突发事件情况下，网络或通道保持预定运行时间的概率；容量可靠性，指在突发事件情况下，交通网在可接受的服务水平下容纳一定交通量的概率。具体计算时可采用重点区域多路径连接比率等来表征。

2）指标6：基础设施质量

该指标反映综合立体交通网基础设施的高质量发展水平，综合考虑交通基础设施的品质和耐久性。

指标可通过交通基础设施的品质水平和耐久性加权综合计算得出。其中，交通基础设施的品质水平，指交通网络中的线网、枢纽和其他相关各种附属设施的技术状况良好率；基础设施的耐久性，指基础设施在一定服务水平下的运营时间与设计寿命的比值。

安全设施完好率，是指国家综合立体交通网线网设施应具备的安全设施在全寿命周期内处于完好状态，能够保持稳定的安全防护功能的比例。

3）指标7：安全保障水平

该指标反映综合立体交通网对国家安全的保障水平，可综合考虑交通网与国防建设需要的衔接，提升国家综合立体交通网的国防能力。

指标可通过国防交通发展水平表征，具体指交通网建设与国家安全形势的协调程度。

4. 便捷高效类指标

1）指标8：交通网畅通程度

该指标反映综合立体交通网的整体运行状态，应重点考虑交通网运行对预期时间、设计速度或运营计划的实现程度。

指标可通过畅通路段比例、公共交通及航班准点率等指标加权综合计算得出。其中，畅通路段比例，指非经常发生拥堵路段里程在路网中的比例；准点率，指正点到达的车次或航班的比例。

2）指标9：交通网服务设施配置水平

该指标反映综合立体交通网的综合服务水平，应以满足个性、多元、方便、快捷等交通需求为出发点，综合考虑交通网中各类服务设施的配置比例。

指标可通过无障碍设施和枢纽内的服务设施、服务区等配置比例加权综合计算得出。

3）指标10："123"交通圈人口覆盖率

该指标反映综合立体交通网服务的时效性，应综合考虑都市区1小时通勤、城市群2小时通达、全国主要城市3小时覆盖的实现程度。该指标为全国性指标，各地可根据实际选用。

指标可通过都市圈1小时交通圈、城市群2小时交通圈、主要城市3小时交通圈的人口覆盖率加权综合计算得出。其中，都市圈1小时交通圈人口覆盖率，指城市轨道交通1小时交通圈覆盖人口与都市圈总人口的比值；城市群2小时交通圈人口覆盖率，指高速铁路、轨道交通、高速公路2小时交通圈覆盖人口与城市群总人口的比值；主要城市3小时交通圈人口覆盖率，指3小时内能通过高速铁路、民用航空等到达国内主要城市（北京、天津、上海、重庆、广州、武汉、成都、杭州、西安、深圳等城市）的交通圈覆盖人口与国家总人口的比值。

4）指标 11：交通网智能化水平

该指标反映综合立体交通网的先进程度，综合考虑交通网中智慧型交通设施的应用情况和群众的智能出行体验。

指标可通过智慧交通基础设施发展水平、交通网运行实时监测率和交通网对车联网、未来新型交通装备的适应性等加权综合计算得出。其中，智慧交通基础设施发展水平，指智慧公路、智慧港口、智慧机场等设施的比例；交通网运行实时监测率，指纳入实时监控的交通设施比例。

5. 绿色集约类指标

1）指标 12：交通网绿色发展水平

该指标反映综合立体交通网生态环境保护和污染防治水平，可综合考虑交通网与生态环境的适应性和交通网中绿色节能交通设施的配置水平等。

指标可采用交通网生态环境保护水平、绿色设施配置率和新能源设施配置率等加权综合计算得出。

其中，交通网生态环境保护水平，指交通项目落实生态环保理念，制定生态保护和水土保持等措施，实施生态环境修复的效果；绿色设施配置率，指绿色公路、绿色港口、绿色机场等设施的比例；新能源设施配置率，指交通枢纽、公共停车场和服务区等新能源设施配置比例。

2）指标 13：交通资源综合利用水平

该指标反映综合立体交通网对各类资源的节约集约利用情况，综合考虑交通网对土地、港口岸线、空域等资源的集约化利用程度。

指标可通过综合运输通道集约利用水平和综合交通枢纽一体化建设程度等加权综合计算得出。其中，综合运输通道集约利用水平，指通道内地下、地面和地上空间的综合利用程度。具体计算时，可采用主要通道新增交通基础设施多方式国土空间综合利用率来表征。

6. 经济惠民类指标

1）指标 14：交通支出占消费支出比例

该指标反映用户使用综合立体交通网的经济可负担性，应从居民消费支出结构角度，考察交通出行成本的合理性。

指标可通过居民消费支出中用于交通出行消费支出所占的比例来表征。

2）指标15：债务风险承受能力

该指标反映防范和化解交通债务风险的能力，从资金保障的可持续性出发，重点分析综合立体交通网建管养运等方面所涉及的举债融资规模，以及管理、养护、运营资金保障程度等。

指标可通过资产负债率、通行费还本付息率和养护运营资金满足程度等加权综合计算得出。其中，资产负债率指交通负债总额与交通资产总额的比值；通行费还本付息率指交通网通行费收入与交通网还本付息的费用的比值；养护运营资金满足程度指实际投入的养护运营资金与需要投入的养护运营资金的比值。

3）指标16：交通与经济适应度

该指标反映交通基础设施建设与经济发展之间的匹配程度，从综合立体交通网供给与交通需求量的匹配程度和综合立体交通网对经济社会的支撑等角度来进行评价。

指标可通过交通网建设与经济发展的匹配程度和交通网对经济增长的贡献率加权综合计算得出。交通网建设与经济发展的匹配程度，指交通基础设施建设总量、时序与经济发展的适应性，可采用交通通道和综合交通枢纽的饱和度表征；交通网对经济增长的贡献率，指交通网建设和拉动相关产业对GDP增长的贡献。

（四）目标指标的确定与测算

在指标框架基础上，考虑指标的数据可得性、代表性、可测性和综合性等因素，国家综合立体交通网规划提出了由9项关键指标构成的指标体系，见表4-3。

国家综合立体交通网指标体系 表4-3

序号		指标	现状值	2035年目标值
1	便捷顺畅	1小时内享受快速交通服务的人口占比	60%	80%以上
2		综合客运枢纽至中心城区半小时可达率	70%	90%以上
3	经济高效	多式联运换装1小时完成率	87.5%	90%以上
4		国家综合立体交通网主骨架能力利用率	49.4%	60%~85%
5	绿色集约	主要通道新增交通基础设施多方式国土空间综合利用率提高比例	—	80%
6		交通基础设施绿色化建设比例	80%	90%

续上表

序号	指标		现状值	2035年目标值
7	智能先进	基础设施数字化率	76%	90%
8	安全可靠	重点区域多路径连接比率	81%	95%以上
9		国家综合立体交通网安全设施完好率	85%	95%以上

1）指标1：1小时内享受快速交通服务的人口占比（%）

（1）指标内涵

1小时内享受快速交通服务的人口占比，是指在1小时内通过任一种交通方式能够抵达快速交通方式入口（高速公路入口、高速铁路车站、机场）之一的地理范围内的居住人口占全国总人口的比例。

其中，"快速交通服务"是指由《交通强国建设纲要》提到的"发达的快速网"，即：高速铁路、高速公路、民用航空三种交通方式提供的交通服务。

（2）计算方法

$$R_{FT} = \frac{1\text{小时能够享受快速交通服务的人口规模}}{\text{全国人口总规模}} \times 100\% \quad (4-1)$$

式中：R_{FT}——1小时内享受快速交通服务的人口占比。

根据国家综合立体交通网规划方案进行测算，预计2035年1小时内享受快速交通服务的人口占比可达到80%以上。

2）指标2：综合客运枢纽至中心城区半小时可达率（%）

（1）指标内涵

综合客运枢纽至中心城区半小时可达率，是指旅客经由综合客运枢纽换乘进入所在城市中心城区，能够实现在半小时内到达的比例。

该指标综合反映了民航、铁路等综合客运枢纽空间布局的合理性、集疏运设施配置的完善性、公共交通集疏运方式选择的合理性，是全链条出行快速便捷的重要环节。

（2）计算方法

$$R = \frac{\text{半小时可达中心城区的综合客运枢纽数量}}{\text{综合客运数量总数}} \times 100\% \quad (4-2)$$

式中：R——综合客运枢纽至中心城区半小时可达率。

以我国 75 个国际性全国性综合交通枢纽城市为样本，测算现状值为 70%，预计 2035 年综合客运枢纽至中心城区半小时可达率达到 90%。

3）指标 3：多式联运换装 1 小时完成率（%）

（1）指标内涵

多式联运换装 1 小时完成率，是指在一次运输过程中发生的集装箱多式联运平均换装时间能够控制在 1 小时内的比例。

多式联运平均换装时间，是指在报告期内，平均完成一次全程运输，集装箱（重箱）在一种运输方式换装到另一种运输方式过程中，人工组织机械作业的换装时间，不包括等待时间。

该指标表征多种运输方式间作业衔接效率，指标值越低，表明衔接能力越强，转运效率越高。该指标是该项目中换装机械配备、货物组织调度、站场管理等转运能力的综合体现。

（2）计算方法

$$R = \frac{1 \text{小时能够实现多式联运换装的枢纽数量}}{\text{多式联运枢纽总数}} \times 100\% \quad (4\text{-}3)$$

式中：R——多式联运换装 1 小时完成率。

根据对交通运输部、国家发展改革委批复的多式联运示范项目的统计，多式联运换装 1 小时完成率现状值为 87.5%，到 2035 年所有多式联运换装一次时间均应控制在 1 小时内。

4）指标 4：国家综合立体交通网主骨架能力利用率（%）

（1）指标内涵

国家综合立体交通网主骨架能力利用率，是指主骨架交通基础设施中处于能力合理利用区间的设施所占比重，采用民航机场起降能力利用率、铁路主通道通过能力利用率和公路主通道能力利用率是否处于合理利用区间来综合衡量。从交通基础设施利用效率的角度来看，提高交通系统内部的运行组织效率是提高运输能力的有效途径，是优化规划方案的重要依据。

指标结果以百分比的形式表示，分铁路、公路、航空三种方式和综合交通基础设施平均值进行评估。

——利用率小于 0.6，表明服务能力可保障，但是设施富余，闲置较多；

——利用率在 0.6～0.85 之间，表明服务能力可保障，设施利用在合理范围之内；

——利用率超过 0.85，表明服务能力保障不足，存在远期能力紧张问题。

（2）计算方法

分别计算铁路、公路、机场的能力利用率，在此基础上，计算处于 0.6～0.85 区间的设施的比例。

将铁路、公路、航空三者的基础设施能力利用率按周转量比例加权平均得到最终结果。

按照周转量比例加权平均，计算得到 2018 年基础设施能力合理利用率为27.6%，预计 2035 年达到 60%，2050 年达到 70%。

5）指标 5：主要通道新增交通基础设施多方式国土空间综合利用率提高比例（%）

（1）指标内涵

主要通道新增交通基础设施多方式国土空间综合利用率提高比例，是指主要通道规划新增的公路、铁路、管道等线性交通基础设施与各类型各等级线性交通基础设施，在空间上重叠或紧邻的里程，占规划新增线性交通基础设施总里程的比例。

（2）计算方法

$$H = \left(\frac{R}{r} - 1\right) \times 100\% \tag{4-4}$$

$$R = \frac{l_x}{L_x} \tag{4-5}$$

$$r = \frac{l_j}{L_j} \tag{4-6}$$

式中：H——主要通道新增线性交通基础设施多方式国土空间综合利用率提升比例；

R、r——主要通道新增、既有线性交通基础设施多方式国土空间综合利用率；

l_x、l_j——主要通道新增、既有线性交通基础设施与各类型各等级线性交通基础设施，在空间上重叠或紧邻的里程，L_x、L_j 分别为主要通道新增、既有线性交通基础设施的里程。

根据现有不同地区多方式空间资源综合利用率估算，规划主要通道多方式空间资源综合利用率现状为 21.7%。综合考虑我国地形地貌特点，建议将主要通道新增交通基础设施多方式空间资源综合利用率目标值设定在 40% 左右为宜，即比现状综合利用率提升 80%。

6）指标 6：交通基础设施绿色化建设比例（%）

（1）指标内涵

交通基础设施绿色化建设比例，是指铁路、公路、港口、航道、机场、管道等交通基础设施，按照绿色发展要求和相关绿色交通基础设施标准开展建设和保护的比例。绿色发展要求包括资源节约、生态保护、污染防治、节能降碳四个方面，除个别因国防需要和位于特殊地质条件区域外，国家综合立体交通网内基础设施均应按照绿色发展要求开展建设。

（2）计算方法

$$G = \left(\frac{l}{L} + \frac{n}{N}\right) \cdot 2 \qquad (4\text{-}7)$$

式中：G——交通基础设施绿色化建设比例；

l——国家综合立体交通网中绿色公路、绿色铁路、绿色管道里程之和；

L——规划公路、铁路、管道、航道里程综合；

n——国家综合立体交通网中绿色港口、绿色机场数量之和；

N——规划港口、机场数量总和。

指标现状值为 80%，确定未来交通基础设施绿色化建设比例达到 95% 以上。

7）指标 7：基础设施数字化率（%）

（1）指标内涵

基础设施数字化率，是指具备信息感知、采集传输、服务和控制功能的交通运输基础设施所占比重。

基础设施层面的数字化智能化是发展智慧交通的前提，布局完善交通监控感知网络，推动交通基础设施全要素、全周期数字化，既是实现传统交通设施转型升级的重要方面，同时也是提升交通网对未来车联网、新型交通工具适应水平的必要条件。

（2）计算方法

基础设施数字化是一个不断完善、功能不断强化、内涵不断丰富的过程，现阶段采用纳入实时信息感知和采集的交通网比重来表征。

$$R = \frac{纳入实时信息感知和采集网络的交通网规模}{国家综合立体交通网总规模} \times 100\% \qquad (4-8)$$

式中：R——基础设施数字化率。

基础设施数字化率现状值估算为76%，预计2035年将超过90%。

8）指标8：重点区域多路径连接比率（%）

（1）指标内涵

重点区域多路径连接比率，指实现多路（两种及以上交通方式或同种交通方式的两条及以上路径）连接的重点区域数量与全国所有重点区域数量的比例。重点区域指国家战略区域、重要口岸、能源基地、自然灾害多发地区。

（2）计算方法

本研究在计算总指标时将重要口岸、能源基地、自然灾害多发地区的权重各设为1/3。考虑到能源基地、自然灾害多发地区的个别区域有所重合，故将能源基地、自然灾害多发地区所共同覆盖的县级行政区域统筹综合计算。

$$\begin{aligned}&重点区域多路径连接比率（\%）\\&= \frac{1}{3} \times \frac{多路径连接的重要口岸数量}{所有重要口岸数量} + \frac{2}{3} \times \\&\frac{多路径连接的能源基地、自然灾害多发地区数量}{所有能源基地、自然灾害多发地区数量}\end{aligned} \qquad (4-9)$$

计算得出，2018年重点区域多路径连接比率现状值为81%，2035年重点区域多路径连接比率目标值为95%。

9）指标9：国家综合立体交通网安全设施完好率（%）

（1）指标内涵

安全设施完好率，是指国家综合立体交通网线网设施应具备的安全设施在全寿命周期内处于完好状态，能够保持稳定的安全防护功能的比例。

（2）计算方法

$$R = \frac{综合立体交通网中安全设施处于完好状态的网络规模}{国家综合立体交通网总规模} \times 100\%$$

式中：R——国家综合立体交通网安全设施完好率。

（3）指标值

按铁路、公路、水路网络规模比重为权重加权平均国家综合立体交通网安全设施完好率现状值估算为85%，2035年规划值为95%以上。

课题组长：

姜彩良（组长）、刘振国（副组长）

主要执笔人：

刘振国、梁科科、李艳红、马衍军、蒋斌、刘东、杨环宇、袁春毅、亨鹏林、朱高儒、李继学、张永波、李乾、叶臻

主要承担单位：

交通运输部科学研究院、交通运输部规划研究院

第五章
我国综合交通基础设施网络现状评价

随着我国综合交通运输体系建设持续推进，综合交通基础设施网络布局和结构逐步完善，运输服务能力大幅提升，已基本适应我国经济社会发展的需求。《交通强国建设纲要》提出，"建设现代化高质量综合交通运输网络"。本章系统评价我国综合交通运输发展现状，剖析存在的主要问题，为明确国家综立体交通网发展方向和重点研究提供基础支撑。

一、综合交通基础设施建设规划现状

（一）发展概况

改革开放以来，我国综合交通基础设施网络不断完善，交通运输服务保障能力持续提升，交通运输对经济社会发展实现了从"瓶颈制约"到"总体缓解"再到"基本适应"的重大跃升。

1. 基本发展情况

铁路网建设稳步推进。截至2020年底，全国铁路营业里程达14.6万公里，其中，高速铁路3.8万公里；铁路复线率为59.5%；电化率为72.8%；西部地区铁路营业里程5.9万公里。

公路网络逐步完善。截至2020年底，全国公路总里程达到519.8万公里，其中，高速公路16.1万公里，占公路总里程的3.1%；二级及以上等级公路里程70.2万公里，占公路总里程的13.5%。从行政等级看，国道里程37.1

万公里，其中国家高速公路11.4万公里；省道里程38.3万公里，农村公路里程438.2万公里。

港口和内河航道建设取得了显著成绩。截至2020年底，全国港口拥有生产用码头泊位22142个，其中，沿海港口生产用码头泊位5461个，内河港口生产用码头泊位16681个；万吨级及以上泊位2592个。全国内河航道通航里程12.8万公里，其中，等级航道里程6.7万公里，占总里程52.7%；三级及以上航道里程1.4万公里，占总里程11.3%。

民航机场、航线网络快速发展。截至2020年底，全国共有颁证民航机场241个，其中定期航班通航机场240个，定期航班通航城市237个（不含香港特别行政区、澳门特别行政区和台湾地区）。民航全行业运输飞机在册架数3903架。共有定期航班航线5581条，国内航线4586条（其中港澳台航线84条），国际航线895条。

油气管道"横跨东西、纵贯南北、联通境外、覆盖全国"的格局基本形成。截至2020年底，我国长输油气管网总里程达到约17.5万公里，其中原油管道3.1万公里，成品油管道3.2万公里，天然气管道11.2万公里。

2. 主要发展成就

我国综合立体交通网总体处于世界先进水平，对国家战略发展支撑作用显著增强。

综合交通网规模与能力已位于世界前列。高速铁路、高速公路、内河航道等里程均位居世界第一，港口货物吞吐量、集装箱吞吐量居世界首位，其中港口集装箱吞吐量占全球1/4以上，全球装箱吞吐量前10名的港口我国占据7席，上海港位居第一。

运输网络通达全球。2020年我国民航通达62个国家和地区的153个城市，民航枢纽机场国际影响力增强；水运航线和集装箱班轮航线往来100多个国家和地区的1000多个港口，班轮连接指数稳居世界第一。我国已成为全球交通运输最为发达、最为便利的地区之一。

服务经济产业和城市群基础坚实。高速铁路"四纵四横"主骨架、国家高速公路"71118"主线、内河主要干支流高等级航道"两横一纵两网十八线"基本形成，民航机场覆盖范围不断扩大，交通骨干网络贯通了所有国家级城市群和主要产业经济带。

交通出行满意度显著提高。发达的高速铁路、民航和高速公路网络为群众提供快捷、舒适、方便的出行服务，绝大部分地区可以通过公路、铁路、民航多种方式便捷出行。

支撑"一带一路"建设能力增强。对外运输通道总体形成，与周边国家基本实现交通基础设施互联互通。中欧班列发展迅速，影响力显著增强。

支撑区域协调发展能力增长。西部地区与东中部地区的运输通道总体畅通，西部地区交通干线网布局明显改善，技术等级进一步提升。

保障国家安全和能源运输能力得到加强。交通干线通边达海，沿边地区交通条件明显改善；区域间便捷连接，能源运输通道基本形成。

同时也要看到，与加快建设交通强国的要求相比，综合立体交通网发展仍存在不平衡不充分问题，网络布局有待完善，结构需进一步优化，各方式统筹融合仍需加强，客货运输服务水平有待提高，安全智慧绿色发展水平需持续推进，综合交通与国土空间规划、城镇和产业布局的协同仍需加强。总体上看，加快推进现代化综合立体交通网建设仍然是我国交通运输发展的长期任务。

（二）各方式交通运输规划情况

近年来，我国陆续编制了各种运输方式中长期规划，有效促进了综合立体交通网的形成。

1. 各方式交通运输规划概况

2016年，《中长期铁路网规划》修编出台，规划期为2016—2025年，远期展望到2030年。国家铁路网主要由高速铁路和普速铁路构成，规划到2020年，铁路网规模达到15万公里，其中高速铁路3万公里；到2025年，铁路网规模达到17.5万公里左右，其中高速铁路3.8万公里左右。高速铁路将形成以"八纵八横"主通道为骨架、区域连接线衔接、城际铁路补充的网络，实现省会城市高速铁路通达、区际之间高效便捷相连。

2013年，《国家公路网规划（2013年—2030年)》出台。国家公路网由普通国道和国家高速公路构成，总规模40.1万公里。其中，普通国道网形成12条首都放射线、47条北南纵线、60条东西横线和81条联络线的布局，总规模约 26.5 万公里。国家高速公路网形成 7 条首都放射线、11 条北南纵线、18 条东西横线，以及地区环线、并行线、联络线的布局，约 11.8 万公里，另规划远期展望线约 1.8 万公里。

2007 年，交通部发布《全国内河航道与港口布局规划》，规划实施期限为 2006—2020 年。规划内河高等级航道约 1.9 万公里，其中三级及以上航道 14300 公里，四级航道 4800 公里，分别占 75% 和 25%。

2006 年，交通部发布《全国沿海港口布局规划》，将全国沿海港口划分为环渤海、长江三角洲、东南沿海、珠江三角洲和西南沿海 5 个港口群体，形成煤炭、石油、铁矿石、集装箱、粮食、商品汽车、陆岛滚装和旅客运输 8 个运输系统的布局。

2017 年，国家发展改革委、中国民航局印发《全国民用运输机场布局规划》，规划目标年为 2025 年，展望到 2030 年。规划到 2020 年，民用运输机场数量达 260 个左右；到 2025 年，布局 370 个，规划建成约 320 个。

2017 年，国家发展改革委、国家能源局印发《中长期油气管网规划》，规划期为 2016—2025 年，远景展望到 2030 年。规划到 2020 年，全国油气管网规模达到 16.9 万公里，其中原油、成品油、天然气管道里程分别为 3.2 万公里、3.3 万公里、10.4 万公里；到 2025 年，全国油气管网规模达到 24 万公里，原油、成品油、天然气管道里程分别为 3.7 万公里、4.0 万公里、16.3 万公里。

2. 综合交通网规划总体格局

根据各种运输方式中长期规划，我国将构成多层次、多中心、网络化、广覆盖的综合立体交通网，网络覆盖全国重要城镇节点、对外口岸，见表 5-1。

综合交通网城镇连通情况　　　　　　　　　　　　表 5-1

城市类别	国道	国家高速公路	干线铁路	高速铁路	民航	管道
100 万人口以上的城市	多路连通	多路连通	多路连通	基本多条连通	覆盖	城市成品油管道覆盖

续上表

城市类别	国道	国家高速公路	干线铁路	高速铁路	民航	管道
省会城市、50万人口以上大中城市	多路连通	多路连通	多路连通	连通	覆盖	天然气管道覆盖
20万人口以上城市及地级行政中心	基本多路连通	基本多路连通	大部分多路连通	部分连通	覆盖	天然气管道大部分覆盖
县级及以上城镇	连通	约80%连通	县域基本覆盖	—	大部分县城	天然气管道超一半覆盖

——100万人口以上城市，基本形成高速铁路、干线铁路、高速公路和国道多路连通，拥有民航机场，连通成品油和天然气管道。

——省会和50万人口以上城市，全面连通高速铁路，实现干线铁路、高速公路、国道多路连接，拥有民航机场，连通天然气管道。

——20万人口以上城市和地级行政中心，形成高速铁路部分连通，高速公路、国道和干线铁路基本形成多路连通，机场150公里基本覆盖，大部分城市连通天然气管道。

——县级以上城镇节点，形成干线铁路基本覆盖，约80%县城连接高速公路，全部连通国道，实现干线铁路和高速公路、国道连通重要对外口岸。

3. 现有规划实施情况

我国综合交通网建设总体顺利，各种运输方式基础设施基本成网，运输能力和覆盖水平进一步提高。

铁路建设进展良好，高速铁路发展迅速。2020年底，全国铁路已建成14.6万公里，完成2020年规划里程的97%，2025年规划里程的83%；高速铁路建成3.8万公里，已提前完成2020年规划目标，初步形成了以特大城市为中心覆盖全国、以省会城市为支点覆盖周边的高速铁路网，高速铁路对百万人口以上城市覆盖率超过95%。京津冀、长三角、粤港澳大湾区三大城市群城际铁路网初步形成。"八纵八横"主通道建设进展顺利，在贯通京沪、京广、沿江、东南沿海等通道的基础上，陆续贯通了沪昆、广昆、陆桥、京港澳、青银等高速铁路通道。干线铁路网络逐步完善，覆盖约98%的20万人口以上城市，基本连接主要港口和口岸，"一带一路"国际通道建设有序推进。

国家高速公路网主体网络基本形成，普通国道建设进展显著。国家高速公路建设进展顺利，2020年底已建成11.38万公里，完成2025年规划里程的84%，东中部地区大部分路线已贯通。"71118"国家高速公路网36条主线基本建成，其中20条主线已全线建成通车，高速公路对20万以上人口城市覆盖率超过98%，京津冀、长三角、粤港澳大湾区、成渝等城市群已基本形成较为发达的高速公路网，部分地区基本实现县县通高速公路。全国普通国道通车里程达25.7万公里，占2025年规划里程的97%。

港口空间布局基本形成，港口能力总体适应。环渤海、长江三角洲、东南沿海、珠江三角洲和西南沿海5个港口群体布局总体形成。沿海港口布局日益完善，码头泊位大型化、专业化水平进一步提升。内河水运建设全面加快，内河航道条件明显改善。截至2020年底，高等级航道达标里程为1.61万公里，完成2025年规划里程的85%。

机场建设进展顺利，服务覆盖范围扩大。截至2020年底，全国颁证民用运输机场数量达241个（不含香港特别行政区、澳门特别行政区和台湾地区），覆盖92%左右的地级市，完成了2020年规划目标的93%，2025年规划目标的75%。民用运输机场覆盖范围不断扩大，100公里半径覆盖了全国54%的国土面积、89%的地级行政单元、86%的20万人口及以上的县级行政单元，以及87%的人口和92%的国内生产总值。京津冀、长三角、粤港澳大湾区、成渝等世界级机场群建设加快，北京、上海、广州国际航空枢纽已成为全球航空运输网络的重要节点。

管道建设进展顺利，管道运输网络格局初步形成。截至2020年底，全国油气管道建成17.5万公里，完成规划的73%，其中：建成天然气管道11.2万公里，完成2025年规划目标的69%，形成"四大进口通道+四横四纵"的骨干天然气管网布局；建成原油管道3.1万公里，完成2025年规划目标的84%，"西油东进、北油南下、江海互联"的原油管道网络布局基本形成，以"四大原油战略进口通道"为基础，不断完善陆上原油战略通道，强化进口原油海上通道；建成成品油管道3.2万公里，完成2025年规划目标的80%，

"西油东进、北油南下、江海辐射"的成品油管道网络布局初步形成,形成了西北、西南、华北、华中以及珠三角地区骨干成品油管道系统。

各种运输方式现有规划建设进展情况见表5-2。

现有规划建设进展情况(2020年)　　　　表5-2

运输方式	2025年规划规模	已建成规模	已建成比例(%)
铁路	17.5万公里	14.6万公里	83
高速铁路	3.8万公里	3.8万公里	100
国家高速公路	13.6万公里	11.38万公里	84
普通国道	26.5万公里	25.7万公里	97
内河高等级航道	1.9万公里	1.61万公里	85
机场	320个	241个	75
管道	24万公里	17.5万公里	73
天然气管道	16.3万公里	11.2万公里	69
原油管道	3.7万公里	3.1万公里	84
成品油管道	4.0万公里	3.2万公里	80

注:管道数据为2019年数据。

综上所述,各种运输方式已有的各类规划对我国综合交通网建设和综合运输体系的构建起到了重要作用。

目前,我国已进入全面建设社会主义现代化国家的新发展阶段,加快建设交通强国的新目标,对综合立体交通网规划编制提出了新要求。

交通基础设施空间布局需加强统筹。目前,各种运输方式的中长期规划相对独立编制,不协调、不衔接问题较为突出。主要体现在规划期限不统一,各种运输方式发展定位和目标缺乏协调,规划方案缺乏衔接,难以充分发挥各方式的比较优势和组合效率,资源优化配置水平有待提高。

综合交通运输规划编制的法规依据、体制机制需完善。我国各种运输方式规划编制均有相应的法规依据,有完善的规划编制办法和技术规范做指导,而综合交通运输规划编制尚无法规依据,缺乏规划编制办法和技术规范,规划编制体制机制不健全,开展综合交通运输规划编制工作缺乏技术指引,统筹协调各种运输方式的规划不够顺畅。

二、综合交通基础设施网络布局分析

（一）国家综合运输通道

国务院印发的《"十三五"现代综合交通运输体系发展规划》提出构建横贯东西、纵贯南北、内畅外通的"十纵十横"综合运输大通道。综合运输大通道总体布局完善、配置合理，形成了覆盖全国各区域、重要城镇节点、交通枢纽和口岸的网络化格局。目前已形成由高速铁路、普速铁路、国家高速公路、普通国道和主干线管道等多种运输方式构成的运输通道，提供多层次、多样化的运输服务。除西部偏远地区、边境地区外，运输通道基本拥有高速铁路、国家高速公路，大部分通道拥有主干线管道，所有通道拥有普速铁路和普通国道，为沿线地区提供了基本的运输服务。

虽然综合运输大通道格局总体形成，但部分通道尚未完全建成，部分路段通道能力不足。部分综合运输大通道交通基础设施尚不完善，尤其是中西部地区，较多通道尚未贯通高速铁路，偏远地区高速公路未能建成，普通国道总体等级偏低，部分主干线管道尚未建成。重要城市群主要运输通道能力需加强。经济发达地区、城市群的主要通道能力不足，交通运输紧张局面仍然较为突出，仍有较多路段处于交通拥挤状态，节假日铁路客运能力紧张，公路运输承担了较大比重的货运量，物流成本偏高。

（二）交通网节点覆盖

我国已形成了覆盖各类城镇节点的多层次、多样化交通网络。截至2020年底，高速铁路对百万人口以上城市覆盖率超过95%，高速公路对20万人口以上城市覆盖率超过98%，民用运输机场覆盖92%左右的地级市，超过83%的地级行政区实现了天然气管网覆盖。全国干线公路网已经实现"县县通"，铁路服务基本覆盖大部分县级以上行政区。具备条件的乡镇和建制村全部通硬化路、通客车，快递网点基本覆盖全部乡镇，建制村实现直接通邮。民航定期航班国内通航城市比上年增加7个，达237个，但受新冠肺炎疫情影响国际定期航班通航国家和城市分别减少了3个和12个，为62个国家和153个城市。

综合立体交通网节点覆盖仍然不足，主要体现在：高品质运输服务覆盖范围不足。目前高速铁路主要覆盖了 50 万以上人口城市，仍然有较多的 20 万以上人口城市和地级城市尚未享受便捷的快速轨道服务。仍有较多城市节点缺乏民航运输服务，尤其是西部偏远地区，民航运输服务相对缺乏。在受到自然灾害、恶劣气候影响时，道路通行容易阻断，运输生命线缺乏保障。交通网络布局发展不平衡，西部偏远地区相对薄弱。东部地区城市节点基本实现了多种方式覆盖，但中西部地区仍有差距，尤其是高速铁路、民航机场覆盖不足，干线铁路网通达不广泛，城市群的城际、市域（郊）铁路发展滞后。西部地区干线公路技术等级总体偏低，二级及以上等级公路不到 25%，超过 3/4 的路段为三级及以下公路，较多县级城镇缺乏高等级公路连接。西部较多地区尚未通天然气。

（三）城市群交通网

我国城市群基本形成了以高速铁路、城际铁路（轨道）、高速公路为骨干，以普通国省道、干线铁路为补充的综合交通网络，初步形成核心城市辐射周边城市节点、重要城市相互连接的网络化格局。城市群公路网建设进入了以局部路网补充完善、繁忙路段扩容改造为主的优化发展阶段。目前各城市群开始着手构建多层次轨道交通网络，着力打造城际轨道交通，更加注重打造集多种对外运输方式和城市交通一体化布局的综合客运枢纽，加强各种运输方式的便捷衔接，加快城市群交通网络一体化，着力促进城市群区域融合发展。

城市群交通网发展水平普遍较高，但其发展仍存在以下问题：

一是城际快速交通网络化水平亟待提高。城际快速轨道系统尚未网络化，仍有较多相邻城市缺乏快速轨道连接。尤其中西部地区，城市群快速交通发展明显不足，不仅缺乏快速轨道连接，也缺乏完善的城际高速公路网络。

二是交通一体化程度有待加强。目前城市群正着力推进交通区域一体化，但由于各行政区域交通一体化体制机制缺乏，统筹协调不足，导致基础设施、运输服务等方面衔接不够。目前一些跨区域项目缺乏城市群层面的统筹安排，项目规划建设衔接不畅。各地区运输服务管理、运营组织方式均有所不同，统一规范、竞争有序的一体化客货运服务体系发展不足。

三是城市内外交通需要加强协调衔接。在城镇化水平高、城区延绵成片的都市区域，对外交通和城市交通交织，城市内外交通在管理和技术标准等方面需进一步协调衔接。

（四）国际交通运输网

1. 国际海运网

我国已建成了发达的港口基础设施和国际航运网络，有效支撑"一带一路"建设和全面开放新格局形成。港口数量和规模位居全球前列。2020年底，完成外贸货物吞吐量44.96亿吨，集装箱吞吐量2.64亿TEU，均位居世界第一，7个集装箱港口位于全球前10名。已形成通达全球的海上航线网络，班轮连接指数稳居世界第一，成为全球班轮网络连接性最好的国家。国际运输航线和集装箱班轮航线往来100多个国家和地区的1000个港口，全球海运网络便利发达。上海国际航运中心国际服务功能进一步增强，在全球航运要素资源配置能力和影响逐步提升。

虽然我国港口和航运网络较为发达，但航运企业国际竞争能力和我国国际航运话语权等与发达国家仍有差距。

一是高端航运服务水平明显弱于国外发达国家，在航运金融、航运经纪、信息服务等方面与世界水运强国仍有较大差距，国际航运中心对全球航运资源配置能力亟待加强。

二是航运企业国际化经营能力和市场竞争力待提高，与世界一流航运企业的差距较为明显。我国海运外贸进出口货物由中国船队承运的比例只有1/4左右，尤其是国内航运企业承担的进口原油运输量占比明显偏低。

三是世界海事组织决策的参与度和贡献度不足。我国在世界海事组织的职员数量较少，公约提案平均参与率明显低于美国等发达国家。

2. 国际民航网络

民航国际影响力显著增强。截至2019年底，与我国签署航空运输协定的国家和地区达127个，开通国际航线953条。完成国际旅客周转量3185.08亿人公里，国际航线完成货邮周转量184.61亿吨公里。2020年，受新冠肺炎疫情影响，国际航线减少了570条，国际客货周转量分别下降86.1%和6.7%。航空公司国际竞争力逐步提升，国航、南航、东航三大航空公司机队规模进入全球前10名。我国在民航国际组织中的地位和作用不断增强,国际合作不断深化,国际影响力逐步提升。

与民航发达国家相比,我国民航国际影响力有待提升。一方面,国际航线覆盖广度和深度不足,国际枢纽地位不强。目前,我国通航国家和地区不到美国的2/3,仅为英国的1/2。国际航空枢纽连通全球水平,低于发达国家枢纽的平均水平。截至2018年底,我国10个国际航空枢纽平均通航200个城市,低于全球主要枢纽通航242个城市的平均水平。与全球领先的国际枢纽机场相比,北京、上海和广州国际枢纽机场的连通地区和远程航线出港频次仍有一定差距。另一方面,在国际民航技术标准、政策规章等方面的参与程度亟待提升,尚未形成有利于我国民航技术、标准和服务输出的国际双边和多边制度性安排,我国民航品牌的国际认可度还不高。

3. 国际陆运通道

根据"一带一路"倡议,我国推进了中蒙俄、新亚欧大陆桥、中国—中亚—西亚、中国—中南半岛、中巴、孟中印缅经济走廊交通基础设施建设,构建了由铁路、公路和管道共同组成的运输通道,实现与周边国家交通基础设施的互联互通。中蒙俄方向运输通道形成东北地区至俄罗斯和经蒙古国至俄罗斯两个方向通道;新亚欧大陆桥通道形成由新疆各个口岸经中亚至欧洲通道;中国—中亚—西亚运输通道由伊尔克什坦、吐尔尕特口岸出境,经中亚国家至西亚、中东等国家;中国—中南半岛运输通道由广西和云南至中南半岛国家;中巴运输通道由新疆喀什,经红其拉甫口岸至巴基斯坦瓜达尔港;孟中印缅运输通道由云南猴桥等口岸出境至缅甸、印度等国家。

目前看,国际陆路通道的交通运输基础设施布局总体较为完善,但仍存在不足之处。

一是重要对外运输通道能力有待加强。与中亚、欧洲、俄罗斯运输通道的铁路、管道的运输能力仍需提升;中巴运输通道待贯通。

二是跨境铁路建设需加强。目前跨境铁路数量不足,轨道制式不统一,需进一步加强跨境铁路通道建设,推进境外铁路发展,推行我国轨道制式,提高铁路运输效率。

三是管道通道布局需完善。国际管道运输通道布局不够完善,中巴管道建设待推进。

四是国际公路通道等级需提高。我国通达口岸的境内公路技术等级相对较高，而境外公路普通技术等级不高，存在着大量缺失路段和瓶颈路段。

4. 国际能源运输通道

我国基本形成了海上通道、东北通道、西北通道和西南通道的"一海三陆"能源运输通道格局。海上通道是我国能源进口的主要方式。目前，海上通道已形成较为完善的石油、天然气港口布局，形成较为发达的海上航线。东北通道为通达俄罗斯的运输通道，主要承担着俄罗斯至我国的原油和天然气运输。西北通道是通往哈萨克斯坦等中亚国家的运输通道，主要承担中亚等国家至我国的原油和天然气运输。西南通道是与缅甸的运输通道。国际陆路能源通道主要以管道运输为主体，铁路和公路运输为补充。

从未来能源需求看，国际能源通道发展仍存在一些问题：

一是国际能源运输通道多元化布局需强化。原油和天然气对外依存大，尤其是原油进口主要依靠海上运输。为保障我国能源运输安全，需进一步拓展多元化能源供应格局，加强陆路能源通道的建设。

二是沿海原油和天然气港口布局和能力待加强。海上运输仍然是原油和天然气运输的主要方式。随着能源需求增长，原油和天然气等能源进口量仍将进一步增长，现有港口布局尚需完善。

三是沿海港口油气多式联运系统需加强，需完善沿海港口通往内陆地区的管道布局。

三、综合基础设施网络衔接分析

（一）客运交通网衔接

1. 综合客运枢纽

综合客运枢纽建设取得明显成效。为加强各种运输方式衔接。在交通运输部的推进下，各地围绕新建高速铁路车站和机场建设综合客运枢纽。目前，新建高速铁路车站基本建成综合客运枢纽，以机场为核心的空铁联运综合客运枢纽建设取得进展。据相关资料，截至2019年底，全国已有13个枢纽机场引入了干线铁路或城际铁路，11个机场正在建设，另有21个机场处于规划中。为提升航空服务水平和枢纽运营效率，国家正着力加强枢纽机场与轨道交通的互联互通。2020年4月，国家发展改革委印发《关于促进枢纽机场联通轨道交通的意见》（发改基础〔2020〕576号），以促进空铁联运机场的建设。

长期以来，由于各种运输方式相对独立发展，致使综合客运枢纽的建设仍存在较多问题。

一是缺乏一体化综合客运枢纽，旅客换乘便利性不高。目前新建或改建的一体化综合客运枢纽所占比例明显不高。交通运输部重点推进的综合客运枢纽项目中，仅24个实现一体化衔接，民航机场与高铁一体化衔接总体不畅。

二是已建综合客运枢纽换乘距离相对较远。交通运输部重点推进的综合客运枢纽平均换乘距离为250米，与日本和新加坡综合客运枢纽50米的平均换乘距离相比，有明显差距。

三是集机场、高速铁路为一体的综合客运枢纽总体缺乏，民航机场与高速铁路一体化衔接总体不畅。

四是现有站场衔接不畅。现有站场改造为综合客运枢纽较为困难，不同运输方式站场之间缺乏有效衔接，站场间缺乏轨道、快捷公共交通的便捷连接，转换效率不高。

2. 民航机场集疏运

大部分机场已有高速公路或高等级道路衔接。当前各地开始注重机场与轨道交通的衔接，部分机场连接城市轨道交通，一些重要机场连接了高速铁路和城际轨道。2020年枢纽机场轨道交通接入率约为68%。

从机场集疏运条件看，机场与高速铁路仍需加强衔接。

一是机场与高速铁路布局尚需统筹，规划和建设需加强协调，尤其是对于空铁换乘需求大的枢纽机场，要统筹机场和高速铁路布局，强化一体化空铁枢纽建设。

二是机场与既有高速铁路站的衔接比较薄弱。目前现有机场与高速铁路站大部分相距较远，缺乏快速交通的有效衔接，城市公共交通普遍换乘时间长，旅客换乘普遍不够便捷。

3. 高速铁路车站集疏运

我国高速铁路车站基本形成了较为完善的集疏运体系，集疏运方式以公路、城市交通为主，但仍然存在一些不足。主要是新建高速铁路车站距城市相对较远，较多城市高速铁路车站缺乏城市轨道和 BRT 等快捷公共交通衔接，较多城市高速铁路车站与其他运输枢纽布局分散，主要依靠城市交通衔接，而城市交通普遍运行速度不高，需多次换乘，导致站场间中转换乘效率不高。

（二）货运网络衔接

1. 综合货运枢纽建设

综合货运枢纽建设取得初步进展。为构建现代物流系统，降低运输成本，提高多式联运效率，交通运输部加快推进综合货运枢纽的建设。截至 2019 年 5 月底，交通运输部重点推进 223 个综合货运枢纽的建设，同时各地纷纷推进物流园区的建设，以促进各种运输方式货运网络的衔接。

综合货运枢纽建设存在以下问题：

一是具备多式联运功能的综合货运枢纽不足。在重点推进的综合货运枢纽中，衔接两种以上运输方式的多式联运型货运枢纽仅占 22%，铁路接入率普遍不高。

二是综合货运枢纽规划薄弱，较多地区综合货运枢纽的建设缺乏规划指导，综合货运枢纽布局缺乏统筹。

2. 港口集疏运

港口铁路集疏运条件明显改善。2019 年，沿海主要港口的铁路进港率提高到 75%，内河主要港口的铁路进港率也达到 45%。初步统计，至少 34 个港口实现了铁路连接，全国 25 个沿海主要港口中，除海口港外均实现了铁路连接。

港口铁路集疏运建设存在以下主要问题：

一是仍有较多港区未能实现连接铁路。其中沿海港口 291 个港区中仅有 76 个港区接入铁路支线。

二是港口集疏运铁路规划建设缺位、滞后。在实施新港区开发和功能调整时，铁路规划未能及时调整，并且铁路建设往往滞后于港口建设。现有港口集疏运铁路能力不足，无法适应集疏运需求。

三是铁水联运"最后一公里"问题尚未解决。"连而不畅""邻而不接"现象严重,铁水联运往往需要公路短驳,无法实现铁水联运的无缝衔接,导致成本上升和效率下降。

港口已形成了较为完善的公路集疏运体系。港口货物集疏运主要由公路运输承担,其所占比例达到70%以上,在港口集装箱集疏运中公路运输占比达80%。目前较多主要港口已建成高速公路和疏港专用路,公路集疏运体系较为完善,但港口公路集疏运仍存在以下问题:部分港口与国家公路网衔接不畅,存在公路进港"最后一公里"问题,仍有一些港区未连通高速公路和疏港专用路;港口与城市相互融合发展趋势明显,港口集疏运交通与城市交通相互干扰,城市交通拥堵对港口集疏运影响日趋增大。

(三)交通出行圈

《交通强国建设纲要》提出到2035年基本形成"全国123出行交通圈"(都市区1小时通勤、城市群2小时通达、全国主要城市3小时覆盖)和"全球123快货物流圈"(国内1天送达、周边国家2天送达、全球主要城市3天送达)的要求,体现了对交通出行效率的要求。实现这两个交通圈的发展目标,要根据经济社会和交通运输发展需求,结合不同交通圈的特点,不断完善国内国际交通运输网。

1. 全国出行交通圈

(1) 都市区通勤圈

都市区一般通过高速公路、快速路和轨道交通等方式即可实现主城区至周边县城的快捷通勤。从我国都市区通勤圈发展来看,仍有较多都市区尚未形成覆盖周边城镇的多层次快速交通系统,一些都市区实现1小时通勤仍有困难,较多都市区主城区与周边县城间缺乏轨道系统,高速公路和快速路连接不畅,尤其是中西部地区都市区快速交通系统不够完善。

(2) 城市群交通圈

我国城市群地理空间范围差异较大,出行需求较为复杂,为满足不同城际出行需要,城市群交通圈可按两个层次构建快速交通网络。一是城市群核心城市至城市群内其他重要城市2小时通达,如长三角城市群上海至南京、杭州、宁波和合肥等城市。二是城市群其他重要城市对于周边城镇实现2小时交通圈。如杭州对金华、绍兴、嘉兴等城市 2 小时覆盖。要实现这两个层次 2 小时交通圈，需要结合城市群空间范围和各方式的特点，以高速铁路、城际轨道和高速公路为主体、民航为补充，形成一体化快速交通网络。

当前城市群快速城际交通网加快推进，快速交通网络体系逐步建立。在经济发达的城市群，初步建成高速铁路和城际轨道骨干网，高速公路基本成网，快速交通呈现网络化发展格局。中西部地区的城市群连接成网，着力推进快速交通建设，加强核心城市与周边城市快速连接，高速公路网络初步建立。总体上看，城市群交通圈建设还存在一些问题：

一是城市群高速铁路和城际铁路网络需完善。大部分城市群高速铁路和城际轨道未能连接成网，与城市轨道和市郊轨道未能充分衔接，一体化轨道网络发展不足。

二是城际快速交通一体化水平需加强。不同城市的快速交通体系的规划需要协调衔接，城市群轨道和高速公路一体化网络待完善。

三是中西部地区城市群的快速交通网发展相对滞后，部分城市间缺乏高速公路便捷连接，城际轨道普遍缺乏，快速交通网络化程度不高。

（3）全国主要城市交通圈

根据当前民航技术水平，实现全国所有城市间 3 小时通达仍存在困难。民航运输飞机巡航速度一般在 700～1000 公里/时之间，考虑机场起降以及民航经济速度等因素，通常民航 3 小时可覆盖 2000 公里范围，而有较多城市间距离超过 2000 公里，如广州至哈尔滨直线距离达 2800 公里，民航航班时间需 4 个多小时。因此，构建全国主要城市交通圈可分为两个层次。一是全国核心城市 3 小时全国交通圈，即北京、上海和广州等核心城市对主要城市的 3 个小时覆盖，这需要构建以民航和高速铁路为核心、高速公路为补充的快速交通网。二是省域中心城市 3 小时省域交通圈，即省会城市对本区域地级城市的 3 小时覆盖，这需要构建以高速铁路和高速公路为核心、民航为补充的快速交通网络。

截至 2020 年底，我国已初步形成两个层次的主要城市交通圈，基本实现了全国核心城市 3 小时全国交通圈，北京、上海和广州等核心城市通过民航可实现 3 小时覆盖全国主要城市。除西部部分省（区、市）外，大多数省

（区、市）基本实现了省域中心城市 3 小时省域交通圈，可通过高速铁路和高速公路实现对地级城市的 3 小时覆盖。

从实现全国主要城市 3 小时交通圈看，综合交通网发展还有较多不足：

一是机场和航班覆盖不足，仍有较多城市尚未拥有机场，部分城市之间缺乏直达航班。

二是高速铁路和城际铁路对主要城市的覆盖不足，较多 400 公里以上的中长距离城际交通出行还难以实现 3 小时高速铁路通达。

三是较多机场缺乏高速铁路和城际铁路接入，空铁中转的效率不高，导致难以通过空铁联运方式实现主要城市快捷通达。

2. 全球快货物流圈

加快构建面向全球的货物快速运输网络，打造全球快货物流圈，是提高国内国际供应链循环效率，便捷要素资源流动，提高市场运行效率，有效支撑现代流通体系建设，促进构建国内国外双循环新发展格局的重要保障。

全球货物快速运输网络的建设，要根据全球快货物流圈发展目标，结合国内国际交通运输网的运输需求特点和基础条件，发挥各种运输方式的比较优势，着力形成便捷、经济、高效的国内国际货物快速运输网络。

国内货物快速运输网络建设，要形成多方式、多层次的交通运输网络。一方面要形成快速交通基础设施网络。提高高速公路、民航机场和高速铁路的覆盖范围，强化快速交通网络衔接，完善枢纽集疏运交通网络。另一方面要完善快货的运输组织网络。提高快货运输干线能力，发展全货机运输和高速铁路货物，促进多式联运发展，提高枢纽转换效率，加强与城市物流配送系统的衔接。

国际货物快速运输网络建设，要以民航运输为核心，打造覆盖全球的民航运输网络。提高国际航空枢纽运输能力，提高民航网络的全球覆盖率，加强航空干线运输能力和效率。完善国际航空枢纽的集疏运体系，加强国际航空枢纽的国内航线网络建设，加强高速公路、高速铁路与国际航空枢纽的衔接。完善与周边国家高等级公路通道，具备条件的周边国家发展快速铁路运输通道。

截至 2020 年底，我国全球货物快速运输网络初步形成，高速公路和民航机场基本覆盖主要城市，高速铁路网络逐步完善，初步实现了全球123快货物流圈，但从国内国际货物快速运输网络发展需求看，仍然存在较多不足。

一是国内国际航空网络待加强。国内民航机场覆盖面需进一步扩大，西部偏远地区的城市实现国内1天送达较为困难。国际航空枢纽能力需要加强，为抗击新冠肺炎疫情影响，国际全货机运输发展亟待提升。

二是陆路快速交通网络待完善。高速铁路网络覆盖不足，高速铁路货运发展不充分，以高速铁路为核心快货运输网络尚未形成。高速公路网络需完善，西部偏远地区城市覆盖有待加强。中欧班线运输网络和能力需进一步发展。

三是快速交通网络衔接待强化。以快速交通为核心的综合货运枢纽布局和集疏运体系尚需完善，机场与快速铁路衔接不足的问题有待解决。快货运输的多式联运亟待发展，与城市物流配送系统的衔接尚需加强。与周边国家的高等级公路通道、快速铁路通道待完善。

（四）交通网运能供给

我国交通运输基础设施网络不断完善，但结构性问题依然存在。

1. 交通干线总体适应，主要通道能力较为紧张

（1）交通干线规模和技术等级不断提升，运输能力总体适应交通运输需求。

铁路方面，随着高速铁路路网规模不断扩大，铁路旅客运输能力明显提升，同时高速铁路路网发展释放了干线铁路货运能力，铁路客货运能紧张局面得到一定程度缓解。

公路方面，高速公路基本实现网络化，普通干线公路技术等级进一步提升，路网总体处于畅通状态。根据《2020年国家干线公路交通情况报告》，2020年高速公路平均交通量达2.9万辆/日（标准小客车），比上年增长3.0%；平均V/C比（交通量与通行能力的比值）为0.52，比2019年上升0.02，处于"基本畅通"和"畅通"的路段占观测路段的62.4%。普通国道平均交通量为9410辆/日，比2019年下降5.9%；平均V/C比为0.49较上年下降0.03，处于"基本畅通"和"畅通"的路段占观测路段的64.6，比上年增长4.2%。

内河方面，除个别航道外，内河航道网运能总体适应。

（2）交通干线供需呈结构性不平衡，部分通道运能紧张现象仍然存在。

铁路方面，重要通道部分区段运能较为紧张。

公路方面，2020年仍有22.8%的高速公路和14.2%的普通国道处于严重拥挤状态。主要运输通道中，京沪和京港澳通道的高速公路严重中度拥堵里程占通道总里程比例较高，此外，京哈高速河北段、京哈高速京津冀段、长深高速广东段、沪蓉高速江苏段、沪昆高速上海和浙江段、青银高速山东和河北段、沈海高速上海和广东段、沪渝高速上海段为中度和严重拥堵。疫情前节假日期间，交通拥挤现象较为严重，在免收通行费的节假日中，公路小客车出行量增加1倍多。2020年，由于疫情原因，春节、"五一"等节假日交通出行比2019年明显减少，但随着复工复产，国庆节期间交通量明显增加，比上年增长了7%。

内河方面，长江等干线航道仍存在着通航瓶颈制约，长江三峡水利枢纽运能严重不足，船舶平均待闸时间从2011年的17小时增加到2018年的151小时。

2. 城市群交通干线运能紧张

城市群承载着大部分人口和产业，城市群交通运输需求呈现高强度、多样化、高频次、强时效等特征，城市群交通运输能力紧张较为显著。我国四大城市群京津冀、长三角、粤港澳大湾区和成渝双城经济圈城市群，现已成为交通运输最为繁忙的区域。四大城市群的主要铁路通道运能紧张，干线公路交通拥挤现象较为显著。2020年，京津冀、长三角、粤港澳和成渝城市群高速公路平均日交通量为3.8万辆、5.5万辆、5.1万辆和6.5万辆，分别是全国平均的1.3倍、1.9倍、1.8倍和2.2倍。受疫情影响，各城市群拥挤情况有所差异，京津冀城市群高速公路 V/C 比为0.54，比2019年下降6.3%；长三角城市群高速公路 V/C 比为0.76比上年有所增长；粤港澳大湾区高速公路交通量比上年下降31.3%，交通拥挤状态有所缓和，V/C 比为0.99，比2019年下降10.5%；成渝城市群高速公路交通量增长57.9%，高速公路 V/C 比为0.79，比2019年增长42.9%。

3. 沿海港口运能基本适应，局部港口能力略有不足

港口通过能力总体适应发展要求。根据相关研究测算，2019年底全国沿

海港口码头能力供给为92亿吨，当年经码头完成吞吐量约95亿吨，港口能力供给全年基本适应需求。从分区域看，环渤海地区、长三角地区沿海港口运能略为紧张，港口能力适应度❶分别为0.83和0.76，东南地区、珠三角地区和西南地区沿海港口能力较为充分，能力适应度分别为1.03、0.99和1.10。分货类看，外贸进口铁矿石专业化码头能力总体适应。沿海煤炭装船港能力较为充分。外贸进口原油接卸码头能力适度超前。集装箱港口能力总体基本适应，适应度为0.86，其中环渤海地区、长三角地区和西南沿海港口集装箱能力略为紧张。2020年全国港口货物吞吐量比2019年增长4.3%，港口能力仍能适应货物运输发展需求。

4. 民航主要机场运输紧张，繁忙机场和繁忙航路空域资源配置不足

民航机场吞吐量分布不均衡，主要机场能力紧张问题较为突出。2019年，我国吞吐量排名前30位机场旅客吞吐量为10.17亿人次、货邮吞吐量为1574万吨，分别占总量的75%和92%，较多机场已超过设计容量，约20个机场处于饱和运行状态。除主要机场能力不足外，空域资源配置不足已成为制约民航发展的重要问题。目前吞吐量前50位机场空域处于满负荷运行状态，部分航路保障能力已饱和，尤其是京津冀、长三角和粤港澳大湾区等地区，军民机场密集，空域结构复杂，资源紧张，导致航班运行受限、延误增加。受新冠肺炎疫情影响，2020年民航运输总周转量比2019年下降38.3%，机场能力紧张压力得到缓解。2019年主要机场设施容量利用情况如图5-1所示。

（五）交通网运行效率

我国交通运输基础设施布局日益完善，运输能力明显提高，城际交通运行效率逐步提高，但城市末端集散交通运行效率较低。

1. 铁路客运营运速度显著提高，货运效率仍需提升

现已形成了以高速铁路为核心的快速轨道网络，承担了大量铁路客运量，客运运行速度明显提升，铁路运营效率大幅提升，以高速铁路和城际轨道形成的小时交通圈初步形成。总体上看，高速铁路覆盖还不够广泛，仍有较多城市尚未开通高速铁路，部分现有铁路设计时速较低，仍有较多地区未能享

---

❶ 港口能力适应度是港口通过能力与吞吐量的比值。

受高效舒适的高速铁路服务。

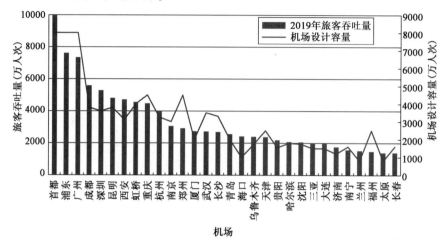

图 5-1　2019 年全国主要机场设施容量利用情况

随着铁路建设加快和运输服务能力增强,铁路货运速度有所提高。高速铁路的建设促进了客货分离,干线铁路逐步升级改造,干线铁路货运能力紧张局面得到缓解。同时,铁路加快了改革步伐,服务能力不断提升,高速铁路货运加快推进,铁路货运组织能力和效率得到明显改善。但现有干线铁路仍然承担较多旅客运输任务,大部分干线铁路尚未进行客货分离,货运重载铁路较为缺乏,集装箱运输效率亟待提高,高速铁路货运处于探索中。

2. 干线公路整体效率明显提升,但局部地区效率不高

高速公路规模不断增加、逐步成网,有效提升了干线公路的整体运输效率。2020 年受新冠肺炎疫情影响,全国干线公路交通量先降后升,比 2019 年有所增加。平均车速约 98 公里/时,明显提升了公路整体运行效率。普通国道技术等级不断提升,运行效率有所提高,平均车速达 55 公里/时。但受交通拥堵等因素影响,普通国道局部地区运行效率不高的问题仍然突出,尤其是经济发达地区城市过境路段运行速度普遍不高,如上海普通国道网平均速度仅为 35 公里/时。在偏远地区,普通国道技术等级偏低导致公路运行速度不高。另外,干线公路运行效率呈现时间性不均衡,在节假日或交通出行高峰时段,干线公路拥堵较为严重,运行效率显著下降。

3. 民航正常率有所回升，运行效率有待进一步提升

近几年我国民航服务水平持续改善，民航航班正常率逐步回升，但与世界发达机场相比仍有差距。民航航班正常率不断提高，由2014年的68.4%提升到2019年的81.9%。2020年，由于新冠肺炎疫情原因航班明显减少，航班正常率进一步提升到88.5%（图5-2）。虽然民航航班正常率有所改善，但与世界先进水平相比，仍有一定差距。根据航空数据公司OAG发布的《2020年准点率综合报告》，我国大陆大型机场准点率未进入全球前20。2019年，全球机场准点率排名第一的莫斯科谢列梅捷沃机场准点率为86.87%，东京羽田国际机场达86.6%，而我国准点率排名第一的西安咸阳机场准点率仅为81.3%，上海虹桥国际机场、广州白云国际机场、上海浦东国际机场和北京首都国际机场准点率分别仅为78.2%、78.5%、74.6%和70.8%。

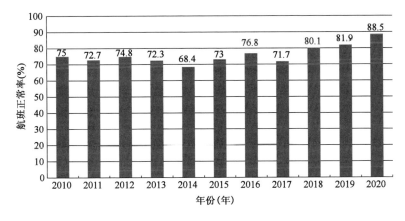

图5-2 我国历年民航航班正常率

4. 城市交通拥堵现象有所好转，但运行效率仍然不高

根据高德地图等单位编制的《2019年度中国主要城市交通分析报告》，近年来城市交通拥挤情况略有缓解。2019年全国50个主要城市平均高峰拥堵延时指数为1.65，同比2017年下降5.8%。大部分区域交通拥堵呈现好转趋势，全国拥堵城市占比为4%，同比下降2%，畅通城市占比39%，同比上升10%，其中华南、西南地区交通拥堵缓解明显。从城市群情况看，大部分城市群高峰延迟指数超过了1.5，其中高峰延迟指数最大的哈长城市群，为1.73，而长三角城市群最为通畅，为1.47。虽然主要城市交通拥堵现象有所

改善,但城市运行车速仍然普遍不高。主要城市高峰时段平均车速为 26 公里/时,其中超大规模城市平均车速仅为 24.9 公里/时。总体上看,全国各城市交通拥堵现象较为普遍,影响了综合交通网整体运行效率。

课题组长:

胡贵麟(组长)、毛亚平(副组长)、肖春阳(副组长)

主要执笔人:

胡贵麟、曾学福、李悦、倪潇、杨伯、毛亚平、肖春阳、陈璟、李鹏林

本章参考文献

[1] 傅志寰,孙永福.交通强国战略研究[M].北京:人民交通出版社股份有限公司,2019.

[2] 陈璟,谢典,等.城市群交通运输一体化发展理论与实践——探索交通运输的复杂地带[M].北京:人民交通出版社股份有限公司,2019.

[3] 《国家综合立体交通网规划纲要学习读本》编写组.国家综合立体交通网规划纲要学习读本[M].北京:人民交通出版社股份有限公司,2021.

[4] 傅志寰,陆化普.城市群交通一体化:理论研究与案例分析[M].北京:人民交通出版社股份有限公司,2016.

[5] 刘士林,刘新静.中国城市群发展报告 2016[M].上海:中国出版社集团东方出版中心,2016.

[6] 中华人民共和国交通运输部.中国道路运输发展报告(2019)[M].北京:人民交通出版社股份有限公司,2020.

[7] 王庆云.交通运输发展理论与实践[M].北京:中国科学技术出版社,2006.

[8] 交通运输部规划研究院.2019 年国家干线公路交通情况分析报告[M].北京:人民交通出版社股份有限公司,2020.

[9] 交通运输部规划研究院."十三五"期沿海港口运行及基础设施建设情况跟

踪分析[R].北京:交通运输部规划研究院,2019.

[10] 交通运输部规划研究院.综合客运枢纽工可指南[R].北京:交通运输部规划研究院,2012.

[11] 交通运输部规划研究院.综合客运枢纽设计指南[R].北京:交通运输部规划研究院,2013.

[12] 中国民用航空局发展计划司.从统计看民航2018[M].北京:中国民航出版社,2018.

[13] 中国民用机场协会,中国民航大学.中国民用机场发展蓝皮书2019[M].北京:中国民航出版社,2019.

[14] 《城市客运枢纽布局规划及功能优化技术指南》编委会.城市客运枢纽布局规划及功能优化技术指南[M].北京:人民交通出版社股份有限公司,2018.

[15] 交通运输部规划研究院课题组.综合客运枢纽规划建设政策论与实践探索[M].北京:人民交通出版社股份有限公司,2017.

[16] 交通运输部规划研究院课题组.货运枢纽(物流园区)可行性研究方法与关键技术[M].北京:人民交通出版社股份有限公司,2017.

[17] 徐攀.加快推进江苏省货运结构调整的对策研究[J].铁道货运,2019,37(5):11-15.

[18] 耿彦斌,崔愿,孙相军,等.我国集疏港铁路发展面临的问题和建议[J].综合运输,2016,38(1):18-23.

[19] 冉林娜,李枫.我国集装箱铁水联运发展现状及问题浅析[J].综合运输,2017,39(7):7-11+16.

[20] 刘小明.抓住用好黄金时期 加快推进多式联运发展[J].中国水运,2017(5):6-8.

[21] 郑波涛,杨萍茹,廖龙涛,等.铁路综合客运枢纽的发展及动因分析[J].综合运输,2019,41(5):41-45+50.

[22] 余柳,郭继孚,刘莹.铁路客运枢纽与城市协调关系及对策[J].城市交通,2018,16(4):26-33.

[23] 赵巍.航空运输在我国综合交通体系中的作用[J].交通企业管理,2014

(9):62-65.

[24] 殷峻,俞济涛,王丽萍.空铁联运接驳方式研究与实践[J].高速铁路技术,2012,3(5):12-16.

[25] 中国物流与采购联合会,中国物流学会.第五次全国物流园区(基地)调查报告[R].北京:中国物流与采购联合会,中国物流学会,2018.

[26] 张晓光,孙相军,崔姝.我国空铁联运发展的对策建议[J].综合运输,2015,37(8):41-45.

[27] 胥苗苗.多式联运开启物流高质量发展新篇章[J].中国船检,2019(3):21-24.

[28] 高雅婷.发展多式联运促进铁路货运转型升级[J].铁路采购与物流,2016,11(9):48-49.

[29] 姚金莹.港口高速公路集疏运通道探讨[J].交通世界,2019(Z1):262-263.

[30] 刘沛.港口干散货陆路集疏运系统可持续发展研究[D].北京:北京交通大学,2017.

[31] 唐热情,李鹏林,郝满炉,等.长三角地区综合客运枢纽发展的经验与启示[J].重庆交通大学学报(社会科学版),2012,12(3):15-18.

[32] 杨露,杨波.宁波舟山港集疏运体系相关问题分析[J].物流工程与管理,2018,40(5):35-36.

[33] 孟昕馨,王修华,邹卫强.环渤海港口铁路运输通道问题及对策研究[J].铁道勘察,2019,45(3):83-88.

[34] 刘铁丰.港口铁路规划影响因素分析及应用[J].铁道运输与经济,2014,36(9):43-48.

[35] 吕鹏,朱治邦.江苏省铁水联运发展对策研究[J].铁道货运,2016,34(8):50-54.

[36] 彭睿.集装箱铁水联运协调衔接问题研究[D].成都:西南交通大学,2015.

[37] 张婧卿.大型集装箱港口近港集疏运道路服务水平提升[J].水运工程,2020(3):26-32.

[38] 孙家庆,李晓媛,韩朝阳.交通强国评价指标体系[J].大连海事大学学报,2019,45(2):36-43.

[39] 毕清华.交通强国下推进我国绿色交通发展研究[J].中国资源综合利用,2018,36(7):100-101+106.

第六章
未来经济社会发展对交通运输的要求

建设交通强国是我国建设现代化经济体系的先行领域,是全面建成社会主义现代化强国的重要支撑。我国已经开启全面建设社会主义现代化国家的新征程,在"十四五"及更长一个时期,我国经济总量、产业结构、人口、城镇化等方面将会发生显著变化,进而对交通运输需求产生重要影响。本章对未来我国经济社会发展趋势进行研判,深入分析产业结构、GDP 增长、国内产业布局、世界经济格局、人口、城镇化与城市群、国内消费、科技革命及产业变革等变化趋势,研究对未来我国交通运输所产生的影响。

一、宏观经济发展对交通运输的要求

从全球趋势看,发达国家通过不断制定制造业回流政策,推动"再工业化"。同时,印度、越南等新兴经济体依托要素成本较低的优势,积极承接国际产业转移。由此,我国面临着"双向夹击"。总体上,未来发展中国家经济总量位次会上升,新兴经济体和发达国家人均 GDP 差距显著缩小,东亚、东南亚和南亚仍然是最具增长活力的地区。国内经济保持较快增长,预计 2050 年前我国 GDP 实际增速将稳定在 2%~3% 的运行区间,高于同期世界平均水平,中美差距进一步缩小;国内区域经济趋于收敛,中西部省(区、市)加快崛起。对交通运输需求影响的预测结果显示,公路与水路货运仍占主导,高价值、时效性强的货运需求增势明显;客运需求升级态势显著,高速铁路、民航客运较快增长;民用汽车拥有量稳步提升,汽车结构逐步趋于"绿色化"。

（一）全球发展趋势研判

1. 发达国家贸易保护常态化，新兴经济体加快劳动密集型产业替代

发达国家从战略上重新审视制造业的地位和作用，从全球价值链两端对我国形成"双向夹击"之势。发达国家先后制定多项制造业回流政策，凭借雄厚制造基础和强大创新能力，在人工智能、机器人、先进材料、生物技术、新能源汽车等先进制造领域取得重大进展。尽管"再工业化"难以改变发达国家"去工业化"规律，但美国等发达国家对内从计划制定、政策配套和人才培育等诸多领域进行强化，对外通过贸易保护、技术封锁等途径遏制我国高技术产业发展。据世界银行预测，我国将在2030年前成为高收入经济体，经济总量世界第一。据普华永道预测，以市场汇率计算，2035年我国GDP将达32.3万亿美元，超过美国的26.1万亿美元。❶ 中美战略博弈趋向常态化和激烈化，未来美国等发达国家会继续以"国家安全"为由，强化对我国高技术产业发展的遏制和封堵。

新兴经济体积极参与全球产业再分工，在国际投资等方面对我国分流和替代更加明显。印度、越南等新兴经济体依托要素成本较低的优势，加快开放步伐，积极承接国际产业转移，加快融入全球价值链分工体系。德勤报告显示，未来20年内，印度潜在劳动力将从8.85亿人升至10.8亿人。❷ 发达国家贸易保护和遏制打压将长期存在，新兴经济体在劳动密集型产业替代效应将日趋明显。

2. 发展中国家经济总量位次上升，发达国家仍占据主导地位

中美两国经济总量靠前。2019年，根据购买力平价（PPP）标准下的各国GDP显示，总体上我国已位列第一，达23.46万亿美元，其次是美国的21.43万亿美元，我国已经超过美国约9.47%，印度购买力平价GDP已达9.61万亿美元。排名第4~10位的国家分别是日本、德国、俄罗斯、印度尼西亚、巴西、英国和法国。中美两国占排名前十个国家总量的55%。

---

❶ 资料来源：http：//frankfurt.mofcom.gov.cn/article/xgjg/201702/20170202516248.shtml.
❷ 资料来源：http：//news.sina.com.cn/o/2017-09-20/doc-ifykynia8360184.shtml.

发展中国家经济总量位次上升，发达国家仍占据重要地位。根据购买力平价 GNI，中美经济总量的差异略有缩小，美国约是我国 82.07%。年均汇率标准下美国经济总量位列第一，且与我国差距较大。中美两国占世界排名前十大经济体的 60.89%，占世界总量的 41.24%。2019 年，汇率法标准下七国集团占世界经济总量的比重为 45.72%。

3. 新兴经济体和发达国家经济发展水平差距显著缩小，各经济体增速呈分化趋势

根据世界银行数据，2019 年，七国集团中的美国人均 GDP 最高，达 6.5 万美元，约是我国 6.4 倍。印度和巴西按照年均汇率计算的人均 GDP 均低于我国。按照世界银行标准，我国有望在未来几年进入高收入国家行列，跨越"中等收入陷阱"。基于购买力平价法的测算结果显示，主要新兴市场国家和发达国家人均 GDP 差距显著缩小，其中美国是我国的约 3.4 倍。七国集团内部人均 GDP 差异也不断缩小，除了美国和德国外，其余均在 4.2 万~4.8 万美元区间内。

从经济增速看，结合普华永道发布的《世界经济展望》，各经济体增长速度呈现分化趋势。中国、巴西、印度、印度尼西亚等新兴经济体预期中长期增速维持在 3%~5% 之间，但七国集团年均增速将低于 2%，其中，美国增速相对较快，欧元区可能维持 1% 的水平，日本可能陷入长期停滞。

（二）我国经济发展趋势分析

1. 国内经济较快增长，中美差距进一步缩小

利用灰色预测 GM（1，1）模型预测 2020—2050 年我国 GDP 增长情况，结果显示，与发达国家在转型期的表现类似，我国 GDP 增速呈现稳步下降趋势，在高增长情景下，2030 年、2035 年、2050 年的 GDP 增长率分别为 4.38%、3.67%、2.51%，分别对应的 GDP 实际值为 187.42 万亿元、227.31 万亿元、352.89 万亿元（表 6-1）。从后验结果看，GM（1，1）参数估计值中的发展系数为 -0.033，残差平方和为 0.128，平均相对误差相对较小，仅为 1.92%，相对精度达到 97.3%，后验差比值为 0.17，可以认为 GM（1，1）的预测精度等级为"好"。结合未来人口变动以及人均 GDP 水平，预测 2050 年我国的 GDP 实际增速将稳定在 2%~3% 的运行区间，高于同期世界平均水

平。此区间范围与国内学者白重恩在2018年预测我国GDP将于2050年增速降至3%以下的结果较为接近,但低于普华永道会计师事务所(PWC)在2017年预测的2050年我国将保持4%左右的GDP增速。

经济增长总体预测　　　　　　　　　　　　　　　　表6-1

年份 (年)	GDP增速		GDP	
	一般增长情景 (%)	高增长情景 (%)	一般增长情景 (亿元)	高增长情景 (亿元)
2021	5.36	6.64	1108163	1163731
2025	4.42	5.55	1333744	1483410
2030	3.62	4.38	1615722	1874278
2035	3.06	3.67	1897699	2273110
2040	2.66	3.18	2179677	2681883
2045	2.34	2.80	2461654	3100600
2050	2.10	2.51	2743631	3528883

我国GDP增速预测值如图6-1所示。

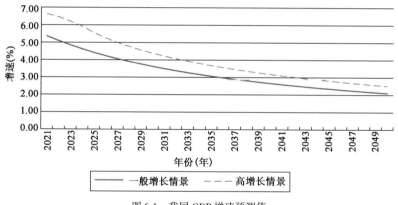

图6-1　我国GDP增速预测值

以美国为参照,比较中美两国GDP总量和人均GDP的变动趋势。在两国均为高增长情景下,2050年我国GDP总量达51.89万亿美元,是美国的1.56倍。预测结果显示,我国将于2028年超过美国成为世界上最大的经济体。

从人均GDP的预测结果(表6-2)看,在一般增长情景、高增长情景下,2050年我国人均GDP将分别是美国的33%、42%,中美之间的差距进一步缩小。

中美人均 GDP 预测结果比较（单位：美元） 表 6-2

年份（年）	中国人均 GDP		美国人均 GDP	
	一般增长情景	高增长情景	一般增长情景	高增长情景
2021	11283.98	11849.82	66148.32	66604.53
2025	13453.45	14963.12	69612.97	70034.88
2030	16226.16	18822.76	73609.52	73996.95
2035	19100.45	22878.98	77304.38	77663.95
2040	22121.03	27217.81	80751.61	81088.08
2045	25327.42	31901.4	83991.06	84308.02
2050	28770.23	37004.53	87053.14	87353.32

2. 区域经济趋于收敛，中西部省份加快崛起

对各省（区、市）进行地区生产总值增速预测的结果见表 6-3。2050 年，中西部地区整体的地区生产总值增速高于东部地区，反映了经济欠发达省（区、市）对经济发达省（区、市）的后发追赶，我国区域间经济发展将趋于平衡，但未来经济发达省（区、市）仍然主要集中在东部地区。

从各省（区、市）生产总值看（表 6-4），在高增长情景下广东省地区生产总值在 2050 年将突破 40 万亿元，江苏紧随其后，为 34.7 万亿元；河南、湖北、四川等中部省（区、市）迅速崛起，将成为支撑我国经济快速发展的新增长点，区域经济发展更趋均衡。

各省（区、市）地区生产总值增速预测值（单位:%） 表 6-3

省（区、市）	地区生产总值增速（一般增长情景）		地区生产总值增速（高增长情景）	
	2035 年	2050 年	2035 年	2050 年
北京	3.30	1.84	4.04	2.52
天津	3.14	1.53	3.75	2.37
河北	2.85	1.93	4.28	2.21
山西	3.15	2.04	3.96	2.21
内蒙古	3.31	1.92	4.37	2.24
辽宁	3.16	2.05	3.99	2.23
吉林	3.15	2.04	4.21	2.36

续上表

省(区、市)	地区生产总值增速（一般增长情景）		地区生产总值增速（高增长情景）	
	2035年	2050年	2035年	2050年
黑龙江	3.02	1.98	4.27	2.41
上海	3.51	2.12	4.63	3.23
江苏	3.44	2.17	4.50	2.48
浙江	3.23	2.08	4.10	2.27
安徽	3.42	2.16	4.35	2.39
福建	3.71	2.28	4.87	2.63
江西	3.32	2.12	4.27	2.35
山东	2.98	1.96	3.87	2.18
河南	3.23	2.07	4.11	2.28
湖北	3.60	2.24	4.98	2.72
湖南	3.20	2.06	4.17	2.32
广东	3.73	2.29	5.06	2.74
广西	3.09	2.01	4.28	2.41
海南	3.30	2.11	4.24	2.35
重庆	3.71	2.44	4.92	2.90
四川	3.39	2.15	4.32	2.37
贵州	3.71	2.28	5.55	2.99
云南	3.50	2.19	4.93	2.71
西藏	4.04	2.42	5.26	2.78
陕西	3.41	2.16	4.46	2.45
甘肃	2.90	1.92	3.53	1.96
青海	3.02	1.98	4.32	2.44
宁夏	3.29	2.10	4.38	2.45
新疆	3.33	2.12	4.56	2.53

各省（区、市）地区生产总值预测值（单位：亿元）　　表6-4

省（区、市）	地区生产总值（一般增长情景）		地区生产总值（高增长情景）	
	2035年	2050年	2035年	2050年
北京	62434.93	89731.57	75551.43	114357.73
天津	45144.47	62427.60	55416.57	79298.15
河北	68000.13	96253.64	75592.11	106474.39
山西	41662.27	60744.08	58672.43	75887.96
内蒙古	62743.16	89214.57	72087.01	110219.15
辽宁	79389.59	115902.05	84950.23	122583.74
吉林	36800.95	47647.98	43325.05	66891.00
黑龙江	40083.03	57732.67	53337.33	79475.34
上海	69069.09	103138.66	87793.64	130466.85
江苏	211286.94	316727.84	228806.36	347088.47
浙江	120211.83	176696.93	141810.31	206594.58
安徽	68507.02	102479.50	79099.20	118036.13
福建	91315.78	140297.99	114232.75	179199.23
江西	48485.00	71868.53	52895.33	78351.38
山东	150542.99	215900.58	176544.79	252011.30
河南	102525.02	150586.75	121590.16	177418.99
湖北	96075.61	146114.97	101563.64	161623.66
湖南	77111.51	113010.98	93541.53	137500.50
广东	248619.40	382667.68	252862.71	404867.27
广西	41534.99	60226.78	45306.79	67553.07
海南	10566.46	15626.30	12801.35	18927.30
重庆	40682.81	62394.57	48869.57	77349.54
四川	91855.81	137014.20	100147.68	148964.59
贵州	37899.63	58240.33	41173.98	69222.73
云南	42041.65	63360.07	44681.23	70850.84
西藏	4353.81	6892.77	4915.70	7975.40
陕西	55705.40	83295.64	63095.15	95318.57

续上表

省（区、市）	地区生产总值（一般增长情景）		地区生产总值（高增长情景）	
	2035年	2050年	2035年	2050年
甘肃	15843.74	22548.23	17368.43	23831.03
青海	5715.46	8230.53	6766.55	10136.64
宁夏	8625.01	12747.94	9102.51	13683.19
新疆	26960.50	39986.35	32144.28	49165.61

3. 交通枢纽经济呈现分化，中西部城市成为有效支撑

根据国务院印发的《"十三五"现代综合交通运输体系发展规划》，国家将105个城市分为5个层级来建设"交通枢纽"。研究选取前3个层级共计43个城市，对其2035年、2050年的生产总值增速和实际生产总值（以2017年为基年）分别进行预测，可以发现，这些城市经济增长呈现分化趋势，一些中西部城市逐渐成为我国经济增长的有效支撑，具体结果见表6-5、表6-6。

部分城市生产总值增速（单位：%）　　　　表6-5

层级	城市	生产总值增速（一般增长情景）		生产总值增速（高增长情景）	
		2035年	2050年	2035年	2050年
"重点打造"的国际性综合交通枢纽（7个）	北京市	3.30	1.84	4.65	2.73
	天津市	3.14	1.53	4.29	2.51
	上海市	3.51	2.12	4.41	2.65
	广州市	2.86	1.58	3.67	2.53
	深圳市	4.85	2.97	6.11	3.70
	成都市	3.46	2.48	4.10	3.59
	重庆市	3.71	2.44	4.92	2.90
"推进建设"的国际性综合交通枢纽（8个）	昆明市	2.62	2.09	3.21	3.28
	乌鲁木齐市	2.55	2.07	3.86	2.38
	哈尔滨市	2.62	2.10	3.63	3.15
	西安市	2.53	2.08	3.70	2.42
	郑州市	3.43	2.35	4.62	3.51
	武汉市	3.50	2.39	4.06	3.55
	大连市	2.08	2.00	3.29	2.48
	厦门市	2.31	2.03	2.82	2.43

续上表

层级	城市	生产总值增速（一般增长情景）		生产总值增速（高增长情景）	
		2035年	2050年	2035年	2050年
"全面提升"的全国性综合交通枢纽（28个）	长春市	2.37	2.04	3.32	2.56
	沈阳市	2.00	2.00	2.98	3.17
	石家庄市	2.67	2.11	3.57	2.72
	青岛市	3.36	2.36	4.11	2.71
	济南市	3.65	2.15	4.45	2.51
	南京市	2.94	1.94	3.81	2.82
	合肥市	3.28	2.06	4.23	2.93
	杭州市	3.90	2.31	5.37	3.45
	宁波市	3.72	2.57	4.90	3.57
	福州市	2.80	1.52	3.58	2.61
	海口市	3.02	1.74	3.90	2.88
	太原市	2.24	1.36	3.52	2.39
	长沙市	3.69	2.52	4.90	3.33
	南昌市	3.92	2.58	5.18	3.68
	南宁市	2.45	2.05	3.49	2.34
	贵阳市	3.93	2.49	4.65	3.20
	兰州市	3.09	2.22	4.02	2.78
	银川市	3.41	2.35	4.28	2.87
	呼和浩特市	3.46	2.40	4.91	3.57
	唐山市	2.48	2.08	3.96	2.74
	秦皇岛市	2.13	2.01	3.03	2.31
	徐州市	3.29	2.29	4.70	2.81
	连云港市	2.80	1.51	3.56	1.81
	大同市	1.04	1.00	2.46	1.57
	湛江市	3.56	2.43	4.88	2.72
	九江市	3.94	2.39	4.88	3.15
	西宁市	2.74	1.82	4.07	2.49
	拉萨市	3.56	2.16	4.50	3.16

部分城市生产总值预测（单位：亿元）　　　　表 6-6

层级	城市	生产总值（一般增长情景）		生产总值（高增长情景）	
		2035 年	2050 年	2035 年	2050 年
"重点打造"的国际性综合交通枢纽（7个）	北京市	62434.93	89731.57	75551.43	114357.73
	天津市	45144.47	62427.60	55416.57	79298.15
	上海市	69069.09	103138.66	87793.64	130466.85
	广州市	49628.42	67353.04	64363.48	86861.80
	深圳市	65604.44	114314.76	82638.06	140319.19
	成都市	30751.49	46857.46	37022.72	57161.10
	重庆市	40682.81	62394.57	48869.57	77349.54
"推进建设"的国际性综合交通枢纽（8个）	昆明市	9953.62	13903.05	12286.96	17131.39
	乌鲁木齐市	5671.77	7877.52	7296.96	9619.24
	哈尔滨市	13390.99	18739.79	16335.50	24271.16
	西安市	13234.40	18402.55	17135.68	23039.83
	郑州市	23136.34	34650.56	29031.64	44298.32
	武汉市	34072.04	51447.48	42603.20	63207.48
	大连市	11634.85	15705.45	14430.67	20325.53
	厦门市	7576.36	10361.06	9201.71	12569.41
"全面提升"的全国性综合交通枢纽（27个）	长春市	12267.73	16839.24	15374.21	21574.99
	沈阳市	8218.74	11061.56	10099.05	14305.55
	石家庄市	13109.10	18416.16	16965.61	23214.89
	青岛市	26639.79	39828.79	33172.13	48479.73
	济南市	17728.60	26646.92	21936.96	32113.44
	南京市	26279.10	36937.02	33025.07	44804.97
	合肥市	17555.25	25448.48	21421.95	31167.36
	杭州市	32349.68	50085.49	40535.33	64812.06
	宁波市	25821.07	47051.10	33476.28	59696.64
	福州市	15968.56	21456.50	20158.47	26929.86
	海口市	3112.47	4335.93	3824.27	5402.51
	太原市	6024.21	7733.59	7549.13	9610.26
	长沙市	27756.84	42731.20	33786.65	52208.71
	南昌市	13708.70	21589.19	17084.24	27748.09

续上表

层级	城市	生产总值（一般增长情景）		生产总值（高增长情景）	
		2035年	2050年	2035年	2050年
"全面提升"的全国性综合交通枢纽（27个）	南宁市	7915.87	10926.99	9658.39	13995.96
	贵阳市	11133.16	17353.31	13973.52	22228.07
	兰州市	6026.79	8744.38	7620.12	10631.97
	银川市	4518.79	6768.93	5550.37	8186.50
	呼和浩特市	8618.42	13016.96	10507.38	16256.73
	唐山市	12396.43	17218.12	15692.77	20842.96
	秦皇岛市	2335.62	3161.71	2812.33	3842.79
	徐州市	16016.09	23669.21	20537.97	29629.85
	连云港市	6188.85	8309.23	7848.85	10157.54
	大同市	1408.98	1638.31	1771.57	2031.45
	湛江市	7197.16	10956.15	8853.50	13744.23
	九江市	6726.82	10441.19	8649.91	13420.41
	西宁市	3215.99	4413.07	4022.24	5362.34
	拉萨市	1300.43	1931.55	1652.56	2481.55

本研究还尝试使用动态多区域 CGE 模型进行预测和稳健性检验，具体是将现有东部、东北部、中部、西部四大区域板块进一步细分。对基准情景的设置包括对经济增长、劳动力增长等关键变量的赋值，在劳动力供应方面，假设劳动力与人口数量同比例变动，数据来自联合国发布的《世界人口展望2017》。通过比较，动态多区域 CGE 模型预测的结果表明 2050 年前我国整体的 GDP 增速介于 2%~3% 之间，与 GM（1,1）预测的结果接近，由此可以认为本章的预测结果比较稳健。

（三）对交通运输需求的影响

一般认为，GDP 增长与客货运需求之间呈现正相关关系。一方面，客货运需求能够通过促进分工、扩大市场范围等途径促进 GDP 增长；另一方面，GDP 增长反过来也会通过提升居民收入水平、增加企业商业活动、推动城市化进程以及促进消费升级等途径带动客货运的发展。这里着重使用前述介绍的灰色预测模型 GM（1,1）对我国 2020—2050 年的交通需求进行预测和分析。

1. 公路与水路货运仍占主导，高价值、时效性强的货运需求增势明显

预测结果显示，2020—2050年我国货运总量由486.68亿吨稳步增至528.55亿吨，增长8.60%。其中，2050年铁路货运量、公路货运量、水路货运量、民用航空货运量分别为37.45亿吨、390.35亿吨、100.66亿吨、936.23万吨，较2020年分别增长0.90%、3.38%、40.02%、26.26%。

公路与水路货运仍占主导，水路货运与民用航空货运将呈现较快发展态势。从货物周转量看，水路货物周转量与公路货物周转量仍然在货物周转量中占据绝对优势，而高价值、时效性强的货运需求增势明显，民用航空货物周转量与铁路货物周转量增长最为显著，2050年分别为617.85亿吨公里、3.37亿吨公里，分别增长138.66%、21.6%。

2. 客运需求升级态势明显，高铁、民航客运较快增长

旅客出行需求不断增长，并趋向于高品质、多样化、个性化。旅客周转量呈上升态势，2020—2050年由3.49万亿人公里升至5.68万亿人公里，增长63%。随着我国基础设施的日臻完善，旅客周转量结构持续优化，高速铁路将成为中短途跨省出行的必备工具，铁路旅客周转量将保持稳健增长趋势，增长68%，民航客运占比也较快提升。

3. 民用汽车拥有量稳步提升，汽车结构逐步趋于"绿色化"

从汽车保有量看，民用汽车（分为民用载客汽车和民用载货汽车）拥有量稳步增长，2020—2050年间增长75.55%，但受经济增速放缓的影响，民用汽车拥有量增速逐渐变得平缓。其中，民用载客汽车是民用汽车用量增长的主要推动者，2050年其占民用汽车拥有量的比重达93.75%，民用载货汽车占6.25%。而在民用载客汽车中，民用小型载客汽车拥有量增长较快，增长75.72%；民用大型载客汽车呈小幅增长，为6.65%。需要指出的是，2050年民用汽车结构有望全面实现"绿色化"。此外，民用汽车保有量的增长态势还会受到自动驾驶技术成熟度的显著影响。

二、产业结构调整对交通运输的要求

当前，全球产业格局正在发生重大调整，全球产业链渐趋网络化、平台

化和扁平化，区域价值链整合优化成为全球产业分工新趋势，新一轮科技革命和产业变革为发展中国家产业发展提供新契机。未来，产业融合将成为我国产业高质量发展的主要方向，三次产业演化呈现"三大转变"特征。产业结构的深刻调整对交通运输需求的规模、种类、结构等方面提出新的要求。

（一）全球产业分工趋势研判

1. 全球产业分工的总体格局仍将呈现南北差异

发达国家和发展中国家在全球产业链分工地位仍将保持基本稳定。未来一段时间，发达国家仍将总体占据产业发展前沿，由于新一轮科技革命与产业变革是渐进式、融合式的，发达国家仍将在多个产业链领域保持上游领先地位。发展中国家呈现分化和稳定特征，多数国家仍将处于生产制造或资源供给环节，少数国家通过产业升级可能转入上游环节竞争。根据世界知识产权组织（WIPO）数据显示，2019年，中国、美国、日本、德国和韩国PCT专利申请量分列前五，排名前十的国家中仅有中国是发展中国家。以美国为主的全球创新链，以德国、日本为主的高端制造产业链，以中国、东南亚等国为主的中低端制造业产业链仍将是最近15年乃至30年的总体分工结构。

数字化和智能化融合式发展方向将呈现南北差异。发达国家在信息产业、通信基础设施方面的沉没成本和技术积累仍将发挥重要作用，基于新一代信息技术的产业创新将相对滞后。中国、印度等新兴市场国家基于较低的沉没成本和较高的潜在收益，将进一步在新一代信息技术和智能制造等方面实施"蛙跳式"赶超。总体上，发达国家在数字化和智能化技术创新发展方向上将保持一定优势，发展中国家在产业创新、模式创新等创新链下游具有显著优势，发达与发展中国家的"数字鸿沟"问题仍旧突出。

2. 全球产业链呈现网络化、平台化和扁平化

个性化定制、网络化协同、云制造等新型制造模式加速应用使全球产业链分工更趋网络化。数字技术在装备、管理、交易等环节应用不断深化，制造业和生产性服务业的跨界融合生产模式将成为产业发展主流模式，"互联网＋"将发挥前所未有的巨大融合性推动力，"生产性服务业＋制造业"、服务型制造等新型业态出现使得全球价值链分工环节更趋网络化，各环节的前后向关联更为紧密。

产业链竞争转向以科技平台融合创新发展模式，全球价值链的组织形态呈现更加平台化。科技型平台企业将成为产业链发展新特征，以龙头企业为主、中小企业"隐性冠军"为辅的"中心-外围"模式将更为分散化，协同创新、共同发展的新模式将成为主流。根据 WIPO 数据显示，2019 年华为 PCT 专利申请量高达 4411 件，前十名企业共计占比超过 8.29%，这说明产业链创新链上游集中于少数龙头企业。产业集中度提升将推动单个企业竞争向科技平台融合创新竞争转型，龙头企业与中小企业协同创新、共同发展的新模式将成为主流。

新一轮科技革命和产业变革催生全球产业链扁平化。传统经济范式下，集中生产成为生产组织的主流形态。信息技术的广泛运用，使得产业组织中的各环节可被多次细分，小型化、网络化、社会化成为新趋势。数字技术和智能制造赋能中游生产制造环节，降低生产成本、提升产品差异化水平，将显著强化生产制造环节资本技术密集度和获益能力。下游环节中市场营销、售后服务等面临新的业态和模式的重塑，大数据技术将赋能下游环节实现业务流程优化与精准化匹配，推动密集化、大众式下游环节模式转向精准型、差异型。

3. 区域价值链整合优化成为全球产业分工新趋势

全球产业链日益"东渐"。近年来，以东亚、东南亚和南亚为代表的新兴经济体参与全球价值链的强度和深度显著增加，多数国家制造业占比超过两成，这些经济体的贸易结构总体上呈现出劳动密集型向资本和技术密集型产品转型的趋势。根据联合国货物贸易统计数据（UNComtrade）显示，2019年，中国、日本、韩国出口额和进口总额分别占全球的 20.52% 和 17.85%，中日韩在 RCEP 框架下将形成更具互补性、更大市场容量和更高技术水平的区域价值链分工体系。全球价值链由美国主导的发达国家为核心的单一模式逐渐转变为中美"双环流"的双核模式。

发达国家内部区域价值链将向动态多极化演进。美国为核心的北美和德国等为核心的欧洲产业链分工将动态调整，《美加墨协定》（USMCA）、欧盟与日本自由贸易协定（EPA）生效，发达国家产业链分工体系将转向多中心多维度方向发展，美欧日三边和双边竞争合作关系将更趋显性化。一方面，各主要发达经济体将会提升区域产业链相对比重；另一方面，美欧日三边和双边竞争合作关系更趋显性化，均致力于占据新一轮科技革命和产业变革的前沿领域。

"一带一路"沿线将成为区域价值链整合重点方向。"一带一路"沿线包括了世界主要发展中国家和全球最具潜力的新产业需求市场，涵盖东亚价值链、欧洲价值链等原始创新与高端制造策源地，东南亚、南亚等劳动和技术密集型制造提供者，中亚、西亚和北非等资源供给者。在贸易政策不确定性和新冠肺炎疫情冲击显著增强的背景下，"一带一路"倡议将会吸引货物贸易、服务贸易和数字贸易向"一带一路"沿线国家转移，推动人员、资本等要素双向流动，这一开放、包容、共享的区域价值链将成为全球最大的集高端创新链、高端制造环节、中低端制造环节和资源供给环节为一体的生产创新网络。

（二）我国产业结构调整趋势分析

新中国成立70多年来，我国产业发展在规模、效益、质量等方面取得了举世瞩目的成就。在这一过程中，我国产业结构调整经历了三个阶段：一是1949—1977年间从农业主导向工业主导转变，产业结构由"一三二"格局变为"二一三"格局；二是1978—2012年间稳步推进工业化形成完整现代工业体系，产业结构由"二一三"格局变为"二三一"格局；三是2013年至今在产业融合过程中提升服务业发展活力，产业结构呈现"三二一"格局。1952—2021年我国三次产业结构变化情况如图6-2所示。

未来，产业融合将成为我国产业高质量发展的主要方向，但"农业基础、制造支撑、服务引领"格局并不会发生变化，三次产业的未来调整趋势体现在以下方面。

1. 从粗放农业向生态农业转变

长期以来，在高投入、高消耗的粗放发展模式的作用下，我国农业发展面临日益严重的生态环境问题，包括水污染、土壤污染等现象频繁出现。不仅如此，人多、地少、需求大的基本国情也决定了我国农业发展必须要尽快走平衡资源环境与经济发展的转型之路。因此，未来要大力发展以规模化经营、机械化生产、信息化改造为基础，以资源节约、能源低耗、环境友好等表征的生态农业。

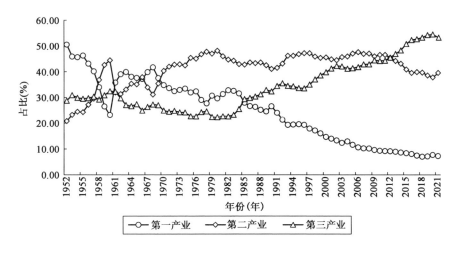

图6-2 1952—2021年我国三次产业结构变化情况

数据来源：国家统计局。

2. 从中低端向先进制造业转变

与发达国家相比，我国制造业虽然门类齐全、规模庞大，但自主创新能力不高、产品附加值较低、资源消耗较多等问题突出。因此，未来要加快人工智能、云计算、物联网、大数据等新技术在产品研发、生产、质量、服务、维护等各环节中的应用，培育智能制造、网络化协同、个性化定制、绿色制造等新业态，推动发展在全球范围内具备创新引领能力和明显竞争优势的先进制造业。

3. 从传统服务向现代服务转变

尽管我国第三产业已经成为经济增长的新引擎，但支撑体系不完善、内部结构不合理、整体发展较滞后等问题也很突出。因此，未来要引导服务业加大创新力度，增强个性化、多样化、柔性化服务能力，提升数字化、智能化发展水平，推动以智慧物流、服务外包、医养结合、远程医疗、远程教育等为代表的新业态和以平台经济、共享经济、体验经济等新模式的跨越式发展。

（三）对交通运输的影响

产业结构调整与交通运输需求有着密切关系。前者会促进要素资源的重新集聚与扩散，进而产生关联效应、结构效应、升级效应和创新效应，最终使后者在数量和质量上发生显著变化。

1. 生态农业提高交通运输需求

随着消费者收入水平增加、生活质量提升，对农产品的需求结构也会发生变化，农业转型升级影响交通运输需求。例如，未来消费者更加追求肉禽类产品、生鲜类产品、水产品等的保鲜及时性，要求大力发展冷链运输，为此类产品的便捷保鲜储运提供支撑。同时，会相应增加对航空运输的需求。

2. 先进制造业促进交通运输需求多元化

未来先进制造业发展趋势突出表现为：首先，生产方式趋向智能化、网络化，如未来制造业企业会逐渐加强生产过程中的智能化改造力度，减少人参与产品简单加工制造过程的众多环节，并探索与之相匹配的管理体制；其次，企业组织走向扁平化、虚拟化，如在5G、3D打印、大数据、物联网、区块链、人工智能等技术的影响下，未来企业组织结构会朝着分布式的小型化方向发展；最后，产品模式转向定制化、服务化，如未来消费者的个性化需求将得到前所未有的重视，企业将会在创意、设计、生产制造、流通和消费的全流程进行改革和重造。正是基于这些变化趋势，未来先进制造业对于单一道路货运或铁路运输的需求会有所下降，但对两种及其以上交通工具相互衔接、转运而共同完成运输过程的多式联运的需求将会增加。同时，随着先进制造业与现代服务业不断融合创新发展、产品集成度与附加值不断提升、居家办公与线上零售等新业态不断涌现，会在流向、距离、时间、效率等维度上增强交通运输需求的多元化。

3. 现代服务业改变交通运输需求结构

随着科技进步，社会分工程度不断加深，产业边界逐渐模糊，价值链内部的设计、研发、测试、物流、销售等非制造环节将会加速被分离出来，形成现代服务业的重要组成部分，即专业化的外包服务。由于不同服务模式对交通运输的需求弹性存在差异，因此，会改变交通运输的需求结构。例如，未来互联网和相关服务、科技推广和应用服务等部门的爆发式增长会大幅提升对道路运输、航空客运的需求;电商物流的快速发展会增加对航空运输及多式联运的需求;由于高速铁路网络的完善与快捷,更多人流、物流会选择铁路运输。

三、人口发展趋势对交通运输的影响

伴随人口数量增长放缓,总量达峰和老龄化社会的到来,人口发展对交通运输的需求重点将转移到提升出行质量与效率上,未来我国人口的迁移方向将沿着"两横三纵"城市群聚集流动,城际流动显著增加,这一趋势将导致城市间通勤需求增加,这种影响将会从主城区、城市核心区向郊区、城市外围扩散。

(一)我国人口发展现状

在过去一个时期里,我国经济社会发展经历了人口的快速增长阶段。人口的快速增长给我国经济发展带来了巨大红利,劳动力的无限供给曾是我国经济高速发展的重要条件,是我国经济比较优势的重要基础。2000年之后,劳动力供给发生重大变化,老龄人口增多,人口转为负增长,劳动力市场供求关系发生了结构性转变。新中国成立以来我国人口数量与增长情况如图6-3所示。

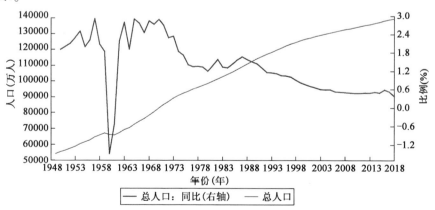

图6-3 新中国成立以来我国人口数量与增长情况

一是多方预测人口总量在2030年前达到峰值。根据联合国"中方案"预测（图6-4、图6-5）❶，我国人口总量将在2029年达到峰值，约为14.42亿，并从2030年开始进入持续的负增长，到2050年人口总量减少到13.64亿，2065年减少到12.48亿，即缩约减到1996年我国的人口规模。

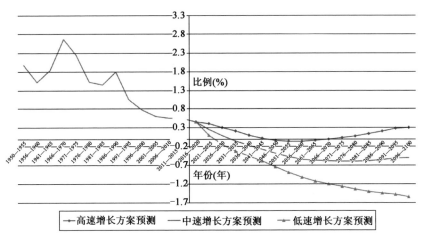

图6-4 联合国对我国人口增长率的预测

二是伴随我国进入人口老龄化时代，劳动适龄人口减少情况将加重。根据联合国的预测，2040年到2045年我国人口出生时的平均预期寿命大约是80岁，基于此预计，到2041年，我国80岁及以上老年人口数量占总人口数量的比例将会达到5.15%。根据中国社会科学院人口与劳动经济研究所发布的人口与劳动绿皮书《中国人口与劳动问题报告No.19——中国人口与劳动经济40年：回顾与展望》，将我国的老龄化分为三个阶段：前期阶段从1970年开始，到2010年结束，老龄化水平，即老龄人口占总人口的比重从3.76%提升到8.40%，平均每年提高0.12%；中期阶段从2011年开始，到2040年左右结束，老龄人口比重在2040年将达到23.84%，平均每年提高0.51%。2040年之后，会进入高龄化阶段，这一阶段的老龄化是由人们预期寿命增长主导的。

---

❶ 上述"中方案"的总和生育率设定为2015—2020年1.63，2020—2025年1.66，2025—2030年1.69，2030—2035年1.71，2035—2040年1.72，2040—2045年1.74，2045—2050年1.75，2050—2055年1.76，2055—2060年1.77，2060—2065年1.77。

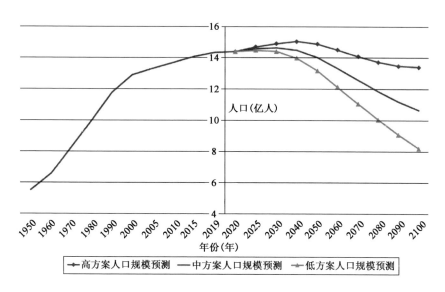

图 6-5 联合国对我国人口规模的预测

注：1. 预测方法说明：联合国标准人口预测方法，即采用年龄和性别的人口数、生育率、死亡率等方面的因变量时间序列数据，对变量采取高、中、低三种情景设定，从而得到三种不同情景人口规模的预测方法。

2. 增长率为每五年间隔复合增长率。

2011—2018 年我国老龄人口比例见表 6-7。

2011—2018 年我国老龄人口比例　　　　　　　　　　表 6-7

年份（年）	60 岁及以上占总人口比例（%）	65 岁及以上占总人口比例（%）
2011	13.70	9.10
2012	14.30	9.40
2013	14.90	9.70
2014	15.50	10.10
2015	16.10	10.50
2016	16.70	10.80
2017	17.30	11.40
2018	17.90	11.90

三是我国流动人口规模在经历长期的高速增长后步入调整期。改革开放以来，我国流动人口的规模经历了从快速增长到基本稳定的转变，改革开放

初期，伴随着乡镇企业的快速发展和农业制度的变革，大批剩余劳动力从农村流向中小城市和镇中心，在此期间，我国流动人口的年均增长率约为7%。

（二）人口发展趋势分析

我国人口未来将持续向一、二线大城市大都市圈及部分区域中心城市集聚。根据恒大研究院2019年研究报告显示，1978—2010年从中、西部迁往东部地区的人口以青壮年劳动力为主，2010年以来，伴随西部大开发、中部崛起战略实施，推动产业向中、西部转移，导致部分劳动力回流中、西部，东部地区为吸引劳动力流入和高层次人才，主动推进大学毕业生、技能人才等外来人口本地化，户籍人口和小学生增速明显加快；一、二线城市常住人口持续大幅流入，三线稍有流入，四线基本平衡，五、六线持续净流出，值得注意的是东北地区人口在持续加速流出。

人口流动方面，"人随产业走，人往高处走"是人口流动的基本逻辑。当前我国多数大都市圈的核心城市虹吸效应仍然明显，但随着城市发展成熟，核心城市的外部效应将逐渐转为外溢效应主导，资金、技术、产业、人口将向周边溢出，推动大都市圈内部的中、小城市发展。随着高速铁路、城际轨道交通网络日益完善，必将加速资源、人口等各种要素向中心城市集聚的步伐，城市轨道交通、市域内铁路、轻轨则在很大程度上改变之前大都市内部的人口分布，引导人口分布到近郊区、新城区，从而形成"高铁引人入都市，地铁带人去郊区"的通勤模式。

（三）人口发展对交通运输的影响

2030年前后，我国人口总量规模趋于平稳，人口发展对交通运输的需求重点将转移到提升出行质量与效率上。具体表现在以下四个方面：

一是城市轨道交通建设将加速推进，提升城市人口通勤品质。城市轨道交通日益成为建设绿色城市的有效途径，成为治理城市拥堵"大城市病"、改善公众出行条件的有效途径。未来，我国城市轨道交通将进一步加速发展，提升城市公共交通供给质量和效率，缓解城市交通拥堵，引导优化城市空间结构布局，从而在改善城市环境、促进经济社会发展等方面发挥重要作用。

二是加速推进城际铁路建设，保障城市间通勤。加快建设与新型城镇化发展相适应、服务城市群间及内部旅客运输的城际铁路，重点建设京津冀、长三角、珠三角等地区城际铁路，为构建轨道上的城市群打好基础。

三是高速公路建设将逐步放缓，质量提升将成为发展重点。未来的交通需求也将由"数量增长"转向"质量提高"，随着人口总量规模达到峰值和老龄化社会的到来，我国客运量规模的增速也将逐渐放缓；未来的公路建设重点是打通城市内部和邻近城市的连通公路，对公路建设质量也将提出更高要求，从最初的"通畅""安全"演变为"更高效""更舒适"与"更便捷"；未来公路建设将更加注重充分发挥公路交通的基础性作用，完善与机场、火车站、港区等的衔接，完善公路与多种运输方式的便捷衔接，强化综合运输通道资源统筹利用。

四是我国人口老龄化趋势对交通发展的要求。未来我国人口老龄化趋势对交通发展的要求主要表现在以下六个方面：①需要打造老年人的安全步行环境，对于新区建设或者需要更新的市政设施，建设要遵循人性化的原则，注重人行道、道路交叉口的安全设计；②需要尽快建立适合老年人出行的公共交通硬软件系统，建立公交车、公交站台及相关公交设施的无障碍标准，地铁、快速公交系统（Bus Rapid Transit，BRT）配备完善的无障碍设施；③重视公共交通的信息化建设，建设以信息技术为基础的智能公共交通系统，提高公交运营的管理和调度水平，改善公交出行的可靠性、速度和安全性；④需要加快铁路系统、民航系统、水上客运系统和公路长途客运系统适合老龄化的建设，建立具有高度出行安全、自由、舒适和独立性的长途运输适合老龄化的设施系统与运行环境；⑤完善道路设计标准，增加标线清晰度和亮度，改善照明，完善老龄驾驶者速度与车道控制准则，建立适合老龄驾驶者的道路交通环境，开发老龄驾驶者的行车辅助支持系统；⑥需要建立老年友好理念的交通管理服务制度，增加现行道路交通规划标准和规范中对于适合老龄化的道路系统改造的控制和要求，相关管理部门形成保障老年人出行权益的管理意识，在交通管理中明确老年人出行权利内容，在交通系统数字化智能化转型的同时确保老年人出行权利的实现。

四、城镇化与城市群发展对交通运输的影响

我国仍处在城镇化快速发展的战略机遇期，随着骨干城市群发展重点和战略定位逐步清晰，京津冀、长三角、粤港澳、成渝等城市群聚集能力的增强，对城市群内部高速公路网、高速铁路和城际铁路等基础设施的需求有较大增长。未来城市内部和城际交通建设应以核心大都市圈为中心，以实现区域一体化发展与提高区域整体发展质量为目标进行统筹布局建设。

（一）我国城镇化与城市群发展现状

城镇化是在城市居住的居民数量不断增长的一个过程，是农业人口转向非农业人口并集中于城市的一个过程。伴随着经济持续快速发展以及城镇化持续推进，2019年我国城镇化率已经突破60%，从全球范围来看，处于相对较高水平，我国城镇化已逐步进入中后期发展阶段。从历史经验看，在该阶段，城镇化率提升速度放缓、不同区域以及区域内部发展不协调不同步等问题日趋明显，成为我国城镇化新阶段的重要课题。"十四五"期间坚持共享发展、促进协调发展、加强重点区域整体统筹合作，促进我国的城镇化高质量发展。基于此，我国城镇化与城市群发展呈现以下特点：

一是我国仍处在城镇化快速发展的战略机遇期。改革开放以来，我国城镇化快速发展，城镇化率从1978年的17.9%提高到2019年的60.6%；城镇常住人口由1978年的1.72亿人提高到2019年的8.48亿人。在过去40年间，我国城镇化率提高了40多个百分点，年均提高1个百分点左右。按照国际经验，城镇化率在30%~70%之间是城镇化快速发展时期，我国仍处在城镇化快速发展的战略机遇期。纵观我国城镇化发展，主要表现出三方面的特征，即：城镇化与工业化发展差距缩小；城镇体系日益完善，布局日趋合理；人口流动的促进作用增强。

二是我国城市群格局逐渐形成。中共中央、国务院于2018年印发的《关于建立更加有效的区域协调发展新机制的意见》明确指出，以京津冀城市群、长三角城市群、粤港澳大湾区、成渝城市群、长江中游城市群、中原城市群、关中平原城市群等城市群推动国家重大区域战略融合发展，建立以中心城市引领城市群发展、城市群带动区域发展新模式，推动区域板块之间融合互动

发展。

截至2019年底，重点城市群集聚了我国75%的人口，直接承载着创造我国88%的GDP。根据恒大研究院《中国城市发展潜力排名：2019》报告，发展潜力排名百强的城市中有96个位于19大城市群。19个城市群土地面积合计约240万平方公里，占全国的四分之一。2019年，19个城市群城镇化率达到61.7%，即城镇人口6.5亿，占全国城镇人口的78.3%；地区生产总值合计79.3万亿元，占全国的88.1%，详见表6-8。

2019年全国19个城市群人口、经济基本情况 表6-8

城市群	常住人口（万人）	人口占比（%）	城镇化率（%）	地区生产总值（万亿元）	地区生产总值占比（%）	人均地区生产总值（元）
长三角城市群	15401	11.00	68.60	17.7	19.70	115997
珠三角城市群	6301	4.50	85.30	8.1	9.00	128625
京津冀城市群	11270	8.10	65.40	8.4	9.30	74373
长江中游城市群	12677	9.10	60.90	8.3	9.20	65630
成渝城市群	10015	7.20	53.80	5.8	6.40	57426
中原城市群	6905	4.90	49.70	3.8	4.20	54946
山东半岛城市群	10047	7.20	56.70	7.9	8.80	78508
海峡西岸城市群	5951	4.30	64.90	4.2	4.70	70735
哈长城市群	4625	3.30	58.80	2.7	3.00	59072
辽中南城市群	3054	2.20	58.60	2.2	2.40	72082
北部湾城市群	4211	3.00	50.40	2.1	2.30	50532
关中平原城市群	4038	2.90	58.50	1.8	2.00	44577

续上表

城　市　群	常住人口（万人）	人口占比（%）	城镇化率（%）	地区生产总值（万亿元）	地区生产总值占比（%）	人均地区生产总值（元）
呼包鄂榆城市群	1151	0.80	69.90	1.5	1.70	130321
山西中部城市群	1627	1.20	60.40	0.9	1.00	52243
黔中城市群	2702	1.90	51.70	1.2	1.30	44412
滇中城市群	2270	1.60	47.90	1.1	1.20	48458
兰州—西宁城市群	1526	1.10	59.30	0.6	0.70	38008
宁夏沿黄城市群	564	0.40	61.40	0.4	0.40	62057
天山北坡城市群	692	0.50	50.60	0.6	0.70	82370
合计	105027	75.30	61.70	79.3	88.10	75504

骨干城市群发展重点和战略定位逐步清晰。2015—2019年，国家陆续发布了11个城市群的具体规划，对涉及范围、战略定位、发展目标在中期层面作出了进一步的明确。2019年，国家发展改革委发布的《2019年新型城镇化建设重点任务》则根据最新的发展情况对城市群建设格局进一步进行了优化调整和功能聚焦，包括珠三角城市群扩展成粤港澳整体规划开发、长三角一体化上升为国家战略等，国家级城市群及其阶段表述主要为：京津冀协同发展、长江三角洲区域一体化发展、粤港澳大湾区建设，另外成渝城市群、哈长城市群、长江中游城市群、中原城市群、北部湾城市群、关中平原城市群、呼包鄂榆城市群、兰州—西宁城市群将成为今后我国经济格局版图和基础设施投资的重要节点区域，未来重点城市群内部，城市群间的公路、城际轨道、高速铁路、航空等交通基础设施建设将持续推进，综合立体交通体系建设将在这些地区率先实施落地。

2015—2019年国务院已批复的11个城市群规划见表6-9。

2015—2019 年国务院已批复的 11 个城市群规划	表 6-9
文 件 名 称	批 复 时 间
长江中游城市群发展规划	2015 年
京津冀协同发展规划纲要	2015 年
哈长城市群发展规划	2016 年
中原城市群发展规划	2016 年
成渝城市群发展规划	2016 年
长江三角洲城市群发展规划	2016 年
北部湾城市群发展规划	2017 年
关中平原城市群发展规划	2018 年
呼包鄂榆城市群发展规划	2018 年
兰州—西宁城市群发展规划	2018 年
粤港澳大湾区发展规划	2018 年

这些骨干城市群将是我国经济发展最为重要的承载区域。但是，由于我国发展方式转型和国际贸易格局变化，我国经济增速不会再呈现过去爆发式增长，人口总量增速将长期走低，老龄化趋势日益明显，在城市群之外部分区域的中小型城市将无法避免成为"收缩型"城市的命运，尤其是一些资源型城市。

（二）城镇化与城市群发展趋势分析

未来，我国城镇化进程将进入渐进式、集约型、多样化、智慧化、可持续发展阶段，由追求数量向追求质量转变、由粗放发展向集约发展转变、由城乡分割向融合共享转变、由不可持续向可持续发展转变，实现更高质量的健康城镇化目标。未来我国城镇化发展的基本方向主要体现为：走渐进式城镇化之路，走集约型城镇化之路，走多样化城镇化之路，走可持续城镇化之路，走智慧型城镇化之路。

城市群将是我国未来战略的支撑点和增长极，是国家参与全球竞争和世界经济重心转移、承接的重要承载体。首先，我国城市群总体发育具有阶段性且程度低，城市群的形成发展是一个漫长的过程，具有阶段性，不能孤立地来发展城市群，要联系到外围地区；其次，我国城市群发展将呈现多元化、网络化和系统性特点，未来通过竞争与合作，逐渐打破群内分割，实现城市群经济一体化发展，并且主动融入世界城市经济体系；再次，城市群外向型经济发展具有明显的分化性，产业链将以重点城市群为依托形成分工协作，突出城市群的核心竞争力，从而适应参与新的国际劳动地域分工。

（三）城镇化与城市群发展对交通运输的需求

综合来看，我国城镇化与城市群发展对交通运输的需求主要有以下三方面特征：一是未来城市群内部交通需求呈现高密度与高增长性特征。二是未来中心城市之间的运输需求增长迅猛，较高强度的城际运输走廊将加速形成。三是伴随城市群发展的交通需求时空分布不均衡会长期持续。伴随我国城镇化与城市群发展，未来城市内部和城市间综合交通系统建设应以核心大都市圈为中心，以实现区域一体化发展与提高区域整体发展质量为目标进行统筹布局建设。基于此，我国城镇化与城市群发展对交通运输发展的要求主要表现在以下四个方面：

一是为支撑京津冀、长三角、粤港澳、成渝等相对成熟的城市群经济圈梯度辐射与其核心城市能级提升，未来这些城市群内的路网、高速铁路、航空等基础设施建设仍将有非常大的投资增量；中部地区的城市群应加大高速铁路建设力度；北部湾、哈长、呼包鄂榆等城市群在交通基础设施方面欠缺较为明显，面临加强基础设施建设的迫切需求。

二是核心大都市圈构筑以人为本、公交优先的同城交通系统，从而提高核心大都市圈的辐射与吸引能力，形成城市轨道交通、都市区轨道交通、城际铁路等一系列多层次轨道交通系统。

三是在主要城际走廊建设上，以打造层次分明、适应不同需求的城际复合交通走廊为主。对于以核心大都市为中心向外辐射的城市群主要走廊，需要平行或立体布设以高速铁路、城际铁路、高速公路等为主的复合走廊；对于长三角、京津冀、粤港澳大湾区等世界级城市群，城市群外围与中心城市之间需要布设高效便捷的城际铁路实现快速连接，同时综合立体交通枢纽也需要着力提升便捷化水平。

四是建设换乘便利、功能齐全的综合交通枢纽。在城市群主要城市应重点加强其在区域交通体系中的枢纽作用，将主要航空枢纽、航运中心、铁路枢纽打造成与城市群发展需求相适应的综合交通枢纽；完善提升京津冀、长三角、粤港澳大湾区、成渝城市群大型国际航空枢纽的门户或中转枢纽核心机场的建设质量与服务水平；对于东部沿海城市群的核心城市，要重点发展面向全球运输的国际航运中心；对于中西部的沿长江城市群，依托长江黄金水道，建设区域性长江航运中心，加强区域核心港口和骨干航道的建设，发展城市群物流园区，提升中西部地区城市群物流运输便捷化水平。

五、未来消费需求变化对交通运输的影响

从长期来看，高速铁路和公路出行是我国消费者主要的出行方式，在"八纵八横"高速铁路路网的基础上，需要增加城市群内部的城际铁路网络连接，辅以智能化、高效率、绿色化的公路网；航空除了满足国内居民出行需要外，也是国外商品、货物的重要运输方式，应结合不同地区的实际情况，提高机场覆盖程度和通达程度；港口和码头则主要以智能化升级、改扩建、扩容为主，便于货物运输和居民休闲需要。

（一）居民收入增长对交通运输需求的影响

随着我国人均收入水平的提升，我国居民出行需求更加多元，居民支出中花费在交通的部分也逐步上升。2012年我国城镇居民人均交通通信支出2139元，占人均消费支出比重约为12.50%；2019年我国城镇居民人均交通通信支出增长至3473元，占比约为13.08%；虽然2020年受新冠肺炎疫情的影响，我国城镇居民人均交通通信支出略有下降，为3474元，占人均支出比重为12.86%，但仍然高于2012年。

在交通工具方面，选择高速铁路、飞机出行的旅客也越来越多，2018年，铁路运输、民航运输旅客周转量均超过公路运输旅客周转量，分别达到14146.58亿人公里、10712.32亿人公里，占当年旅客周转量的41.34%、31.31%。特别是选择飞机出行的旅客数量大幅度增加。截至2020年，全国的航空人口达到3.8亿人，"十三五"期间新增的航空人口达到2.1亿人[1]。在强劲的消费需求的带动下，近年来我国的高速铁路动车组数目、运输飞机期末在册数也保持稳定增长的态势，不断扩大运输服务覆盖的范围，越来越多的居民享受到更为快捷的出行服务。

除了居民出行需求带动出行工具的发展外，居民收入提升也扩大了对海

---

[1] 数据来自 https://www.sohu.com/a/485322750_161795.

内外商品、能源的需求，进而扩大对货物运输的需要。2016年我国铁路、公路、水路的货运量分别为33.32亿吨、334.13亿吨、63.82亿吨；2019年三种运输方式的货运量增长至43.89亿吨、343.55亿吨、74.72亿吨，其中铁路运输和水路运输的增长幅度分别达到了31.72%和17.08%；其中铁路和水路运输的年货物周转量也保持较为平稳的上升态势，不断满足我国居民生活、生产需要。

（二）我国消费变化趋势分析

随着我国居民收入水平不断上升、人口结构老龄化凸显，我国消费者的消费需求也将更为趋向于个性化、定制化的小众消费品，同时对智能化、绿色化的基础设施需求增加，消费理念更加智能、环保。

1. 我国消费者收入变化趋势分析

一是宏观层面：我国由中等收入国家逐步变为高收入国家。收入是消费的基础和前提，也是影响消费最为重要的因素。按照世界银行的统计，2019年按照现价美元统计的我国人均国民总收入（Gross National Income，GNI）已达10237美元，我国已步入中高等收入国家行列。未来30年，我国人均收入大概率将稳步提升，并顺利迈入高收入国家行列，这也会直接改变我国居民的消费规模、消费结构，进而影响我国消费者对交通运输服务的消费规模和结构。

二是消费者构成变化：中产收入阶层占比持续上升。随着国家经济实力的提升，我国的中产收入阶层的人数和占比也在不断上升。按照麦肯锡咨询公司的预测，2022年我国中产收入阶层的数量将达到6.3亿，占城镇家庭的76%和总人口比例的45%。与发达国家相比，我国工业化和城镇化的进程尚未完成，中产收入阶层的规模和其人口占比的上升可以预见是一种长期趋势，从而引致我国消费结构升级。

三是收入变化带动消费结构变化：消费者对交通运输服务的需求不断升级。不同收入水平的消费者对交通运输服务的需求并不一致，对低收入水平消费者来说，在确保安全的前提下，交通工具的价格是其首要考虑的问题；但是对高收入消费者而言，交通工具的安全性、时效性和舒适度都是需要考虑的方面。随着我国消费者整体收入水平的提高、我国城镇化进程的不断深化，加之我国消除绝对贫困的努力，未来我国不同收入阶层的消费者在交通出行方面的花费会上升，进而带动对交通基础设施整体需求的提升。

四是老龄人口占比变化及其带来的消费能力变化：2020年第七次全国人口普查的数据显示，与10年前相比，15~59岁年龄段的人口占总人口的比例下降了6.79%，而60岁以上人口所占比例上升了5.44%，占总人口比重达到了18.7%。截至2020年底，我国60岁以上老年人口达2.64亿，老龄化程度呈现加剧态势，以后每年老年人可能要增加1000万人。未来作为老年人中坚力量的"70后""80后"由于受教育程度较高，且消费需求和消费结构也与现在的老年人有很大不同，他们的消费能力和从年轻时培养的消费习惯也会影响所有产业的发展和基础设施需求。

2. 我国消费者消费需求和模式变化

一是对小众、定制化产品的追求成为新的趋势。随着经济收入增加，消费者对消费品的要求正从大规模、排浪式消费转向小规模、定制化、个性化的消费，数字化、智能化的生产方式恰好可以满足消费者的需求。借助大数据分析、智能化生产等现代生产服务工具，企业和服务机构可以对消费者的个性化消费作出精准的预测和安排，也将反向促进消费者对更加安全、舒适、便捷、智能化产品的追求。

二是消费习惯变化。在消费结构升级的同时，消费者的消费习惯也会发生转变，逐渐转向崇尚节俭、绿色环保型消费，这也符合经济由高速增长变为高质量增长的题中之义。人口结构变化也会影响以家庭为单位的消费者采购模式，我国家庭将基本维持在4~5人或1人规模，大数据、智能化产品将帮助消费者实现产品和服务的小规模、精准采购，包括公共基础设施的提供都可以被准确预测，从而根据季节变化、消费者偏好的不同提供更为精确的公共服务。

（三）消费趋势变化对交通运输的要求

我国居民收入提高、闲暇时间增加，对交通工具等基础设施的需求也会相应增加，并增加高质量、智能化的新要求。

1. 未来消费趋势变化对居民交通运输消费需求的影响

（1）休闲时间增多增加了对飞机、高速铁路、邮轮运输的需求

居民休闲时间增多，旅行度假活动增加，从而对飞机、高速铁路、邮轮

运输等需求增加。根据经济合作与发展组织（OECD）的统计，每天我国 15~64 岁劳动者用于闲暇的时间约为 3.8 小时，远少于欧美发达国家和日本、韩国等国劳动者的闲暇时间。随着收入水平的提高，以及人工智能等技术发展对人力的替代，我国劳动者的闲暇时间将会不断提高，进而提高我国消费者对度假旅游以及交通工具的需求，其中飞机、高速铁路、游轮等是未来交通出行中需要增加供应量的交通工具。

①飞机的未来需求预测。

根据波音公司 2019 年 9 月发布的《商业市场展望：2019—2038》中的预测，未来 20 年我国将成为全球最大的航空市场，居民的出行需求将增加对飞机的需求量。波音公司按照近 5 年的数据分析了除北京、上海、广州之外的二线城市的航线，认为二线城市的市场规模将在收入增长和城市化进程中更加扩大。对交通运输主管部门而言，这也意味着除了北京、上海、广州等一线城市外，还需要增加二线城市的飞行航线安排和机场基础设施建设。

②高速铁路的未来需求预测。

近年来我国大力发展的高速铁路已经成为很多居民出行的首选，也已成为铁路旅客运输的主要方式。2019 年，全国铁路有高速铁路动车组 3665 标准组、29319 辆。与飞机出行相比，高速铁路出行价格更为优惠，消费者从心理上来说觉得铁路更为安全，一般来说居民到高速铁路车站的距离也比到机场更为短，高速铁路对天气的要求并不敏感，因而选择高速铁路出行未来会成为越来越多居民的首选，未来选择高速铁路出行的消费者也会越来越多。

③公路运输的未来预测。

虽然近年来很多居民选择高速铁路、民航进行长距离旅行，但也有越来越多的居民选择自驾游进行长短途旅行，我国民用小客车保有量还在不断上升，近年来兴起的"露营经济"即是居民对公路运输和基础设施的新需求。未来居民对公路运输的需求体现在公路质量、基础设施服务等方面，因此，需要根据居民通勤需要、自驾游以及新的旅行需求调整未来的基础设施建设。

④水运的未来需求预测。

海洋运输和内河运输一直是我国重要的货物运输方式，尤其是海洋运输作为一种较为经济的运输方式，在我国大宗货物进出口方面处于重要的地位。

在我国消费者消费升级和城镇化的共同作用下,沿江、沿河、沿海的邮轮游船运输将成为未来我国居民旅游的又一重要选择。除了邮轮出行成为旅行热点外,帆船、潜水等水上运动兴起,对公共码头的需求增加,从而也对现有的码头设计和管理提出了新的需求。

(2) 能源消费短期内增加了对各种运输方式的需求

我国居民整体消费水平的提升也会增加能源消费。在清洁能源技术没有重大突破的场景设定下,目前与我国消费者生活密切相关的几种能源的规模在未来仍将不断攀升,我国人均能源消费量也将保持稳步增长,因而对现有主要能源的运输需求会继续上升。其中煤炭仍然是我国能源消费中最主要的能源。从主要能源使用的运输工具来看,目前煤炭运输主要依赖于海洋运输、铁路运输和公路运输,其中进口煤炭主要通过海洋运输,在国内运输中主要通过铁路运输。对天然气和清洁能源消费的增加,将增加对管道运输的需求。近年来页岩气的开发使用,也使得进出口页岩气成为石化公司的业务开发重点,除了管道运输外,采用船舶运输页岩气也将在未来成为现实。

2. 对交通运输基础设施建设的要求

现有的交通基础设施供给并不能满足我国未来居民消费增长的需要,必须根据消费变化趋势进行适度超前建设,并且需要根据不同地区对不同的交通基础设施进行改扩建。

(1) 空运

在客运方面,首先要加快在人口密度较大的东部地区的机场建设,满足东部地区居民的出行需求,加强北京、上海、广州等提高核心城市机场群的建设;其次要加快成都、昆明、重庆、西安、乌鲁木齐和哈尔滨等中西部、东北地区主要城市的航空通达能力;再次,在机场建设中做好枢纽机场与支线机场的规划衔接,提升机场与高速铁路、公路的配套联动水平。

在货物运输方面,需要根据地区人口规模和国际枢纽建设需要,适时增加东部地区和重要中西部节点城市货物机场的规划。同时随着无人机技术的成熟,在现有机场的基础上,增加、适宜无人机起降的机场。

(2) 水运

水运在未来仍然是我国重要的货物运输方式之一,我国的进出口货物、能源等仍需要通过水运进行。通过与发达国家的对比可知，目前我国人均货运港口吞吐量仍小于日本、德国等发达国家。短期内我国的货运规模仍然保持增长趋势，可以预计需要对沿海、内河港口进行扩建，尤其是长江沿线的内河港口。长期来看，除了增加、扩建货物码头，提升货物码头的自动化、智能化水平外，还需要增加客运码头，方便不同类型的邮轮停靠，满足未来消费者增加的旅游需求。

（3）铁路运输

按照目前不同速度铁路的功能划分，高速铁路主要承担着运送旅客的重任，普速铁路主要用于货物运输。我国高速铁路是全球里程最长、运输密度最高、运营场景最复杂的高速铁路。但是从人均高速铁路里程来看，我国与发达国家有较为明显的差距，未来仍需扩大高速铁路覆盖程度。

在铁路货物运输方面，与世界发达国家相比，我国的人均铁路里程数较低，需要结合不同地区当前的能源、货物运输情况，在重要的工业城市、商品物流中心、保税区进行规划建设，加密中西部地区的班列。

（4）公路运输

未来公路建设需要考虑的货运和客运的影响主要有以下三个方面：第一，生产分散化加大对公路运输的需求。生产厂商在智能化生产的影响下可以在更大的地理空间中分散，因而短期内公路运输仍然是承担货物运输的主力。第二，"逆城市化"和居民对更高居住条件的需要对短途的公路覆盖密度提出了新要求，需要加强对小城镇与中心城市的路网建设，增加这些地区公路的覆盖密度。第三，消费模式变化降低对公路运输的依赖。个性化消费、绿色消费增加使得消费者对本地化产品和服务的需求增加，对工业制成品、农产品更青睐于本地生产运输，降低对长途运输而来的产品需求。因此，从长期来看，公路运输需求还是会不断增加，消费者更为关注便捷、高效、绿色的运输方式。

除了增加公路建设外，未来公路建设需要更加注意的是技术的更新对公路建设质量的影响，随着无人驾驶技术的完善，公路建设方面需要增强的是智慧物流设施。

（5）交通基础设施质量的升级

从整体来看，未来交通基础设施建设要兼顾消费者安全性、舒适性、高效性和绿色环保的要求。其次，未来交通基础设施建设还必须保障不同地区消费者享受交通服务的均等化问题，因此，有必要加强西部地区交通枢纽建设，需要在西部地区增设国际航线，努力降低西部地区消费者出行的时间成本。最后，需要制定未来衡量交通基础设施质量的新标准，机场、港口、车站等都需要增加智能化程度、舒适度、对出行不便群体的便捷度等新指标，用新的标准来进行交通基础设施建设和升级；尤其需要在规划中配合每个地区"智慧城市"建设需要，建立多层级的交通数据中心、车联网系统、云服务器系统、安全防护系统、复杂情况或灾害应急系统等，对未来智能交通所涉及的智能化设备进行采购和网络建设，对基础数据进行采集，并搭建基于智能出行、绿色出行、共享出行的公共交通基础设施系统。

六、新一轮科技革命对交通运输发展的影响

纵观人类社会发展史，历次科技革命在推动经济社会走向繁荣与发展的同时也促进了交通运输的变革与发展，而变革后的新的交通运输方式又成为经济发展与科技进步的助推器。随着新一轮科技革命的加速演进，大数据、互联网、人工智能、云计算等新兴信息技术以及新能源、新材料等新兴产业与交通行业深度融合，我国交通运输业呈现出智能化、绿色化、网联化、协同化、一体化的发展趋势，安全、便捷、高效、绿色、经济的现代化综合交通体系正在逐步形成。

（一）新一轮科技革命下我国交通运输转型发展的现状

随着新一轮科技革命深入演进，我国交通运输业科技创新能力与技术装备水平快速提升，交通运输加速向数字化、网络化、智能化、绿色化转型，进入了加快建设现代化综合交通运输体系的新阶段。

数字技术、人工智能技术广泛应用于高速铁路、高速公路、深水航道、大型机场、跨海桥梁和隧道等交通基础设施建造中。京张高速铁路作为北京冬奥会重要交通保障设施，是世界上首条时速 350 公里的智能化高速铁路。自建设以来，京张高速铁路形成了 67 项应用创新成果，开展了 12 项智能提

升工作；依托国家重点研发计划"科技冬奥"重点专项——京张高速铁路智能化服务关键技术与示范项目，聚焦旅客智能出行、高速铁路运营安全、人文冬奥服务三大目标和任务，为北京冬奥会的成功举办提供了高质量的现代化铁路运输服务保障。

我国港口的自动化、智能化水平明显提升，为我国成为世界第一货物贸易大国提供了坚实支撑。截至2020年底，全国内河航道通航里程达12.77万公里，全国港口万吨级及以上泊位2592个，均居世界第一。2017年投入运营的上海港洋山港区四期全自动化集装箱码头，是目前全球单体规模最大、综合自动化程度最高的码头。2019年末，厦门远海码头港区已实现5G网络的全覆盖。2020年上半年，宁波市梅山港区也实现了5G+门式起重机远程控制规模化应用，并成功试验5G+无人驾驶集装箱货车应用。

民航数字化、智能化水平不断提高，服务品质显著提升。近97%的国内机场实现了国内航班无纸化便捷出行，自助值机占比超过70%，大大减少了旅客排队等候时间；航班正点率稳步提高，连续三年在80%以上，2020年高达88.52%，比"十二五"末提升20个百分点；民航安全水平世界领先。

（二）未来交通运输发展趋势分析

1. 载运工具和交通装备发展趋势分析

纵观世界，载运工具呈现出更高速度、更智能、更安全、更绿色的发展趋势。未来，无人驾驶汽车、超高速列车、无人船舶、无人机等将对交通运输行业产生颠覆性影响。

（1）自动驾驶汽车

电动化、网联化、智能化、共享化将是汽车产业发展的主要方向。自动驾驶汽车作为新科技革命的标志性产品，是计算机科学、自动控制、体系结构、人工智能、视觉计算等多种先进技术的集成创新，是对接新一代移动通信（5G）、新能源、智能电网、智能交通等的主要载体，有望继智能手机之后成为功能更为强大的移动智能平台，是实现出行智慧化、绿色低碳化、可持续交通的主要抓手。据美国著名的经济咨询机构IHS预测，自动驾驶汽车在全球总销量将由2025年的60万辆上升至2035年的2400万辆，其中，伴随5G推动的L4/5级自动驾驶逐步落地，2030年我国自动驾驶出行服务收入规模有望突破万亿元。至 2035 年,我国将是全球最大的自动驾驶技术应用市场,不同等级自动驾驶的汽车将达 570 万辆,我国对于自动驾驶汽车的巨大需求将成为整个市场发展的主要驱动力。此外,为了解决城市交通拥堵的问题,世界汽车制造巨头和飞机制造商还提出了联合开发飞行汽车的计划,随着科技的日新月异,未来科幻电影中的飞行汽车并非遥不可及,也许在不久的将来它就会成为人们生活中的一部分。

(2) 铁路运输装备

无人化、网联化将是铁路列车的发展方向,沿线的信号设备将会消失,列车的开行间距减小,在运输效率大大提升的同时,运输事故率会大大降低。具体来说,未来高速铁路的发展趋势如下:

一是向更高速度等级发展。速度成为高科技时代世界各国高速铁路技术竞争的焦点。目前,我国是世界上高速铁路运营时速最快、运营里程最长、拥有动车组列车最多、唯一成网运行的国家。到 2050 年,我国 3 万吨级重载列车和时速 250 公里级高速货运列车等有望实现更大突破,高速轮轨客运列车系统时速将会提高到 400 公里级。高速磁悬浮轨道交通将成为未来轨道交通技术发展的主攻方向,时速有望达到 600 公里。中国、美国、瑞士、俄罗斯等国家还在探索具有超高速、高安全、低能耗、噪声小、污染小等特点的真空管道磁悬浮技术。2017 年,美国超回路运输技术公司(Hyperloop Transportation Technologies,HTT)宣布,将利用真空管道技术生产全球首个时速 1200 公里以上、超过飞机时速的"超回路胶囊列车"。2018 年,"中国版超级高铁"——全球最快的真空高温超导磁悬浮比例模型车试验线在成都搭建,试验速度将超过音速,有望达到 1500 公里/时。

二是进一步优化列车运行方式。货运动车组、可变编组动车组等已成为当前研究热点。传统的固定编组动车组不能根据客流的变化灵活编组,使运能与客流无法准确匹配,在客流旺季时造成运力不足,在客流淡季又造成运力浪费。可变编组动车组不仅车厢可以根据客流的变化,实现 2~16 节随意搭配组合,而且还可以根据速度和功率实现效率最优的搭配。

三是进一步提高安全性能。高速铁路从固定设施、移动装备、运营管理等方面全面构建安全保障体系,进一步提高高速铁路在恶劣复杂环境中安全运行的可靠性。

四是进一步向节能、环保、舒适发展。高速列车减振噪声控制、乘员舒适性等将成为关注焦点。

五是向智慧化方向发展。未来,将有更多人工智能前瞻技术应用到铁路建设中,智慧客服、智慧物流、智慧调运中心、智慧办公系统等将成为铁路建设的发展方向。

(3) 航空运输装备

无人驾驶飞机(Remotely Piloted Aircraft System,RPAS)成为国内外研究的热点。在载货运输方面,波音公司正在开发一款名为"无人驾驶电动垂直起降(eVTOL)"的大型货运无人机,可以运送约 230 千克货物。在载人运输方面,波音公司也在探索在商业航班中应用全自动驾驶技术,并与英国 BAE 系统公司尝试将现有的客机改装为无人机,使长途飞行所需的飞行员由 5 名减少至 2~3 名,货机飞行员从 2 名减少至 1 名。在某些情况下,甚至不再需要飞行员。空中客车公司为了解决日益拥堵的城市交通,在位于美国硅谷的第一线基地 A^3 研发具有 eVTOL 性能的名为"Vahana"载人飞行出租汽车。

(4) 自动驾驶船舶

经济、安全、绿色、智能将是未来船舶的重点发展方向。无人艇是一种无须遥控,通过卫星定位和自身传感便能在水面航行的全自动水面机器人。由于其在货运、科考、探查、气象、海防、救援等方面具有显著的应用价值,已经成为世界各国竞争的焦点。日本 2018 年的一项调查表明,预计全球无人水面艇(Unmanned Surface Vessel,USV)市场将以 13.8% 的年复合增长率增长,2023 年将达到 10.2 亿美元。从全球看,美国是最早进行无人艇研发的国家,并在技术上占据绝对优势。2016 年,美国当时最新型的海猎人无人反潜艇成功下水,并开始试验世界上最大的无人艇。日本自 2019 年 10 月起,集三菱造船、丸红商事、商船三井等 40 多家船舶领域的骨干公司和 20 多家海洋科学机构共同进行"无人船示范实验技术开发联合计划",计划 2025 年实现无人船的商业化。此外,英国、德国、法国、意大利、葡萄牙和挪威等欧洲国家以及澳大利亚、以色列等国也纷纷加大了对无人艇研发的力度。其中,澳大利亚研发的无人散货船,有望在 10 年内实现商用。

2. 交通基础设施建设技术发展趋势分析

未来，交通基础设施建设继续向着强度高、耐久性强、智能化、环境友好的方向发展。桥梁工程技术方面，不仅高强、耐久、智能、绿色材料应用将会得到广泛提升，而且随着新一代信息技术与桥梁工程技术的深度融合，将会建成桥梁智能管养新体系。隧道工程技术方面，装配施工技术、新型隧道施工技术、新型耐久性混凝土材料等将得到进一步应用，桥梁、隧道设计使用年限将达到 200 年。土工结构工程技术方面，将越来越向资源节约型、环境友好型发展；高速公路实现智能化监测检测与养护维修。港航与海岸工程技术方面，港口建设不断向外海、深水化发展，建筑物结构大型化及形式多元化的趋势日益显著。疏浚与造陆技术方面，逐步实现沿海疏浚工程装备大型化、内陆河湖疏浚装备小型精细化、疏浚产业与相关产业协同化、环保疏浚多元化，疏浚领域完全进入智能化时代。路面道床和跑道工程技术方面，路面跑道的建造、养护、营运全面实现智能化；有道砟轨道的道砟回收利用得到实现，人造道砟在工程中得到应用；无道砟轨道耐久性方面取得突破。

3. 交通运输管理系统发展前景分析

未来的智能交通管理系统，将是由公路、铁路、水运、航空等交通基础设施、运输工具和支撑运营与服务的系统平台组成的一个边界开放的综合系统，各子系统、各部分、各单元之间可以实现数据实时交换与共享，呈现智能化、网联化、协同化、一体化的趋势。陆、海、空交通资源实现全面优化、整合，形成跨层级、跨区域、跨运输方式交互，高可靠、低延时的空天地海一体化交通信息网络。交通的运营者、管理者、使用者、运输工具和交通基础设施等人性化、绿色化、智能化、一体化的协同系统成为交通运输系统发展的大趋势。

（三）现代信息技术对智慧交通发展的影响

大数据、云计算、物联网、移动互联网、5G 等新一代信息技术、传感技术、人工智能技术深度赋能交通运输发展，推动传统交通运输向智慧交通加速转型。

1. 日常出行精准化和个性化

随着新一代信息技术与交通运输业融合应用不断深化，使传统出行方式发生了深刻的改变。智能手机、移动互联网以及移动支付方式的广泛应用，各种打车软件、网约车平台不断涌现，使越来越多的消费者在出行前选择通过移动端在线下单，驾驶员或者系统根据车辆的所在位置选择或者自动配置最优的订单。网约车不仅能够将消费者出行需求与出租汽车资源进行精准对接，而且可以使得闲置的运输资源得到有效利用，是满足城市个性化出行需求的重要方式之一。除了针对普通大众的网约车，针对不同消费群体多元化、品质化、个性化的消费需求，还派生出以下新模式：满足高端用户商务需求的专车模式；满足年轻人员通勤需求的拼车模式；实现互助出行的顺风车模式；满足商务人士应酬交往的用车需求的代驾模式；充分发挥资源使用效率的共享租车和共享单车模式。当时租赁能够提高车辆利用效率，在一定程度上减轻了城市的停车压力，而共享单车模式能够解决最后一公里出行问题，使消费者的日常出行更加便利。

此外，在公共交通领域，随着信息技术的快速发展，还出现了一种基于网络对信息高效匹配作用、新的交通模式——需求响应式公共交通体系（Demand Responsive Transport，DRT）。它以乘客需求为导向，打破了路线以及班次的限制，由调度中心根据用户的预订需求提供"专座直达，为你而开"的定制化公交出行路线。需求响应式交通的出现不仅提高公共交通的运营效率，也满足了人们个性化的出行需求，为人们提供了一种便捷、低价、透明的全新出行体验，形成了以互联网为核心的新型公共交通生态圈，有助于激励人们选择公共交通工具出行，缓解道路交通系统的压力，促进交通运输系统的可持续发展。

2. 物流运输的线上线下一体化

新一代信息技术再加上自动化、智能化系统的应用，实现了货运需求方与供给方之间的实时交流、精准对接，涌现出众包模式、O2O货运新模式，使数量众多、种类繁杂、分布散乱的运输资源得到有效整合。

另外，随着机器人技术的发展，在物流领域的应用从包装码垛和装卸搬运环节逐渐向配送等环节延伸。新冠肺炎疫情进一步拓展了物流领域机器人的应用。据统计，物流机器人在业务量密集的区域一天能够配送40多次，每次可配送约20个包裹，不仅降低了疫区配送人员感染的风险，还大大提升了配送效率。未来，随着机器人智能化水平的提高、成本的下降，越来越多的物流作业将由机器人来承担。

3. 交通管理服务系统网络化和智能化

随着无人驾驶、车联网、出行即服务（Mobile as a Service，MaaS）等新一代交通技术的快速发展和广泛应用，交通管理服务系统的网络化、智能化、人性化水平也在不断提升，主要表现在以下方面。

（1）实时交通信息服务平台

通过设置在各个交通路口的传感设备，实时感知、收集人、车、路的情况，在对所获取的海量交通数据进行处理、分析、挖掘、整合的基础上实时分享给使用者，使人们能够选择最佳的出行时间和路线，规避拥堵。构建基于云平台、移动智能终端技术服务系统的出行即服务，根据每个出行者不同的需求，对公共交通等多种交通方式进行整合、优化，提供一体化、全流程、无缝对接的智慧出行服务，提升公众的出行体验。

（2）智能交通管理平台

应用移动互联网、大数据、云计算、传感技术、视频车辆监测、GPS定位系统等新一代信息技术，依托各种交通控制设备（如匝道流量控制、动态交通信息牌等），为使用者实时提供交通流量、公路状态等的信息，可以实现车辆及时分流，增强交通管理部门应对交通拥堵、危险、灾害预警、交通安全保障等各种交通问题的能力，提高城市交通管理服务的智能化、人性化水平。

七、研究结论

未来，我国经济发展依然呈现稳中向好、长期向好的基本态势，发展韧性好、潜力足、回旋余地大的优势将长期存在，"十四五"期可基本保持平均5%~6%或5%左右的中速发展区间。中长期看我国经济增速虽然会"下台阶"，但也将明显高于发达国家。从发展阶段看，我国基本实现工业化并进入深度工业化阶段，服务业比重保持持续提高态势，工业和制造业比重在"十四五"期保持基本稳定，但中长期将会进一步下降。制造业内部结构发生显著改变，劳动密集型产业随着低成本优势的丧失向国外转移，在制造业中的比重下降；制造业创新能力不断增强，在全球价值链中的地位稳步攀升，以先进材料、精密零部件、高端装备为代表的中间产品的比重将会持续提高。在国际贸易方面，未来我国进口呈现中间品比重下降和最终品比重上升、出口呈现中间品比重上升和最终品比重下降的格局；服务贸易和数字贸易正成为全球贸易发展的重点领域，"一带一路"沿线国家在我国对外贸易中的重要性增强。由于人口出生率保持在较低水平，我国人口总量将会转为负增长，老龄化水平不断加深，进入中重度老龄化阶段。城镇化速度将会有所下降，常住人口城镇化率将会稳定在70%左右的水平，京津冀、粤港澳大湾区、长三角、长江经济带、成渝等城市群的要素经济能力加强。我国即将从中等偏上收入国家跨入高收入国家行列，经济发展质量不断提高，现代化经济体系逐步建成，不充分、不平衡的发展问题得到明显改善，人民群众的美好生活需要得到更充分的满足。新一轮科技革命和产业变革深入推进，在不断催生新技术、新产品、新产业的同时，对产业、生活、政府治理等产生全方位的颠覆性变革。

经济增速、产业结构、世界经济格局、人口、城镇化和城市圈、消费需求、科技革命等方面的变化将对我国交通需求产生重要影响。我国未来交通发展将呈现以下趋势：一是随着经济总量的增长，交通需求仍将持续增长，但增长速度放缓。二是交通需求结构发生改变，航空、高速铁路等更加适应服务业比重提高、制造业向全球价值链高端升级以及消费升级需要的交通运输方式增长更快，在客货运输总需求中的占比提高。三是随着京津冀、长三角、粤港澳、成渝等城市群聚集能力的增强，对城市群内部高速公路网、高速铁路和城际铁路等基础设施的需求有较大增长。四是收入水平提高、人口老龄化和科技进步等因素将不断提高对交通运输便捷性、舒适性的要求，居民旅游消费将带动飞机、高速铁路、邮轮等交通需求的显著增长。五是交通运输向网联化、智能化等方向发展，并催生无人驾驶汽车、超高速列车等新型交通运输方式。

课题组组长：

李晓华

主要执笔人：

方晓霞、刘佳骏、许明、王海兵、李雯轩、李鹏、林博

承担单位：

中国社会科学院工业经济研究所

本章参考文献

[1] Jean-Pierre Orfeuil, Mireille Apel-Muller, 祖源源. 自动驾驶与未来城市发展[J]. 上海城市规划, 2018(2):11-17.

[2] 理特管理顾问有限公司. 便携型/移动性人工智能进化论——未来的无人驾驶与交通服务[M]. 张瑞林, 译. 北京:中国青年出版社, 2019.

[3] 蔡文海. 智慧交通实践[M]. 北京:人民邮电出版社, 2018.

[4] 陈清泰. 看准新工业革命的方向[N]. [2019-05-20]. 北京日报.

[5] 郭敏. 未来交通技术发展现状和中国面临的挑战[J]. 汽车与安全, 2020(4):104-108.

[6] 恒大研究院. 中国城市发展潜力排名2019[R]. 北京:恒大研究院, 2019.

[7] 恒大研究院. 中国人口流动报告2019:3000个县城人口大流动全景专题[R]. 北京:恒大研究院, 2019.

[8] 恒大研究院. 中国生育报告2019[R]. 北京:恒大研究院, 2019.

[9] 胡国华. 公路物流:融合突围加速 货运O2O潮起[N]. [2016-01-01]. 现代物流报.

[10] 聂正英. 产业结构对交通运输需求影响的定量分析[D]. 北京:北京交通大学, 2010.

[11] 日本国土交通省. 国土のグランドデザイン2050[EB/OL]. http://www.mlit.go.jp/common/001033676.pdf, 2014-03.

[12] 汪泓. 中国邮轮产业发展报告(2018)[M]. 北京:社会科学文献出版

[13] 王琴梅,李娟.产业结构演进对丝绸之路经济带"核心区"物流业效率的影响研究[J].陕西师范大学学报(哲学社会科学版),2019,48(3):128-140.

[14] 吴爱高,李冬雪,於素兰.我国产业结构的变化及未来发展趋势[J].经济视角,2016(5):10-15.

[15] 杨燕青.未来学家杰里米·里夫金:中国将引领第三次工业革命[J].中国中小企业,2018(4):44-47.

[16] 杨雪英.美国未来交通运输发展趋势及思路[J].工程研究——跨学科视野中的工程,2017,(9):117-124.

[17] 张车伟.中国人口与劳动问题报告 No.19——中国人口与劳动经济40年:回顾与展望[M].北京:社会科学文献出版社,2018.

[18] 张军,王云鹏,鲁光泉,等.中国综合交通工程科技2035发展战略研究[J].中国工程科学,2017,19(1):43-49.

[19] 赵光辉,姜彦宁."互联网+"助推交通强国[M].北京:人民邮电出版社,2018.

[20] 赵光辉.互联网+背景下中国智能物流研究[J].物流工程与管理,2016,38(5):7-13.

[21] 智能科技与产业研究课题组.智能交通未来[M].北京:中国科学技术出版社,2016.

[22] 中共中央 国务院.交通强国建设纲要[M].北京:人民出版社,2019.

[23] 周海波.交通基础设施、产业集聚与区域经济发展:关联性与效率分析[D].南京:东南大学,2017.

第七章
未来交通运输需求分析

运输需求是经济社会发展引致的派生性需求，与经济发展阶段、经济发展水平等密切相关。科学把握运输需求总水平、结构及空间分布演变规律和发展趋势，对于制定交通运输战略规划具有重要的参考意义。本章基于运输需求与经济社会发展之间的内在关系，参考借鉴发达国家运输需求演变的一般规律，系统分析经济增长、人口变化、城市化发展、产业升级、能源生产和消费、交通科技发展、交通供给侧发展和相关政策等关键经济社会因素对运输需求增长、结构及空间分布产生的影响，定量预测与定性分析相结合，对未来我国综合立体交通网运输需求发展的趋势性特征进行研判。

一、我国运输需求发展现状分析

（一）我国客运需求发展现状分析

1. 运输总量

改革开放以来，我国营业性客运量和旅客周转量持续快速增长，按照增长速度划分，可大致分为"高速增长"和"中速增长"两个阶段。1978—2012年为"高速增长阶段"，客运量和旅客周转量年均增速分别达8.3%和9.1%，其中，2005—2012年客运量和旅客周转量年均增速分别达10.9%和9.7%。这一阶段，旅客周转量弹性系数大于1或保持在较高水平（图7-1），反映出随着经济高速增长、居民收入不断提高、交通运输能力持续改善，全社会客运需求持续释放,呈现爆发式增长。2013年之后,随着我国经济步入中高速增长阶段及城镇化进程有所放缓,全社会营运性客运量增速明显下降,其中公路营业性客运量大幅下降近30%❶,2013—2019年营业性客运量和旅客周转量年均增速分别为－3.1%和4.2%(表7-1、表7-2),旅客周转量弹性系数降至0.578,客运需求增长较前一阶段明显放缓,呈现中高速增长态势。

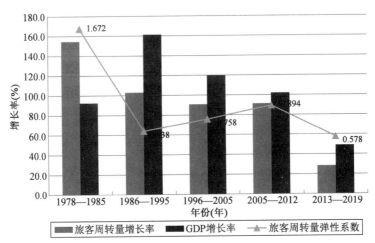

图7-1 改革开放以来我国旅客周转量弹性系数变化情况

数据来源:国家统计局。

2013—2019年我国营业性客运量增长情况　　　　表7-1

年份 (年)	全社会客运量 (万人次)	铁路客运量 (万人次)	公路客运量 (万人次)	水运客运量 (万人次)	民航客运量 (万人次)
2013	2122992	210597	1853463	23535	35397
2014	2032218	230460	1736270	26293	39195
2015	1943271	253484	1619097	27072	43618
2016	1900194	281405	1542759	27234	48796
2017	1848620	308379	1456784	28300	55156
2018	1793820	337495	1367170	27981	61174

---

❶ 2013年公路营运性客运统计口径较之前进行了调整,去除了城乡客运、出租汽车等较短距离的出行数据,与之前具有不可比性。此外,公路营运性客运量下降的一个重要原因是私人小汽车出行对道路班线客车的分流和替代,如考虑私人小汽车出行量在内,公路总出行量仍呈增长态势。

续上表

年份 （年）	全社会客运量 （万人次）	铁路客运量 （万人次）	公路客运量 （万人次）	水运客运量 （万人次）	民航客运量 （万人次）
2019	1760436	366002	1301173	27267	65993
年均增速	-3.1%	9.6%	-5.7%	2.5%	10.9%

数据来源：国家统计局。

2013—2019年我国旅客周转量增长情况　　　　　　　　　　表7-2

年份 （年）	全社会 旅客周转量 （亿人·公里）	铁路 旅客周转量 （亿人·公里）	公路 旅客周转量 （亿人·公里）	水运 旅客周转量 （亿人·公里）	民航 旅客周转量 （亿人·公里）
2013	27572	10596	11251	68	5657
2014	28647	11242	10997	74	6334
2015	30059	11961	10743	73	7283
2016	31259	12579	10229	72	8378
2017	32813	13457	9765	78	9513
2018	34217	14147	9280	80	10712
2019	35349	14707	8857	80	11705
年均增速	4.2%	5.6%	-3.9%	2.7%	12.9%

数据来源：国家统计局。

2. 运输结构

改革开放以来，我国客运结构发生了巨大变化。1978—2012年，公路客运量及旅客周转量占比持续上升，铁路客运量及旅客周转量占比持续下降，水运份额不断萎缩，航空客运量及旅客周转量占比大幅提高（图7-2、图7-3）。2013年以来，在高速铁路快速发展、居民消费持续升级等供需因素双向推动下，客运结构出现了新变化，主要表现为：铁路运输量持续快速上升，客运量占比由2013年的9.9%增长至2019年的20.8%，旅客周转量占比由2013年的38.4%增长至2019年的41.6%；民航市场份额继续提升，客运量占比由2013年的1.7%增长至2019年的3.7%，旅客周转量占比由2013年的20.5%增长至2019年的33.1%；公路市场份额明显下降，客运量占比由2013年的87.3%下降至2019年的73.9%，旅客周转量占比由2013年的40.8%下降至2019年的25.1%。

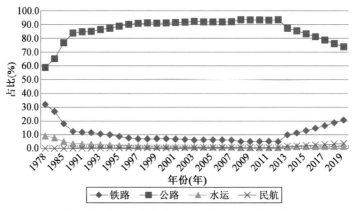

图7-2 改革开放以来我国客运量结构变化情况

数据来源：国家统计局。

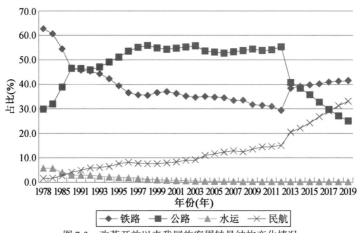

图7-3 改革开放以来我国旅客周转量结构变化情况

数据来源：国家统计局。

3. 区域分布

近十年来，我国铁路、公路、水运合计客运量的区域分布为东部地区占比下降，中部、西部地区上升，东北地区基本稳定的趋势；旅客周转量方面相对稳定，东部地区略有上升，中部、西部及东北地区微有下降。其中，东部地区客运量占比从2009年的47.7%下降至2019年的37.5%，旅客周转量占比从2009年的37.4%上升至2019年的37.9%；中部地区客运量占比从2009年的21.2%上升至2019年的25.8%，旅客周转量占比从2009年的30.0%微降至2019年的29.6%；西部地区客运量占比从2009年的24.4%上升至 2019 年的 28.9%，旅客周转量占比从 2009 年的 25.0%微降至 2019 年的 24.9%；东北地区客运量占比从 2009 年的 6.7%上升至 2019 年的 7.8%，旅客周转量占比从 2009 年的 7.7%微降至 2018 年的 7.6%（图 7-4、图 7-5）。

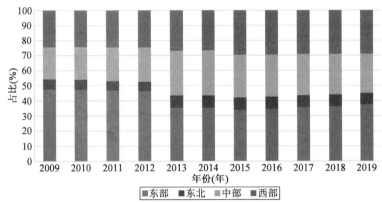

图 7-4　2009—2019 年我国客运量区域分布演变

数据来源：国家统计局。

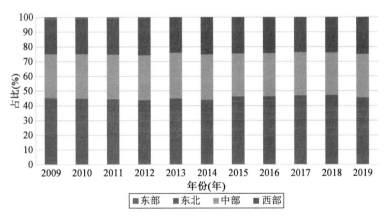

图 7-5　2009—2019 年我国旅客周转量区域分布演变

数据来源：国家统计局。

（二）我国货运需求发展现状分析

1. 运输总量

改革开放以来，我国营业性货运量和货物周转量持续快速增长，按照增长速度大致可分为三个阶段，基本呈现倒 U 形走势。1980—1995 年为"中高速增长阶段"，随着经济快速发展，货运需求较快增长，货运量和货物周转量年均增速分别达 5.6% 和 7.6%，这一阶段货运需求增长受到交通运输供给能力限制未能得到充分释放；1996—2012 年，随着我国重化工业加快发展、交通运输供给能力大幅提升，货运需求得到较好满足，进入"高速增长阶段"，货运量和货物周转量年均增速分别达 7.5% 和 10.2%；2013 年后，随着经济增长速度趋缓，产业结构不断向高级化演进，货运需求增速出现明显放缓，2013—2018 年货运量和货物周转量年均增速分别降至 4.7% 和 4.0%❶，货运需求进入"中速增长阶段"（表 7-3、表 7-4）。

2013—2019 年我国营业性货运量增长情况 表 7-3

年份（年）	全社会货运量（万吨）	铁路货运量（万吨）	公路货运量（万吨）	水运货运量（万吨）	民航货运量（万吨）	管道货运量（万吨）
2013	4098900	396697	3076648	559785	561	65209
2014	4167296	381334	3113334	598283	594	73752
2015	4175886	335801	3150019	613567	629	75870
2016	4386763	333186	3341259	638238	668	73411
2017	4804850	368865	3686858	667846	706	80576
2018	5152732	402631	3956871	702684	739	89807
2019	4713624	438904	3435480	747225	753	91261
2013—2018 年均增速	4.7%	0.3%	5.2%	4.7%	5.7%	6.6%

数据来源：国家统计局。

注：2019 年公路货运量统计口径进行了调整，为具可比性，年均增速采用 2013—2018 年数据计算。

2013—2019 年我国货物周转量增长情况 表 7-4

年份（年）	全社会货物周转量（亿吨·公里）	铁路货物周转量（亿吨·公里）	公路货物周转量（亿吨·公里）	水运货物周转量（亿吨·公里）	民航货物周转量（亿吨·公里）	管道货物周转量（亿吨·公里）
2013	168014	29174	55738	79436	170	3496
2014	181668	27530	56847	92775	188	4328
2015	178356	23754	57956	91345	208	4665

❶ 2019 年公路货运量统计口径进行了调整，为具可比性，年均增速和货物周转量弹性系数采用 2013—2018 年数据计算。

续上表

年份（年）	全社会货物周转量（亿吨·公里）	铁路货物周转量（亿吨·公里）	公路货物周转量（亿吨·公里）	水运货物周转量（亿吨·公里）	民航货物周转量（亿吨·公里）	管道货物周转量（亿吨·公里）
2016	186629	23792	61080	97339	223	4196
2017	197373	26962	66772	98611	244	4784
2018	204686	28821	71249	99053	262	5301
2019	199287	30075	59636	103963	263	5350
2013—2018年均增速	4.0%	−0.2%	5.0%	4.5%	9.0%	8.7%

数据来源：国家统计局。

注：2019年公路货运量统计口径进行了调整，为具可比性，年均增速采用2013—2018年数据计算。

从货物周转量弹性系数来看，2012年前，除1986—1995年货运需求增长受制于运输能力不足增速较低外，其他年份货物周转量弹性系数接近1或大于1，反映出随着经济高速增长和交通运输能力持续改善，全社会货运需求持续释放，呈现爆发式增长。2013—2018年货物周转量弹性系数下降明显，仅为0.442，说明随着产业结构持续优化，服务业占比不断提高，我国货运强度，即单位GDP产生的货物周转量出现了显著下降（图7-6）。

如图7-7所示，改革开放以来我国货运强度总体呈现不断下降态势。按可比价格计算，单位GDP产生的货运量从1980年的128.08万吨/亿元下降至2019年的32.56万吨/亿元，下降了75.1%；单位GDP产生的货物周转量从1980年的2.82（亿吨·公里）/亿元下降至2019年的1.38（亿吨·公里）/亿元，下降了51.1%。

2. 运输结构

改革开放以来，我国货运市场结构变化的主要趋势性特征是公路货运量和货物周转量占比不断提高，铁路货运量和货物周转量占比持续下降（图7-8、图7-9）。公路货运量和货物周转量占比❶分别由1980年的70.5%和9.0%提高至2012年的79.0%和49.5%，此后公路在货运市场上的份额呈现

❶ 货运市场份额为国内运输市场份额，不含远洋运输。

微降趋势，2018年公路货运量和货物周转量占比分别为78.0%和46.6%❶。铁路货运量和货物周转量占比分别由1980年的20.5%和67.3%下降至2016年的7.7%和18.5%。近年来，在国家大力推行运输结构调整政策引导下，铁路货运量和货物周转量占比出现了小幅回升，2018年铁路货运量和货物周

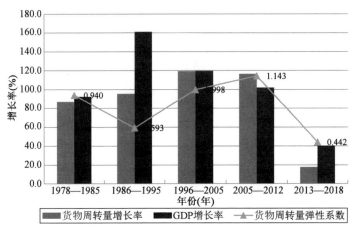

图7-6 改革开放以来我国货物周转量弹性系数变化情况

数据来源：国家统计局。

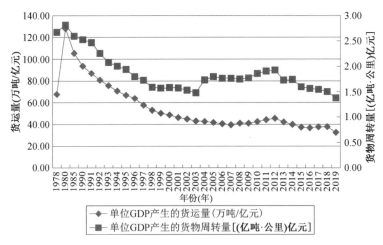

图7-7 改革开放以来我国货物运输强度变化情况

数据来源：国家统计局。

---

❶ 2019年公路货运量统计口径进行了调整，为具可比性，运输结构采用2018年数据计算。

转量占比分别提高至 7.9% 和 18.9%。近 20 年来，水运、民航、管道货运量占比均有所提高，这也反映了随着我国运输需求日趋多样化和综合运输体系日臻完善，各种运输方式的技术经济比较优势得以更好发挥，各种运输方式分工更加合理。

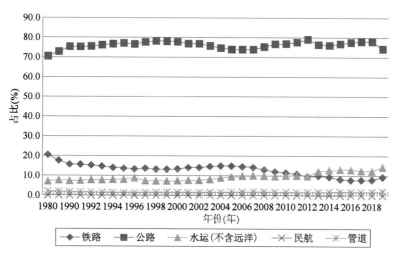

图 7-8　改革开放以来我国货运量结构变化情况

数据来源：国家统计局。

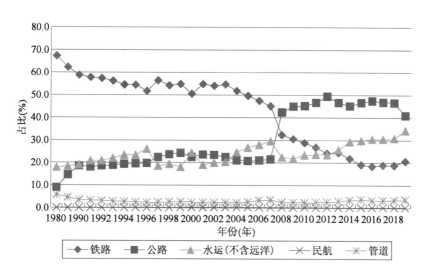

图 7-9　改革开放以来我国货物周转量结构变化情况

数据来源：国家统计局。

3. 区域分布

近十年来,我国铁路、公路、水运合计货运量的区域分布为东部、东北地区比重略有下降,中部、西部地区略有上升的态势;货物周转量方面,东部略有上升,西部、东北地区略有下降,中部地区基本稳定(图7-10、图7-11)。其中,东部地区的货运量占比从2009年的39.6%下降至2014年的35.1%后逐渐反弹到2019年的39.1%,货物周转量占比从2009年的54.5%上升至2019年的60.6%;中部地区的货运量占比从2009年的27.8%上升至2019年的28.3%,货物周转量占比从2009年的20.1%下降至2019年的19.1%;西部地区的货运量占比从2009年的24.5%上升至2019年的26.7%,货物周转量占比从2009年的16.0%下降至2019年的13.9%;东北地区货运量占比从2009年的8.1%下降至2019年的5.9%,货物周转量占比从2009年的9.5%下降至2019年的6.4%。

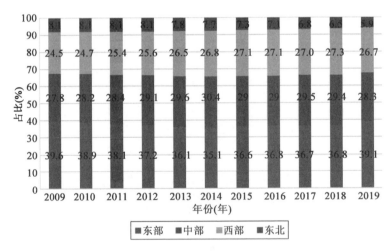

图7-10　2009—2019年我国货运量区域分布演变

数据来源:国家统计局。

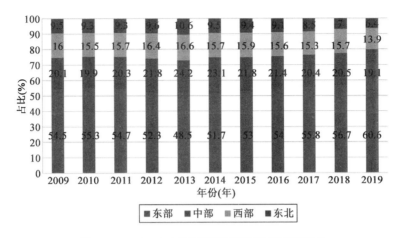

图7-11 2009—2019年我国货物周转量区域分布演变

数据来源：国家统计局。

二、发达国家运输需求的发展规律及借鉴意义

（一）发达国家客运需求发展规律及借鉴意义

1. 客运需求发展规律

（1）客运需求均经历了从高速增长到低速增长的发展过程

从发达国家客运需求增长轨迹看，客运需求增长与经济发展阶段表现出高度的相关性。在人均GDP从1000美元增长到4000美元阶段，即经济起飞和向成熟推进阶段，国民经济的高速增长伴随着客运需求的快速增长，且客运需求的增速往往高于GDP的增速。随着人均GDP进一步增长到较高水平，客运需求增速逐渐下降并低于GDP增速，在人均GDP达到2万美元以上的高收入阶段，客运需求增速明显放缓，最终呈现出高位、低速增长的特点。

美国：20世纪40年代，美国人均GDP处于从1000美元向2000美元增长阶段，20世纪50年代人均GDP由2000美元持续增长，至1962年前后达到3000美元，标志着其迈入消费型国家行列，1966年前后人均GDP达到4000美元。伴随着经济的快速发展，美国客运需求也步入快速增长期。如图7-12所示，1960—1990年，美国旅客周转量由13244亿人英里增长至39326亿人英里，30年年均增速为3.69%，高于同期美国GDP 3.58%的年均增速。1990年之后，随着美国人均GDP突破2万美元，在经济增长和人均收入步入低速增长阶段的同时，客运总需求也呈现出低速增长的态势。1990—2017年，美国旅客周转量由39326（亿人·英里）增长至62361（亿人·英里），28年来年均增速为1.72%，低于同期2.46%的GDP年均增速。

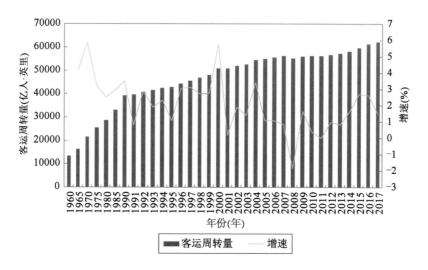

图7-12 美国国内旅客周转量增长及增速变化情况

注：民航旅客周转量不含民航国际航线，公路旅客周转量含营业性运输和私人出行。

数据来源：*National Transportation Statistics*，Bureau of Transportation Statistics，U. S. Department of Transportation.

日本：如图7-13所示，日本客运需求与GDP增长基本呈现同步增长态势，且客运需求增长与国民经济增长表现出高度的相关性和一致性。分阶段来看，1960—1973年为日本经济高速增长期，同时也是客运需求增长最为快速的阶段，旅客周转量由2430（亿人·公里）增长至6730（亿人·公里），年均增速为8.2%，接近同期GDP 8.8%的年均增速；1974—1987年，随着经济进入中速增长期，客运需求增长速度也有所放缓，旅客周转量由6940（亿人·公里）增长至8760（亿人·公里），年均增速为2.0%，约为同期日本GDP增速4.1%的1/2；1991—2009年，随着日本经济出现经济危机并缓慢走向复苏，这一阶段客运需求呈现缓慢增长态势，旅客周转量由13310（亿人·公里)增长至 13820(亿人·公里),年均增速为 0.2%,不及同期日本 GDP 增速 0.9% 的 1/4,意味着日本客运需求已经进入高位、缓慢增长阶段,其中一些年份,如 2004—2006 年、2008—2009 年甚至出现了负增长。

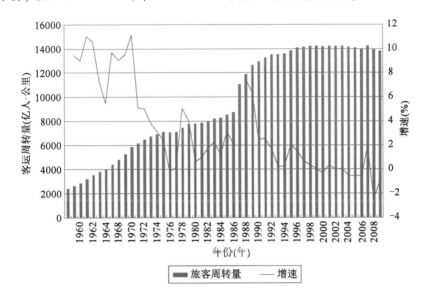

图 7-13 日本旅客周转量增长及增速变化情况

注:1987—2009 年公路旅客周转量数据含轻型机动车和私家货车(客货两用,定员同家庭轿车)数据,与之前数据无连续性;2010 年度之后数据不含轻型机动车和私家车数据,与之前数据无连续性,故此剔除;民航不含国际航线的旅客周转量。

数据来源:日本总务省统计局网站。

英国:与美国、日本相似,英国客运需求也经历了从较快增长向低速增长的转变过程。如图 7-14 所示,英国旅客周转量从 1952 年的 2181(亿人·公里)增长到 2017 年的 8079(亿人·公里)。1960—1990 年,英国旅客周转量年均增长 3.03%,1990 年之后,随着英国人均 GDP 超过 2 万美元,旅客周转量增速明显放缓,1990—2017 年年均增速降至 0.58% 的较低水平。

(2)客运需求结构均经历了从快速变动到基本稳定的过程

在人均 GDP 由 1000 美元增长到 4000 美元阶段,既是客运需求总量快速增长的阶段,也是客运需求结构发生急剧变化的时期。此阶段,以公路、航空运输为代表的个性化、快捷化运输方式迅速发展,市场份额大幅上升,而铁路市场份额持续下降。特别是公路运输经过大发展之后,在客运市场中的占比超过铁路成为主导性的旅客出行方式。目前，发达国家已基本形成较为稳定的客运市场结构，尽管近年来各国铁路市场份额有小幅回升态势，但在交通技术没有发生颠覆性革命的情况下，既有的客运市场结构应不会发生大的变化。

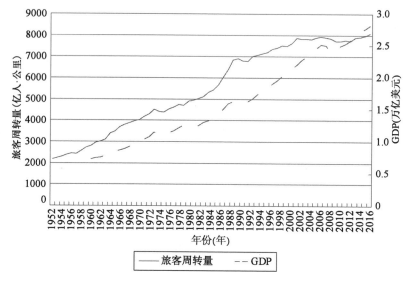

图 7-14　英国旅客周转量增长情况
注：包括私人汽车、摩托车、自行车等各种私人出行方式；民航不含国际航线。
数据来源：*Transport Statistics Great Britain 2018*，Department for Tranport statistics；世界银行网站。

美国：考虑私人小汽车在内，公路运输完成的旅客周转量在美国占有绝对主导地位，1960 年占比约为 96.0%。之后随着民航客运需求快速增长，公路旅客周转量占比有所下降，1990 年占比下降至 90.6%。此后，美国客运需求结构总体上处于较为稳定的状态，公路和民航完成的旅客周转量占比在 99% 以上，铁路的占比还不到 1%，基本上形成了"公路+航空"的客运模式。2017 年，美国公路、民航、铁路旅客周转量占比分别为 88.2%、11.13% 和 0.63%（图 7-15）。

日本：从客运需求结构来看，日本也经历了铁路市场份额从高比重逐渐下降、公路市场份额快速上升的过程。如图 7-16 和图 7-17 所示，铁路运输完成的客运量和旅客周转量占比分别从 1960 年的 60.6% 和 75.7% 逐渐下降到 2009 年的 25.4% 和 29.4%，公路客运量和旅客周转量占比分别从 1960 年的

38.9%和23.0%快速上升到2009年的74.4%和65.1%。公路客运量占比自1966年（人均GDP约为1000美元）起超过铁路（公路50.0%，铁路49.6%），旅客周转量占比自1971年（人均GDP约为2000美元）起超过铁路（公路50.6%，铁路47.0%）。

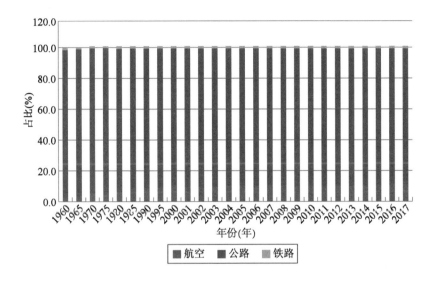

图7-15 美国国内旅客周转量结构变化趋势

注：民航旅客周转量不含民航国际航线，公路旅客周转量含营业性运输和私人出行。

数据来源：*National Transportation Statistics*, Bureau of Transportation Statistics, U.S. Department of Transportation.

英国：从客运需求结构来看，英国也经历了铁路市场份额下降、公路市场份额上升的过程，并且近年来铁路市场份额同样呈现出稳中有升的态势。如图7-18所示，1952年，铁路完成的旅客周转量占比为17%，此后逐渐下降到1994年的历史最低点，约为5.05%，20世纪90年代中期以来，铁路旅客周转量占比呈现复苏性增长，到2017年回升至9.9%。民航旅客周转量占比由1952年0.09%快速增长至2006年的1.26%，近十年来又略微下降，2017年占比为1.13%。公路旅客周转量占比由1952年83.0%增长至1996年的历史最高点，约为94.6%，此后略有下降，2017年占比约为88.9%。

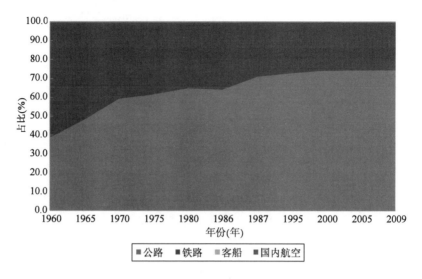

图 7-16 日本客运量结构变化情况

注：1987—2009 年公路出行次数包含了私家车数据，与之前数据不可比；民航不含国际航线出行次数。

数据来源：日本总务省统计局网站。

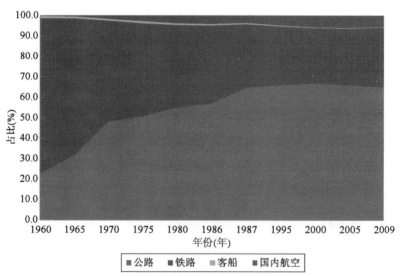

图 7-17 日本旅客周转量结构变化情况

注：1987—2009 年公路出行次数包含了私家车数据，与之前数据不可比；民航不含国际航线出行次数。

数据来源：日本总务省统计局网站。

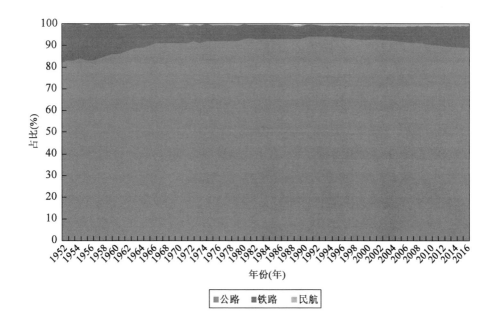

图 7-18 英国旅客周转量结构变化情况

注：公路包括私人汽车、摩托车、自行车等各种私人出行方式；铁路包括城间铁路、城市地铁等各种轨道交通出行方式；民航不含国际航线。

数据来源：*Transport Statistics Great Britain 2018*, Department for Tranportstatistics.

（3）私人交通需求随收入水平提高快速增长，在客运需求中占比相当高

随着人均收入水平的提高，以私人小汽车为主体的私人交通需求快速增长，在客运需求中占比相当高。尽管各国私人交通占比有所差别，但从趋势上看，私人交通需求在客运总需求中的占比在各国均呈现持续增加的趋势，即使是在轨道交通非常发达的日本，也毫无例外地存在着这一趋势。这说明，随着收入水平的提高和客运需求的日益多样化、个性化，私人交通需求快速增长并成为主导型日常出行方式。如何正确处理私人交通与公共交通方式之间的关系，既满足居民多样化出行需要，又有效避免私人交通过度发展而带来的各种弊端，是各国政府均要面临的一项重要课题。

（4）客运结构的形成与一国国土面积、城市化模式、历史文化、政策导向等因素密切相关

在客运需求发展具有普遍性规律的同时，各国最终形成的客运模式并不尽相同，往往具有一定的个性化特征。例如，美国客运形成了以"公路+航

空"为主体的模式,轨道交通则在日本客运体系中发挥着重要作用,欧洲等国也在大力倡导轨道交通等相对更加集约、绿色的出行方式。这与各国的国土面积、城市化模式、历史文化、政策导向等密切相关。例如,美国客运模式的形成,主要是美国国土面积辽阔、以中小城市为主体的分散式城市化模式、汽车文化盛行、私人小汽车使用成本较低等多因素综合作用的结果;日本客运模式的形成,则与日本国土面积较小、以三大城市群为主体的集中式城市化模式、重视轨道交通、私人小汽车使用成本较高等因素直接相关。

(5) 在交通基础设施总量保持基本稳定甚至有所下降的情况下,仍可支撑客运需求持续增长

美国从20世纪30年代后期开始筹备和规划州际公路系统,20世纪50年代中期开始大规模建设,至20世纪80年代基本建设完成。商业机场数从1990年的680个下降到2013年的514个。在公路网规模基本稳定、商业机场总量有所下降的情况下,仍支撑了20世纪80年代以来公路、民航客运需求的持续增长。

1928年英国高速公路和A级公路总里程为40457公里,1968年为50328公里,2016年为50465公里,二者承担了英国约65%的公路交通量。在公路总里程基本保持稳定的情况下,英国公路旅客周转量由1968年的3530(亿人·公里)增长至2016年的7100(亿人·公里)。英国铁路总里程1928年达到32565公里的峰值,此后路网规模不断缩小,1968年为20080公里,2018年为15878公里。在铁路总里程大幅下降的情况下,英国铁路旅客周转量由1968年的330(亿人·公里)增长到2018年的800(亿人·公里)。

2. 对我国的借鉴启示

(1) 我国客运需求仍有一定增长空间,但增速将趋于放缓

改革开放40余年来,伴随社会经济的快速发展,我国客运量和旅客周转量也呈现快速增长态势,相比美国、日本、英国等发达国家经济高速增长阶段,我国客运需求表现出更快的增长速度和更高的客运需求弹性系数。

从美国、日本、英国的历史发展轨迹看,客运需求增速一般是在人均GDP达到2万美元以上的较高水平时会明显放缓。2020年,我国人均GDP已突破1万美元,常住人口城镇化率达63.89%,居民消费正处于结构升级阶段,以旅游为代表的发展型消费需求正处于快速增长期,在我国向中高收入

国家迈进过程中，客运需求还将进一步增长。从供给侧看，我国交通运输仍处于加快完善阶段，各种运输方式的规模、技术水平和服务质量将步上一个新台阶，对于客运需求的持续增长将产生重要的促进作用。因此总体来看，在城市化进程推进、人均收入水平提高和交通运输供给更加完善三大因素推动下，我国客运需求仍有一定增长空间，但未来增速会呈现下降态势。与发达国家类似，在人均收入达到较高水平后，客运总需求也将进入到高位、低速增长阶段。

（2）我国客运结构还具有较大优化空间

发达国家的发展经验表明，交通技术进步对客运需求具有显著的催生作用，并直接影响着客运结构的改变。例如，小汽车、民航飞机、高速铁路这些交通运输载运工具技术革新，都大大带动了相关领域的客运需求增长，进而推动了运输结构的改变。目前我国铁路客运专线、城际铁路、城市轨道交通等正在加快建设中，轨道交通凭借速度快、运量大、发车密度高、安全舒适、行车时段长的技术经济优势，市场份额不断上升。随着人口和经济进一步向城市地区聚集，中心城市和城市群正在成为承载发展要素的主要空间形式。依照我国的庞大人口规模和资源条件来看，客运服务需求不能按照欧美充分个体机动的发展模式来进行满足，应以日本模式为鉴，建立以公共交通为主体的综合性客运服务系统。此外，以600公里超高速磁浮技术为代表的新一代轨道交通技术，长期来看也有可能投入实际运营。因此，通过合理规划和政策引导，以及加快铁路改革和运输组织优化，可使轨道交通获得更大发展空间，进一步提高轨道交通在我国客运市场中的占比。

此外，美国居民近年来出行里程和自驾车行驶里程有所下降、公共交通出行占比有所上升等新趋势也表明，在时间、偏好等约束条件下，私人交通出行也具有一定的"天花板"，不会无限增长。同时，通过改善公共交通出行服务、提高旅客出行体验，也会对私人交通产生一定的转移和替代效应。我国应抓住信息、网络技术等新兴技术快速发展的有利机遇，大力发展多种形式的公共客运服务，提高出行服务的便捷性、舒适性并及时响应多样化出行需求，提高公共客运服务的竞争力和吸引力，有效避免私人交通过度发展对城市、环境等带来负外部性影响。

(3) 满足客运需求不应再以增加交通基础设施为主要手段

经过近年来的集中快速建设,我国综合交通网络已形初步基本形成,高速铁路营业里程、高速公路通车里程、城市轨道交通运营里程均位居世界第一。在此背景下,满足总量增长放缓但日益多样化、个性化的客运需求,应主要依靠提高既有基础设施的利用效率、提高运输组织效率、创新客运服务产品等途径来满足,新建交通基础设施主要目的是补短板,提质效。

(二) 发达国家货运需求发展规律及借鉴意义

1. 货运需求发展规律

(1) 货物周转量总量达到峰值前维持较长时间的低速增长

根据对美国 1980—2016 年、英国 1953—2017 年、日本 1950—2016 年的货物周转量总量变化情况的考察,发现货物周转量总量都是先上升后下降的趋势,并且都在 2008 年达到顶峰,而金融危机之后出现波动性下降。在货物周转量总量达到峰值之前,三个国家在不同时间点或时间段出现了货物周转量总量增长放缓的现象,美国为 1996—2008 年、英国为 2000—2008 年、日本为 1990—2008 年。美国与英国出现增速放缓现象可能主要是经济增长方式发生了变化,互联经济、知识经济等新经济成为经济发展的新动力,日本货物周转量增速放缓则可能主要与其经济增长停滞有关。

美国:如图 7-19 所示,美国货物周转量在 1980—2008 年持续增长,2008 年国际金融危机后下降,其中 2008 年货物周转量为 1980—2016 年间峰值,达到 88253.4 亿吨公里。1980—2016 年,美国货物周转量年增速呈波动趋势,其中 1980—2008 年相对平稳,波动较小,平均增速为 1.3%,1997—2007 年年间,货物周转量年均增速为 0.5%,2008—2016 年货物周转量年增速波动加大,货物周转量年均增速为 -2.1%。

日本:如图 7-20 所示,1950—2016 年,日本货物周转量整体呈倒 U 形变化趋势。20 世纪 90 年代左右,日本货物周转量进入一个较为平稳的低速增长阶段,在 2008 年后则步入明显的下滑轨道。与英国和美国相比,日本较早进入低速增长阶段。近 70 年来日本货物周转量年增速呈下降趋势,但是与英国和美国不同的是,在 20 世纪 80 年代之间,日本货物周转量年增速波动幅度较大,而在最近 50 年特别是近 30 年来,日本货物周转量年增速波动幅度明显放缓,这可能是与其经济步入低速增长阶段有关。

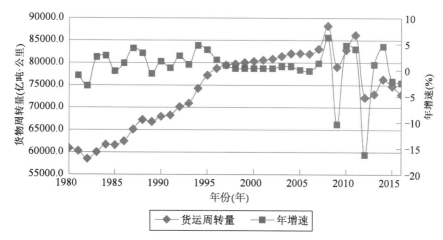

图 7-19　美国 1980—2016 年货物周转量及年增速变化趋势

注:全国货物周转量指公路、铁路、国内水运、航空及管道等 5 种运输方式货物周转量之和。

数据来源:*National Transportation Statistics 2018*。

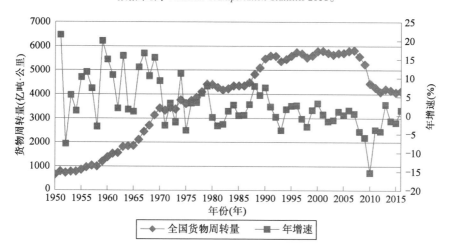

图 7-20　日本 1950—2016 年货物周转量及年增速变化趋势

注:左轴为全国货物周转量,右轴为年增速;全国货物周转量指公路、铁路、内航海运及国内航空 4 种运输方式货物周转量之和。公路货运量和货物周转量中,1975 年开始仅限有偿运输(之前含无偿运输),包括家用运输;1986 年之前不含轻型机动车,1987 年开始含轻型机动车,2010—2014 年机动车统计方法有变更;铁路数据仅限有偿运输;下同。

数据来源:*Japan Statistical Yearbook 2019*。

英国：如图7-21所示，1953—2017年，英国货物周转量大体呈现倒U形变化趋势。1953—2000年，货物周转量上升趋势明显，在2000—2008年间，英国货物周转量在2400亿吨公里上下小幅波动，2008—2017年间，具有较为显著的下降趋势。从货物周转量的年增速来看，1953—2017年英国货物周转量年增速整体呈下降趋势，在1981年前英国货物周转量保持较为稳定的增速，在此之后，不但增速明显放缓，并且波动幅度显著加大。

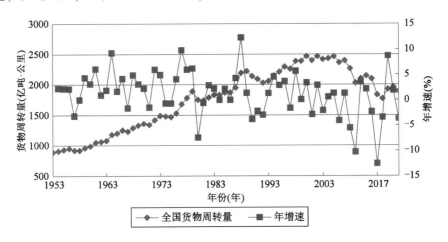

图7-21　英国1953—2017年货物周转量及年增速变化趋势

注：全国货物周转量指公路、铁路、水运及管道4种运输方式货物周转量之和。

数据来源：*Transport Statistics Great Britain 2018*。

(2) 运输结构变化到一定阶段后保持基本稳定，但存在显著的国别差异

各国的货运结构与各国产业布局和资源禀赋等密切相关，因地理区位、资源禀赋、产业结构和商品种类等不同而有较大差异。但发达国家运输结构演变也有共同特征，运输结构变化到一定阶段后保持基本稳定。

美国：如图7-22所示，从货运结构来看，美国国内水运和管道货物周转量所占份额整体呈下降趋势，公路、铁路和民航为上升趋势。公路所占份额最高，2008年达到最高值为45.5%，2012—2016年基本在40%左右。铁路所占份额仅低于公路，2012—2016年基本在30%～35%之间。民航所占份额虽然呈波动性上升趋势，但是整体份额仍然较小，2016年再次突破0.3%。管道运输所占份额在5种运输方式中排第3，并且在2008年后有小幅的上升，

2012—2016年基本在17%左右。国内水运所占份额排第4，长期下降趋势最为明显，所占份额已经降至10%以下。根据美国运输部《国家货运战略规划》(National Freight Strategic Plan)的预测结果，未来25年民航货运量增幅遥遥领先，公路次之，管道、铁路和水运增幅相近，但是各种运输方式货运量占比排序不变，绝对数变化较小。

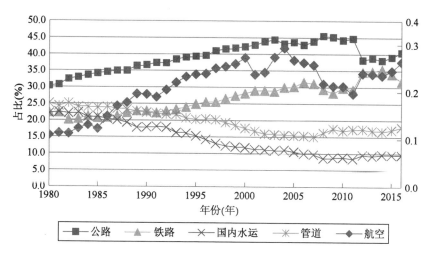

图7-22 美国1980—2016年货运结构变化趋势

注：左轴为公路、铁路、国内水路和管道等运输方式货物周转量所占份额，右轴为航空货物周转量所占份额，单位为%。

数据来源：美国 National Transportation Statistics 2018。

日本：从货运结构来看，1950—2016年，铁路货物周转量所占份额下降趋势最为明显。如图7-23所示，1953年日本铁路货物周转量所占份额达到最高值54.8%，并于1986年下降至4.6%，近30年在4%~6%之间徘徊。国内海运货物周转量所占份额在40%上下波动，并且在1960—1970年间，其在4种运输方式中所占份额保持首位。公路货物周转量所占份额整体呈上升趋势，于1985年超过国内海运，在此之后所占份额排名一直保持第一，但是2008年之后呈下降趋势，与国内海运上升趋势正好相反。在4种运输方式中，国内航空货物周转量所占份额最低，但是呈上升趋势。

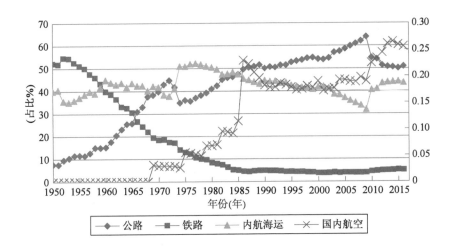

图 7-23 日本 1950—2016 年货运结构变化趋势

注：左轴为公路、铁路和国内海运等运输方式货物周转量所占份额，右轴为国内航空货物周转量所占份额，单位为%。

数据来源：*Japan Statistical Yearbook 2019*。

英国：如图 7-24 所示，从运输结构来看，1953—2017 年，公路货物周转量所占份额整体呈上升趋势，2017 年其占比已经高达 77.8%。铁路货物周转量所占份额呈现下降趋势，虽然近 20 年铁路货物周转量所占份额有微弱的上升，但是反弹幅度非常小，2017 年铁路货物周转量所占份额为 8.9%，排在公路和水运之后。英国水运货物周转量所占份额在 20 世纪 60 年代至 70 年代间超过铁路，但是在 20 世纪 80 年代之后即步入下降趋势，2017 年仍然高于铁路所占份额，为 13.2%。在英国，管道运输货物周转量所占份额低，并且在 20 世纪 90 年代之后有下降趋势。

(3) 货运需求总量和结构受各国产业发展和布局、国土面积等因素影响大

货运需求总量和结构与各国产业发展密切相关。美国进入后工业化阶段后，虽然不断地向国外转移产业，但由于其国土面积巨大，产业结构完整，钢铁、煤炭、矿石等大宗商品总产量有所上升，因此，其货运总量依然缓慢增长，并且铁路货运份额在一段时间内保持增加。美国运输部于 2020 年 9 月 3 日发布的《国家货运战略规划》认为人口与经济的增长、全球供应链多元化、国内燃油产量上升、城乡动态变化、电子商务增加、先进的技术和劳动

力发展将成为影响美国货运发展的七大因素,并预测未来25年美国货运量还会长期持续增长,年均增速约为1.2%,到2045年每吨货物价值将从2018年的1016美元/吨增长至1455美元/吨。美国货运品类与其国内大宗产品的产量密切相关。以美国的铁路货运为例,煤炭为铁路货运的主要货运品类,随着国内能源结构变化,煤炭消费减少,2001—2015年间,铁路煤炭运量下跌趋势明显。根据美国能源信息管理局预测,2021—2030美国原煤生产量将下降11%左右,这是未来铁路货运量占比下降的重要原因。化学制品为铁路货运第二大品类,铁路占乙醇运输量的60%~70%。2001—2015年间,铁路化学制品运量呈上升态势。

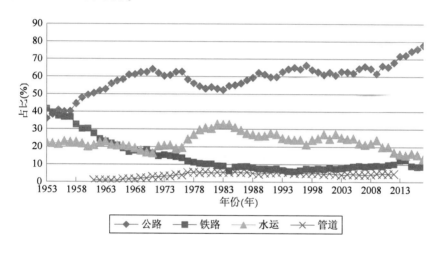

图7-24 英国1953—2017年货运结构变化趋势

数据来源: *Transport Statistics Great Britain 2018*。

日本受岛国地理区位以及资源匮乏影响,其在重化工业调整时必然出现原料、初级品的运输需求降低,从而造成货运量减少。其次,日本由于国土面积狭小,产业集中在东部沿海地带,"国内公路+国际水路"运输成为其主导的货运方式,而铁路货运所占比例较低。

在英国的铁路货运中,煤炭、建材、金属等大宗货类货运量的变化直接决定了英国货运总量的变化趋势。另外,英国铁路多式联运的货类占较大比例,并在近年呈现逐步增长的趋势。

国土面积辽阔、产业和资源空间布局不一致的国家,如美国、俄罗斯,铁路在货运体系中发挥着骨干作用，铁路货物周转量占比目前稳定保持在较高水平。

（4）在工业化中后期货运强度明显下降

在整个工业化阶段，美国、英国、日本三国的货运强度（即单位 GDP 的货物周转量）呈不断下降趋势，特别在工业化中后期此趋势最为明显。与这三国相比，我国货运强度仍处于较高水平（图 7-25）。

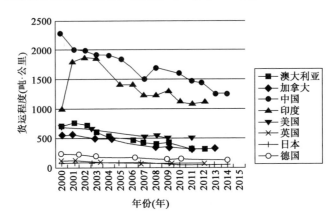

图 7-25 典型发达国家和我国货运强度对比

资源来源：《交通强国战略研究》。

（5）在交通基础设施总量保持基本稳定甚至有所下降的情况下，仍可支撑货运需求继续增长

1916 年美国铁路总里程达到历史最高峰，约 41 万公里。此后对铁路进行了大规模拆除，到 20 世纪 60 年代末约 33 万公里，20 世纪 70 年代末约 30 万公里，2021 年约 22.8 万公里。20 世纪 80 年代以来，得益于铁路改革所带来的铁路运输效率和市场竞争力提高，在铁路总里程大幅下降的情况下，美国铁路货物周转量仍出现了较快增长，由 1980 年的 13607（亿吨·公里）增长至 2008 年的 25947（亿吨·公里）。美国州际公路系统 20 世纪 80 年代基本建设完成，在公路总规模基本稳定的情况下，公路货物周转量由 1980 年的 18492（亿吨·公里）增长至 2008 年的 40188（亿吨·公里）。

在公路总里程增长了 20%、高速公路和 A 级公路总里程仅增长 7% 的情况下，英国公路货物周转量由 1968 年的 790 亿吨公里增长至 2007 年的

1573亿吨公里，增长了接近100%。

2. 对我国的借鉴启示

我国运输需求与发达国家的差异性在于：一是客货运输规模更大；二是资源禀赋特征、产业空间布局、构建完整的产业链等决定了大宗货运需求规模巨大；三是"胡焕庸线"的东、西两侧具有迥异的自然地理、人口、经济产业特征以及客货运输需求特征。对比国外经验，依据我国国情得出以下四点启示：

（1）我国铁路货运仍然有较大发展空间

虽然英国和日本铁路货物周转量所占份额已经步入稳定阶段，但是美国铁路货物周转量所占份额仍然呈上升趋势，并且近些年美国、英国和日本铁路所占份额变化区间分别为30%~35%、8%~10%和4%~6%。我国国土面积大、人口多、资源禀赋不均衡等特点与美国相类似，美国铁路货运在全国货运体系中发挥骨干作用，在多式联运系统中发挥主导作用，均值得我国学习借鉴。虽然2018年我国铁路货物周转量仅为14%，但铁路的技术经济比较优势和我国国情决定了铁路应在我国货运体系中发挥更大作用，未来通过改革和技术进步，也能够在货运体系中发挥更大作用。下一步，我国铁路要加快创新货运服务，提高铁路货运服务质量和水平，增强市场竞争力。

（2）要高度重视多式联运发展

根据美国经验，随着集装箱贸易的增长，电子商务的迅速崛起，以及信息和物流技术的进步，多式联运快速发展，而铁路多式联运是主流。2017年美国多式联运业务铁路多式联运所占比重高达85%。根据美国铁路协会报告，2017年铁路多式联运占美国一级铁路总收入的比重高达24%，比包括煤炭在内的任何单一大宗商品的收入都要高，而煤炭运输在前几年一直都是铁路收入来源最大的货类。当前，我国多式联运仍处于起步阶段，特别是铁路多式联运存在硬件和软件等诸多问题，需要通过加强高质量设施供给、创新运输组织模式、改进市场服务理念等促进铁路多式联运发展。

(3) 重视公路货运方式的绿色化和智能化发展

对比美国、英国和日本货运结构不难发现，公路货物周转量所占份额在三个发达国家都居首位，并且整体呈上升趋势。公路运输在货运体系中发挥着重要作用，需要高度重视其发展，未来应加快推动公路运输向绿色化、智能化方向发展，加快创新公路货运服务方式和运载工具，提高公路货运质量和绿色化水平。

(4) 满足货运需求应提高基础设施利用效率、运输组织效率和创新货运服务产品

依靠大量消耗和占用资源进行交通运输基础设施建设换取交通运输供给较快增长的路子已经难以为继，未来我国货运需求总量增长放缓但日益精细化、个性化，满足多样化的货运需求，应主要依靠提高既有基础设施的利用效率、提高运输组织效率、创新货运服务产品等途径来实现，尤其要更加注重货运技术创新和应用推广，提高货物运输效率和可靠性水平，更好实现供需精准匹配。

三、未来我国客运需求预测

(一) 未来经济社会发展对客运需求的影响分析

1. 经济发展因素

(1) 经济发展基本面向好决定旅客运输保持快速增长态势

根据钱纳里和赛尔奎工业化阶段划分标准，我国目前正处在工业化中期。发达国家的发展经验表明，进入工业化中后期阶段后，客运需求总量仍将保持快速增长。当前，我国经济发展基本面良好，一方面，从国际发展经验来看，经济经过持续高增长后出现增速换挡是典型经济体的一般发展规律。另一方面，我国经济增长速度下降更多源自要素投入数量增速降低，在要素质量不断改善、改革红利持续释放的背景下，经济持续向好增长的动力仍然十分强劲。因此，中长期内我国经济增长速度换挡并将在一个较长时期内探底，但增长动力仍十分强劲、增长质量持续向好，加快向工业化中后期迈进，带动旅客运输需求总量保持快速增长态势。

（2）产业结构优化和消费水平提升将推动高端、个性化出行需求更快增长

随着工业化的发展，第三产业比重将持续增加，从而形成更多的商务出行需求，这类需求对航空、高速铁路等快速、高服务质量的客运出行方式有明显偏好。同时，伴随经济发展水平的提高，人民收入水平将有较快增长，以消费为主导的经济增长新格局正逐渐形成。同过去消费结构相比，中国城乡居民消费结构正在由生存型消费向发展型消费升级、由物质型消费向服务型消费升级、由传统消费向新型消费升级，并逐渐传导至出行领域。一方面，随着人均收入水平的增长，消费的预算约束越宽松，对出行费用的承受能力越强，各种满足精神需要、自我价值实现、追求生活质量的消费需求将快速增长，由此派生出大量的消费性客运需求；另一方面，消费升级还会对交通运输服务质量提出更高要求，促进高端运输方式及其市场的发展，如航空、高速铁路、私人小汽车、房车、邮轮游艇等。

（3）城镇化发展模式将推升城市群地区的交通运输需求

未来我国新型城镇化发展将以若干城市群为主体。城市群将成为国家的人口、产业和经济重心，随着人口分布和经济活动在全国层面上向城市群集中，以城市群为主体的客运需求将成为全社会客运需求增长的重点。一方面，主要城市群之间的客流继续快速增长，各大城市群成为主要的客流出发到达点。另一方面，在城市群内部，一体化进程不断加快，内部的客运需求进一步增长。同时，随着城市群快速客运系统进一步完善，区域内以通勤、公务、商务、旅游、务工、探亲等为出行目的的旅行次数增多，客运需求的分布也会在城市群内部进一步平衡分散。

（4）交通运输供给提质增效对客运需求增长和结构的影响进一步凸显

交通技术进步对客运需求具有显著的催生作用，并直接影响着客运结构的改变。未来，运输新技术、新组织方式、服务的改进将对客运需求发挥出更大的诱发作用，同时也更大程度上影响着未来的客运结构。

2. 社会文化因素

（1）人口老龄化发展趋势将导致生产性出行比例降低

受出行目的以及个体的交通出行能力的变化影响，例如65岁以上人群生

产性出行下降迅速，可能形成更多消费性出行，65 岁以上驾驶私人小汽车的能力下降等，相应的交通方式、出行距离等都会发生比较明显变化，总体趋势是人口老龄化会降低生产性出行比例、提高公共交通出行比例、减少出行距离和频次等。根据 2020 年进行的第七次人口普查数据，我国 60 岁及以上人口的占比达到 18.70%，其中 65 岁及以上人口占比达到 13.50%，已进入中度老龄化社会。未来，少子化和长寿趋势将使得老龄化持续加深，从而对客运需求增长和结构产生重要影响，并对客运服务人性化提出更高要求。

（2）维护社会公平将带动落后地区运输需求增长

社会公平观念的深入人心和深入推进，要求交通运输发展成果必须由人民共享，实现地区间、群体间的交通发展普遍享有。今后一个时期，中央预算内资金将重点投向中西部铁路、城际铁路；提高中心城市与周边农村的交通网络通达度和公共交通覆盖面，实现城乡交通一体化发展；进一步加大车购税投资支持力度，进一步提高农村公路技术标准和通行能力。欠发达地区的交通供给水平进一步提高，将有效提升交通运输水平，相应促进经济社会发展水平，有利于带动中西部、农村地区运输需求更快增长。

（3）城乡融合发展将对大规模"迁徙式"出行起到平抑作用

随着城镇化优化进程逐步深入加快，农村人口的转移速度会逐步趋于平缓下降，转化为城市居民的流动人口客运出行特征将逐渐城市化，每年大规模的"候鸟迁徙"状态将得到缓解。预计以春运为代表的、打工人员返乡为主的大规模"迁徙式"出行需求将逐步平缓下降。

3. 科技进步因素

（1）新一轮科技革命将对旅客出行目的产生影响

进入 21 世纪以来，新一轮科技革命正在孕育兴起，颠覆性技术层出不穷，将成为社会生产力新飞跃的突破口。生产性出行方面，在 5G 技术推动下，工作沟通逐渐从实时通信发展到虚拟现实，满足人们身临其境的要求，进而减少出行需要。消费性出行方面，一方面 3D 打印等新技术的推广应用使得刚性的外出购物需求不断减少，但未来更加智慧、便捷、舒适、低能耗、高效能的绿色出行技术与产品，例如服务机器人、自动驾驶汽车、智能穿戴设备等，将使消费性出行更加方便、体验更佳，在一定程度上促进消费性出行需求增长。

（2）交通技术革新对客运需求及结构影响程度有限

以共享出行为代表的众多"互联网+"新业态会对交通运输需求产生一定影响，但目前已经得到较为充分的释放，未来变化幅度有限。新能源汽车、自动驾驶汽车、磁浮高速铁路、真空胶囊列车、超音速飞机等载运工具技术水平虽不断进步，但2035年以前较有希望大规模推广的新型载运工具预计仅包括新能源汽车和自动驾驶汽车两种，分别有降低私人小汽车出行负外部性、提升舒适性的作用，有望进一步促进小汽车出行需求的增加。

（二）未来我国客运需求预测

1. 情景设定

本研究设定基准、乐观、保守三种发展情景对我国旅客运输需求进行预测。

基准发展情景下，国际国内发展环境基本符合预期，国民经济平稳增长，产业结构持续优化，新型城镇化稳步推进，科技正常进步，对外贸易平稳发展，推动运输结构调整等相关政策实施较为顺利。

乐观发展情景下，国际国内发展环境超过预期，经济较快增长，产业结构加快优化，城镇化较快推进，科技快速进步，对外贸易较快发展，推动运输结构调整等相关政策力度及实施效果超过预期。

保守发展情景下，国际国内发展环境不及预期，经济增速较低，产业结构优化进展缓慢，新型城镇化推进缓慢，科技进步较慢，对外贸易发展受挫，推动运输结构调整等相关政策实施效果不及预期。

综合国务院发展研究中心、中国社会科学院、中国宏观经济研究院等国内多家权威科研机构对未来经济社会发展的预测，本研究选取的不同发展情景的经济社会关键指标见表7-5。

不同发展情景的经济社会指标 表7-5

指标	年份（年）	基准情境	乐观情景	保守情景
GDP （万亿元， 2018年 价格）	2018	90.0	90.0	90.0
	2025	138.4	141.6	134.3
	2035	234.6	248.2	218.2
	2050	438.0	487.2	381.8

续上表

指标	年份（年）	基准情境	乐观情景	保守情景
产业结构	2018	7.2∶40.5∶52.3	7.2∶40.5∶52.3	7.2∶40.5∶52.3
	2025	5.5∶39.0∶55.5	5.3∶38.8∶55.9	5.7∶39.4∶54.9
	2035	3.5∶36.6∶59.9	3.2∶36.1∶60.7	3.8∶37.3∶58.9
	2050	2.5∶33.5∶64.0	2.0∶32.5∶65.5	3.0∶34.5∶62.5
人口（亿人）	2018	14.150	14.150	14.150
	2025	14.388	14.388	14.388
	2035	14.335	14.335	14.335
	2050	13.645	13.645	13.645
常住人口城镇化率（%）	2018	59.58	59.58	59.58
	2025	65.04	65.75	64.22
	2035	73.20	74.73	71.50
	2050	84.13	81.36	78.40
进出口额（万亿元，2018年价格）	2018	30.5	30.5	30.5
	2025	41.4	45.6	36.6
	2035	58.7	74.5	43.6
	2050	109.5	146.2	76.4

2. 预测方法

在对客运需求趋势进行定性研判的基础上，本研究采用多种数学预测方法对不同影响因素变动与客运需求变化的关系进行量化分析，分别建立经济计量模型进行客运需求预测。主要方法包括：

（1）弹性系数分析法

弹性系数分析法是基于经济社会发展与客运需求之间的内在关系，在判断经济增长趋势的基础上，通过预判客运需求相对GDP增长的弹性系数值，来预测客运需求总量。弹性系数是指客运需求增长速度与GDP增长速度之比，反映了客运需求随社会经济发展的变动情况。一般来说，随着经济的增长、人民生活水平的提高，单位GDP产生的客运需求量将逐步增加，但增长速度会有所下降，意味着客运弹性系数随经济增长呈现逐渐<1的趋势。弹性系数分析法可用式（7-1）表示：

$$Q = Q_0 \times (1 + T \times R_{\text{GDP}}) \tag{7-1}$$

式中：Q——未来客运需求；

Q_0——现状客运需求；

T——客运弹性系数；

R_{GDP}——GDP 增长速度。

2020—2025 年，我国人口继续增长，城镇化水平、居民收入水平持续提升，出行需求持续增长，预计客运需求的弹性系数将保持在 0.6 左右。

2025—2035 年，我国将逐步进入后工业化阶段，城镇化进程逐步放缓，同时考虑到我国人口总量将于 2028 年前后达峰，预计客运弹性系数将回落至 0.3。

2035 到 21 世纪中时，我国将在基本实现现代化的基础上，建成富强民主文明和谐美丽的社会主义现代化强国，城镇化进程逐步趋向稳定，人口总量缓慢下降，客运需求增速进一步放缓，客运弹性系数进一步下降。

（2）多元回归法

从调整后的历年人均出行次数趋势来看，从最低水平到最高水平经历了增长速率先高后低的过程，且由于人们在时间、精力、经济等方面的限制，无论外在条件如何改变，人均出行次数总有极限，增长率也会逐渐趋向于零，即人均出行次数稳定在极限水平附近。因此，未来人均出行次数非常适合用生长曲线法进行预测。生长曲线预测法也称为生长曲线模型（Growth Curve Models），是预测事件对象的观测数据随时间的变化符合生长曲线的规律，以生长曲线模型对事件对象进行预测的方法。一般来说，事物总是经过发生、发展、成熟三个阶段，而每一个阶段的发展速度各不相同。通常在发生阶段，变化速度较为缓慢；在发展阶段，变化速度加快；在成熟阶段，变化速度又趋缓慢，按上述三个阶段发展规律得到的变化曲线称为生长曲线。

常用的一元皮尔生长曲线模型如式（7-2）所示：

$$y = \frac{K}{1 + be^{-at}} \quad (a > 0, b > 0) \tag{7-2}$$

皮尔生长曲线模型如图 7-26 所示。

结合上述分析，提出人均出行次数函数形式：

$$y = \frac{K}{1 + ae^{-a_1x_1} + be^{-b_1x_2} + ce^{-c_1x_3} + de^{-d_1x_4}} \qquad (7\text{-}3)$$

式中：

y——人均出行次数（次）；

x_1——人均 GDP（美元）；

x_2——15~64 岁人口比例（%）；

x_3——第三产业比例（%）；

x_4——城镇化率（%）；

K、a、a_1、b、b_1、c、c_1、d、d_1——参数。

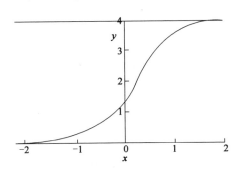

图 7-26　皮尔生长曲线示意图

对于变量选择中的基础数据，应用准牛顿法进行参数标定，得到参数值见表 7-6。拟合优度检验结果显示，相关系数之平方 R^2 为 0.9996，卡方系数值为 0.06，F 统计值为 58449.46（图 7-27）。

多元回归法参数标定　　　　　表 7-6

参数	K	A	a_1	b	b_1	c	c_1	d	d_1
取值	42.87	9.19	5.66	626115.1	3.99	230.02	0.15	124158.3	0.39

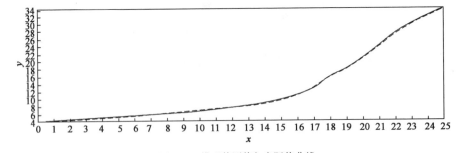

图 7-27　模型估测值与实际值曲线

（3）相似情景法

根据国外经验分析，日本和美国的人均GDP在1980年左右达到1.5万美元，在1985—1990年期间达到2万美元以上，之后旅客周转量增长速度明显下降；到2000—2005年间，日本和美国人均旅客周转量（非理想指标，但有参考价值）基本维持稳定，其时人均GDP为3.5万美元以上。2015年，北京市人均GDP达到1.71万美元，人均年旅客周转量已达8053人公里（表7-7）。通过对比不同时期各个国家和地区的旅客周转量变化特点，综合分析其与我国客运影响因素的共同点与差别，估算未来不同时期旅客运输需求。

相似情景法情景对比 表7-7

国家或城市	年份（年）	人均GDP（美元）	人均旅客周转量（人·公里）	总人口（百万）	总旅客周转量（亿人·公里）
美国	1985	18270	26873	237.9	63932
	1990	23955	25810	249.6	64423
日本	1980	18526	6678	117.1	7820
	1985	24055	7091	121	8580
中国	2015	8280	2188	1374	30059
#北京	2015	17100	8053	21.71	1748

数据来源：课题组整理。

3. 预测结果

综合运用上述预测方法，得出不同发展情景下未来我国客运需求的预测结果，其中基准发展情景的预测结果为推荐方案。

（1）基准发展情景

基准发展情景下未来我国客运需求预测结果见表7-8～表7-11。

基准发展情景出行量及增长率　　　　　　　　　　　　　　表 7-8

时间	出行量（亿人次）							
	铁路	公路	水路	民航	小汽车❶	民航国际	汇总	不含小汽车
2018 年	34	137	2.8	6.1	361	0.64	540	179
2025 年	53	104	3.2	10.1	550	1.40	720	170
2035 年	75	94	3.6	14.1	700	2.60	887	187
2050 年	90	87	4	17	837	5	1035	198
时间	增速（%）							
	铁路	公路	水路	民航	小汽车	民航国际	汇总	不含小汽车
2018—2025 年	6.7	-3.8	1.9	7.4	6.2	11.8	4.2	-0.7
2025—2035 年	3.5	-1.0	1.2	3.4	2.4	6.4	2.1	0.9
2035—2050 年	1.2	-0.5	0.8	1.2	1.2	4.2	1.0	0.4

基准发展情景出行量结构（单位:%）　　　　　　　　　　表 7-9

时间	营运性				
	铁路	公路	水路	民航	—
2018 年	18.8	76.2	1.6	3.4	—
2025 年	31.1	61.1	1.9	5.9	—
2035 年	40.1	50.3	1.9	7.7	—
2050 年	45.3	44.1	2.1	8.5	—
时间	全口径				
	铁路	公路	水路	民航	小汽车
2018 年	6.2	25.3	0.5	1.1	66.8
2025 年	7.4	14.4	0.4	1.4	76.4
2035 年	8.5	10.6	0.4	1.6	78.9
2050 年	8.7	8.4	0.4	1.6	80.9

---

❶ 近年来，随着我国机动化进程的推进，私家车日益普及，小汽车的出行量逐年大幅增长。据《2017 年中国高速公路运输监测报告》，2017 年，高速公路 7 座及以下小汽车通行量 72.4 亿辆，同比 2016 年增长 15.6%。另据《2017 交通运输行业统计公报》，我国普通国道年平均机动车日交通量为 10242 辆，同比 2016 年增长 7.0%。据此分别推算高速公路小汽车交通量为 72.4 亿辆、普通国道小汽车交通量为 89.6 亿辆，合计 2017 年公路小汽车交通量达 162 亿辆。按每辆次乘坐 2 人估算，2017 年，我国共计完成小汽车客运量为 324 亿人次。结合私人小汽车保有量、车均出行次数变化情况，估计 2018 年小汽车出行总量约为 361 亿人次。

基准发展情景周转量及增长率　　表 7-10

时间	周转量（人·公里）							
	铁路	公路	水路	民航	小汽车	民航国际	汇总	不含小汽车
2018年	14147	9280	80	10712	19855	2822	54072	34217
2025年	19500	7488	93	18382	31350	6440	76813	45463
2035年	25000	7144	108	25803	40600	12480	98655	58055
2050年	29458	6933	118	32740	49280	23468	118529	69249
时间	增速（%）							
	铁路	公路	水路	民航	小汽车	民航国际	汇总	不含小汽车
2018—2025年	4.7	-3.0	2.2	8.0	6.7	12.5	5.1	4.1
2025—2035年	2.5	-0.5	1.5	3.4	2.6	6.8	2.5	2.5
2035—2050年	1.1	-0.2	0.6	1.6	1.3	4.3	1.2	1.2

基准发展情景出行周转量结构（单位：%）　　表 7-11

时间	营运性				
	铁路	公路	水路	民航	—
2018年	41.3	27.1	0.2	31.3	—
2025年	42.9	16.5	0.2	40.4	—
2035年	43.1	12.3	0.2	44.4	—
2050年	42.5	10.0	0.2	47.3	—
时间	全口径				
	铁路	公路	水路	民航	小汽车
2018年	26.2	17.2	0.1	19.8	36.7
2025年	25.4	9.7	0.1	23.9	40.8
2035年	25.3	7.2	0.1	26.2	41.2
2050年	24.9	5.8	0.1	27.6	41.6

（2）乐观发展情景

乐观发展情景下我国客运需求预测结果见表 7-12～表 7-15。

乐观发展情景出行量及增长率　　　　　　　　　　　　表 7-12

时间	出行量（亿人次）							
	铁路	公路	水路	民航	小汽车	民航国际	汇总	不含小汽车
2018 年	34	137	2.8	6.1	361	0.64	540	179
2025 年	54	108	3.3	10.3	560	1.42	736	176
2035 年	78	102	3.8	14.5	720	2.66	918	198
2050 年	93	99	4	17	874	5	1088	214
时间	增速（%）							
	铁路	公路	水路	民航	小汽车	民航国际	汇总	不含小汽车
2018—2025 年	6.8	-3.3	2.4	7.8	6.5	12.1	4.5	-0.2
2025—2035 年	3.7	-0.6	1.4	3.5	2.5	6.5	2.2	1.2
2035—2050 年	1.2	-0.2	0.9	1.2	1.3	4.3	1.7	0.8

乐观发展情景出行量结构（单位:%）　　　　　　　　　　表 7-13

时间	营运性				
	铁路	公路	水路	民航	—
2018 年	19.0	76.5	1.6	3.4	—
2025 年	30.7	61.4	1.9	5.9	—
2035 年	39.4	51.5	1.9	7.3	—
2050 年	43.6	46.3	2.0	8.1	
时间	全口径				
	铁路	公路	水路	民航	小汽车
2018 年	6.3	25.4	0.5	1.1	66.9
2025 年	7.3	14.7	0.4	1.4	76.1
2035 年	8.5	11.1	0.4	1.6	78.4
2050 年	8.6	9.1	0.4	1.6	80.3

乐观发展情景周转量及增长率　　　　　　　　　　　　表 7-14

时间	周转量（人·公里）							
	铁路	公路	水路	民航	小汽车	民航国际	汇总	不含小汽车
2018 年	14147	9280	80	10712	19855	2822	54072	34217
2025 年	19872	7776	96	18746	31920	6532	78410	46490

续上表

时间	周转量（人·公里）							
	铁路	公路	水路	民航	小汽车	民航国际	汇总	不含小汽车
2035年	25974	7752	114	26535	41760	12768	102135	60375
2050年	30908	7637	128	31106	58588	24357	128367	69779

时间	增长率（%）							
	铁路	公路	水路	民航	小汽车	民航国际	汇总	不含小汽车
2018—2025年	5.0	-2.5	2.7	8.3	7.0	12.7	5.5	4.5
2025—2035年	2.7	0.0	1.8	3.5	2.7	6.9	2.7	2.6
2035—2050年	1.3	-0.1	0.8	1.7	1.4	4.4	2.0	2.0

乐观发展情景出行周转量结构（单位:%） 表7-15

时间	营运性				
	铁路	公路	水路	民航	—
2018年	41.3	27.1	0.2	31.3	—
2025年	42.7	16.7	0.2	40.3	—
2035年	43.0	12.8	0.2	44.0	—
2050年	42.9	10.4	0.2	46.5	—
时间	全口径				
	铁路	公路	水路	民航	小汽车
2018年	26.2	17.2	0.1	19.8	36.7
2025年	25.3	9.9	0.1	23.9	40.7
2035年	25.4	7.6	0.1	26.0	40.9
2050年	25.2	6.1	0.1	27.4	41.2

（3）保守发展情景

保守发展情景下未来我国客运需求预测结果见表7-16～表7-19。

保守发展情景出行量及增长率 表7-16

时间	出行量（亿人次）							
	铁路	公路	水路	民航	小汽车	民航国际	汇总	不含小汽车
2018年	34	137	2.8	6.1	361	0.64	540	179
2025年	52	102	3.1	9.8	540	1.38	707	167

续上表

时间	出行量（亿人次）							
	铁路	公路	水路	民航	小汽车	民航国际	汇总	不含小汽车
2035年	72	90	3.4	13.4	680	2.52	859	179
2050年	85	82	4	16	801	5	988	187

时间	增长率（%）							
	铁路	公路	水路	民航	小汽车	民航国际	汇总	不含小汽车
2018—2025年	6.4	-4.1	1.5	7.0	5.9	11.6	3.9	-1.0
2025—2035年	3.3	-1.2	0.9	3.2	2.3	6.2	2.0	0.7
2035—2050年	1.1	-0.6	0.6	1.1	1.1	4.0	1.4	0.4

保守发展情景出行量结构（单位：%）　　　　表 7-17

时间	营运性				
	铁路	公路	水路	民航	—
2018年	19.0	76.5	1.6	3.4	—
2025年	31.1	61.1	1.9	5.9	—
2035年	40.2	50.3	1.9	7.5	—
2050年	45.5	44.1	2.0	8.5	—

时间	全口径				
	铁路	公路	水路	民航	小汽车
2018年	6.3	25.4	0.5	1.1	66.9
2025年	7.4	14.4	0.4	1.4	76.4
2035年	8.4	10.5	0.4	1.6	79.2
2050年	8.6	8.3	0.4	1.6	81.1

保守发展情景周转量及增长率　　　　表 7-18

时间	周转量（人·公里）							
	铁路	公路	水路	民航	小汽车	民航国际	汇总	不含小汽车
2018年	14147	9280	80	10712	19855	2822	54072	34217
2025年	19136	7344	90	17836	30780	6348	75186	44406
2035年	23976	6840	102	24522	39440	12096	94880	55440

续上表

时间	周转量							
	铁路	公路	水路	民航	小汽车	民航国际	汇总	不含小汽车
2050年	27835	6441	112	30208	47168	21784	111764	64596

时间	增长率（%）							
	铁路	公路	水路	民航	小汽车	民航国际	汇总	不含小汽车
2018—2025年	4.4	-3.3	1.8	7.6	6.5	12.3	4.8	3.8
2025—2035年	2.3	-0.7	1.3	3.2	2.5	6.7	2.4	2.2
2035—2050年	1.0	-0.4	0.6	1.4	1.2	4.0	1.6	1.5

保守发展情景出行周转量结构（单位:%）　　　　表7-19

时间	营运性				
	铁路	公路	水路	民航	
2018年	41.3	27.1	0.2	31.3	—
2025年	43.1	16.5	0.2	40.2	—
2035年	43.2	12.3	0.2	44.2	—
2050年	43.1	10.0	0.2	46.8	—

时间	全口径				
	铁路	公路	水路	民航	小汽车
2018年	26.2	17.2	0.1	19.8	36.7
2025年	25.5	9.8	0.1	23.7	40.9
2035年	25.3	7.2	0.1	25.8	41.6
2050年	24.9	5.8	0.1	27.0	42.2

（三）区域客运需求发展趋势分析

选择东部地区、中部地区、西部地区和东北地区四大区域作为研究对象，进一步对不同区域的客运需求峰值趋势进行深入分析。

受到地理特点、资源禀赋、自然条件和历史文化等方面因素影响，我国经济社会发展和旅客出行需求东高西低的基本格局不会改变。但近年来，东部地区客运量占比略有下降，中部、西部地区略有上升，区域不平衡情况出现一定缓解。未来随着脱贫攻坚、西部大开发等国家战略和"一带一路"倡议不断推向纵深，革命老区、民族地区、边疆地区等低于平均经济发展水平地区的交通运输服务显著改善，中部、西部地区的人口总量和经济社会发展水平将得到有效提升，同东部地区的差距不断缩小，区域客运需求也将更加平衡。

运输方式结构方面，不同区域演变趋势将呈现明显分化：东部地区由于经济社会发展水平较高、基础设施完善程度较高、人口产业布局集中等方面因素，铁路、民航客运需求将保持较快增长，公路营业性运输需求将持续降低，水路客运量随着休闲需求的增加将略有增长，但占比仍相对较低。中部地区禀赋条件及发展路径接近东部，但阶段相对滞后，公路客运量虽近年来略有降低，短期内仍将是中部地区主要客运方式，但铁路和民航客运需求也将出现较快提升，小汽车出行需求也将快速增加；东北地区未来经济发展动力弱于东部、中部地区，营业性公路运输需求下降相对较慢，随着人口、产业集中度的缓慢提升，铁路运输需求将相应提升，但增幅低于东部地区，民航和水运需求占比也将略有增加；西部地区地广人稀特点不会有明显变化，但人口和产业集中度也有望大幅提升，未来随着基础设施网络的不断完善，铁路客运需求将明显增加，航空客运需求略有增加，公路和水运客运需求有所降低。

综合考虑各区域特点，基于增长率法和Elman神经网络法对四大区域客运需求结果进行预测，结论见表7-20～表7-22。

2025年四大区域旅客运输量模型预测结果 表7-20

预测指标	增长率法				Elman神经网络			
	东部地区	东北地区	中部地区	西部地区	东部地区	东北地区	中部地区	西部地区
客运量（亿人次）	70.2	41.5	41.5	12.2	80.8	16.1	57.7	68.9
#公路客运量	35.6	31.4	29.7	8.3	47.8	11.1	48.8	58.2
#铁路客运量	27.9	9.6	8.4	3.2	25.0	4.4	8.2	7.9
#航空客运量	4.7	0.1	2.5	0.6	5.1	0.5	0.3	1.9
#水运客运量	2.0	0.4	0.9	0.1	2.9	0.1	0.4	0.9
旅客周转量（百亿人·公里）	189.6	33.7	82.1	109.2	186.9	28.9	89.5	100

续上表

预测指标	增长率法				Elman 神经网络			
	东部地区	东北地区	中部地区	西部地区	东部地区	东北地区	中部地区	西部地区
#公路旅客周转量	30.3	6.0	22.9	27.9	29.0	7.0	30.7	37.4
#铁路旅客周转量	70.4	12.9	52.2	32.8	86.5	15.2	54.6	40.5
#航空旅客周转量	88.5	14.8	6.9	48.4	71.0	6.6	4.1	21.8
#水运旅客周转量	0.4	0.0	0.1	0.1	0.4	0.1	0.1	0.3

2035 年四大区域旅客运输量模型预测结果　　　　表 7-21

预测指标	增长率法				Elman 神经网络			
	东部地区	东北地区	中部地区	西部地区	东部地区	东北地区	中部地区	西部地区
客运量（亿人次）	81.9	11.7	41.3	33.2	108.9	51.1	199.9	156.9
#公路客运量	30.7	7.2	27	16.7	61.1	42.1	154	130.8
#铁路客运量	43.1	3.6	13.7	12.2	37.1	6.4	14.4	18.6
#航空客运量	5.8	0.8	0.1	3.4	6.8	0.1	0.1	0.1
#水运客运量	2.3	0.1	0.5	0.9	3.9	2.6	31.5	7.5
旅客周转量（百亿人·公里）	241.4	44.8	96.6	144.3	307	41.1	108.6	125.9
#公路旅客周转量	28.4	5.7	21.5	24.8	37.1	8.9	37.5	45.7
#铁路旅客周转量	97.6	14.9	64.9	41.0	170.3	22.5	66.6	57.1
#航空旅客周转量	114.9	24.2	10.1	78.5	99.2	9.6	44.0	22.0
#水运旅客周转量	0.5	0	0.1	0	0.4	0.1	0.10	1.1

2050 年四大区域旅客运输量模型预测结果　　　　表 7-22

预测指标	增长率法				Elman 神经网络			
	东部地区	东北地区	中部地区	西部地区	东部地区	东北地区	中部地区	西部地区
客运量（亿人次）	83.1	11.9	41.9	33.7	110.5	52.3	203.4	159.6
#公路客运量	31.2	7.3	27.4	17.0	62.0	42.7	156.3	132.8

续上表

预测指标	增长率法				Elman 神经网络			
	东部地区	东北地区	中部地区	西部地区	东部地区	东北地区	中部地区	西部地区
#铁路客运量	43.7	3.7	13.9	12.4	37.7	6.5	14.6	18.9
#航空客运量	5.9	0.8	0.1	3.5	6.9	0.4	0.5	0.3
#水运客运量	2.3	0.1	0.5	0.9	4.0	2.6	32.0	7.6
旅客周转量（百亿人·公里）	245.0	45.5	98.1	146.5	311.6	41.7	110.2	127.8
#公路旅客周转量	28.8	5.8	21.8	25.2	37.7	9.0	38.1	46.4
#铁路旅客周转量	99.1	15.1	65.9	41.6	172.9	22.8	67.6	58.0
#航空旅客周转量	116.6	24.6	10.3	79.7	100.7	9.7	4.5	22.3
#水运旅客周转量	0.5	0.0	0.1	0.0	0.4	0.1	0.1	1.1

以基准发展情景预测结论对区域预测数据进行矫正，未来各区域各种运输方式客运需求预测见表 7-23。

（四）主要结论

1. 旅客出行总量增速逐渐趋缓

基于发展阶段判断，当前我国客运需求（包含小汽车）已经处于快速增长阶段末期，增速将逐步趋缓。与此同时，我国人口的增长速度也正放缓，老龄化程度不断加深。受上述两方面主要因素影响，客运量和旅客周转量的增长速度将逐渐下降，直至进入增速为 2% 以下的"缓慢增长阶段"。预计 2035 年前后，随着我国城市化率超过 70%，人均 GDP 超过 2 万美元，客运需求进入缓慢增长期。

2. 不同运输方式需求增长存在差异

预计未来四大主要客运出行方式中，航空增长速度最快，铁路次之，公路最慢。其中，营业性公路客运出行量下降，私人小汽车的增长速度较快。受铁路客运平均运距下降影响，铁路旅客周转量增长速度低于客运量；而受高速铁路竞争影响，民航的国内航线平均运距持续增长，航空旅客周转量增长速度高于客运量增长速度。

四大区域旅客运输量预测结果

表 7-23

预测指标	2025 年				2035 年				2050 年			
	东部地区	东北地区	中部地区	西部地区	东部地区	东北地区	中部地区	西部地区	东部地区	东北地区	中部地区	西部地区
客运量（亿人次）	62.4	13.2	45.5	49.2	65.3	14.9	54.6	51.9	69.8	15.6	56.4	56.0
#公路客运量	36.5	8.4	34.4	24.7	30.5	8.2	32.8	22.5	28.3	7.6	30.4	20.9
#铁路客运量	20.7	3.7	7.9	20.7	28.1	5.4	17.6	23.9	33.6	6.5	21.0	28.6
#航空客运量	3.1	0.8	2.5	3.7	4.8	1.2	3.6	4.5	5.7	1.4	4.3	5.4
#水运客运量	2.1	0.3	0.7	0.1	1.9	0.1	0.6	1.0	2.1	0.1	0.6	1.1
旅客周转量（亿人·公里）	21922	2833	9819	10889	26599	3486	12930	15140	32028	3960	15048	18214
#公路旅客周转量	2350	658	2448	2032	2187	629	2370	1958	2122	610	2300	1900
#铁路旅客周转量	8827	1415	5725	3533	11693	1541	7149	4517	13778	1934	8424	5322
#航空旅客周转量	10693	757	1623	5309	12658	1112	3386	8648	16060	1411	4296	10972
#水运旅客周转量	52	3	23	15	61	4	25	18	67	4	27	20

3. 出行消费倾向更高质量方式

伴随我国经济社会发展水平的提高、人们价值取向的变化，人们出行消费倾向于选择更快速、更舒适、更自由、更绿色的高质量方式。除高速铁路、民航客运量保持快速增长外，非营运性小汽车由于能享受独立空间且在较短距离内更为快速便捷，预计未来出行量也将保持持续快速增长。营业性公路客运受高速铁路等出行方式冲击，以及自身服务水平限制，未来一段时间内出行量持续下降，但2030年后，随着豪华大巴、包车等服务多元化以及服务水平提升，在部分细分市场中营业性公路客运将占据适当地位，总出行量趋于稳定。

4. 出行需求东高西低的空间格局基本不会改变

未来，随着西部大开发等国家战略和"一带一路"倡议不断推向纵深，革命老区、民族地区、边疆地区等低于平均经济发展水平地区的交通运输服务显著改善，中西部地区的人口总量和经济社会发展水平将得到有效提升，客运需求增速将有所加快，在全国客运需求中的占比将有小幅提高。但是，受自然条件、收入水平、人口总量、交通供给、生活方式等多方面因素影响，东部地区仍是我国客运需求最为集中的区域，其中，东部地区铁路客运需求仍将保持快速增长，在四大板块中占比还将有所提高。总体来看，我国经济社会发展和旅客出行需求东高西低的空间格局基本不会改变。

5. 城市群在全社会客运需求中的占比将进一步提升

城市群是我国新型城镇化主体形态，是支撑全国经济增长、促进区域协调发展、参与国际竞争合作的重要平台。未来随着城市群建设步伐加快，城市群内各城市间经济社会联系不断增强，城市群内部的旅客出行需求将有大幅提升。与此同时，随着区域经济一体化进程的推进，以及东部产业逐渐向中西部梯度转移、交通基础设施网络不断完善等相关因素影响，主要城市群之间的经济社会联系将进一步增强，主要城市群之间的出行量也将不断提高。因此，总体来看，城市群地区在全社会客运需求中的占比将不断提高。

6. 旅游休闲目的客运比重增加

近年来，我国旅游市场快速增长，2015—2019年年均增长率高达11%。国家统计局数据显示，新冠肺炎疫情暴发之前的2019年，全国国内游客约60

亿人次，同年我国包含小汽车的出行总人次约为 540 亿人次，按照每人次游客 2 次出行估计，旅游出行占总出行的比重仅为 11% 左右。根据美国和英国经验，未来生产性出行比例将基本稳定在 30% 左右，相比之下我国生产性出行需求的比重仍然偏高，旅游休闲出行的潜力尚未得到充分释放。未来随着人均收入持续提高，居民休闲度假需求快速增长，以旅游度假为目的的出行需求及在全社会出行总量中的占比均有较大增长空间。

四、未来我国货运需求预测

（一）未来经济社会发展对货运需求的影响分析

1. 我国完成新型工业化尚需时日，货运需求将进一步增长但货运强度将进一步下降

未来二三十年，我国整体上处于工业化中后期阶段（工业 2.0 向 3.0 过渡阶段），产业结构优化调整的态势不会转变，服务业为主导的经济形态方向不会改变。考虑我国新型工业化过程的艰巨性、复杂性，参考典型发达国家的发展历程，可以认为我国推动产业和工业结构优化、建设制造强国过程中将伴随着货运需求的持续增长，同时，在产业转型升级过程中，产业发展将由规模扩张型向质量提升型转变，产业结构由能源原材料产业主导向高加工度化和技术密集化转变，这些转变必然伴随着产品结构的变化，推动制造业产品从低附加值向高附加值升级、从粗加工向深加工升级、从劳动和资本密集向技术密集升级，工厂的即时生产和新型流通体制都要求不论是原材料还是制成品的运输都要更加准时和低成本，产品体积小、重量轻、附加值高的特点日益明显，带来货运需求强度和增长速度下降。

2. 推进城镇化过程中基本建设投资需求、能源消费需求还将进一步增长

城镇化进程将推动城市规模扩大、旧城区扩建改造、城市基础设施及其他配套设施建设需求、住房需求快速增长，同时，城镇化过程中居民消费能力提高和消费升级，将极大带动汽车、家用电器等耐用消费品需求快速增长。特别是在中西部地区，由于在城镇化发展、承接东部产业转移、建设产业基地等方面还有较大发展潜力，未来这些地区的基本建设投资规模还将进一步较快增长。由此可见，城镇化将是未来一个时期带动矿石、钢材、矿建材料、

水泥和木材等相关原材料和基建产品运输需求增长的一个重要动力。

3. 我国经济地理及资源禀赋特征等实际情况决定了货运需求长期处于较高水平

我国疆域广阔、人口众多、产业体系完备、资源分布不均、东中西部地区经济发展具有差异性等发展特征和实际情况，决定了我国货物运输需求长期处于较高水平。我国是全世界唯一拥有联合国产业分类中所有工业门类的国家，门类齐全、独立完整、规模巨大、分工协作的产业体系，既是我国形成国内大循环的重要战略优势，也是我国参加国际竞争的有利条件。从产业空间布局来看，我国能源、原材料、农业等基础产业主要分布在中西部地区，而加工工业、制造业、高新技术产业更多集中于东部沿海地区，这种产业空间布局特征决定了大量能源、矿产资源、农产品及加工产品在东中西部之间进行交换，产生了大规模的长距离货运需求。未来，北煤南运、西煤东运、北粮南运、中粮西运等大宗产品运输格局基本不会改变，钢铁产品由北向南、由东向西、由沿海沿江向内陆的运输需求将大幅增长，货运需求将长期保持较高水平。

4. 外贸结构变化和贸易伙伴多元化对进出口商品结构和流向产生一定影响

对外贸易受国际环境深刻影响。未来，经济全球化虽遇波折但趋势不可逆转，中美经贸摩擦持续但双方经贸合作仍在中美新型大国关系中具有重要的"压舱石"作用，全球贸易将呈现波动增长态势。未来 30 年，全球经济重心将继续向以中国为核心的亚太地区转移，我国将逐渐迈向全球价值链的中高端，培育出若干世界级先进制造业集群。未来我国进出口总额增速将放缓，但规模仍将继续增加，到 2035 年、2050 年或均有可能实现翻一番，从而推动外贸运输需求平稳增长。

未来，随着"一带一路"六大经济走廊建设，我国货物进出口的流向将更加多元，货运格局随着全球经济格局、生产格局、贸易格局的改变而改变。中国对新兴经济体国家和发展中国家的出口快速增长，从新兴经济体国家和发展中国家的进口也将较快增长，从而推动我国与新兴经济体国家和发展中国家的外贸运输需求快速增长。

5. 资源环境约束和绿色发展理念将对未来我国货运结构及货运需求结构产生重要影响

我国交通运输业是仅次于工业、建筑业之外的第三大排放领域。随着工业化、城镇化、机动化加快发展，参照发达国家各部门 CO_2 排放情况，我国交通运输 CO_2 排放量及占比还将有所增长。发展绿色低碳交通是建设交通强国的重要任务，也是中国在可持续发展框架下应对气候变化、解决环境危机的必由之路，优化运输结构、推动货运体系转型升级将成为一项长期性政策。未来，铁路、水运中长距离的货运份额将进一步提升，同时，公铁联运、铁水联运等多式联运需求快速增长，我国运输结构将得到进一步优化。

6. 科技进步对货运体系和货运需求的影响十分复杂且难以预测

新一轮技术革命突破了传统的技术局限、发展模式和发展速度，对货物运输需求将产生深刻影响。由于科技种类繁多且其未来发展难以预测，对社会生产、生活的影响亦复杂难测，本研究仅选取目前已出现且在可见未来有望大规模推广的技术，分析其对货运需求可能产生的影响。

首先，就交通领域的技术创新来看，高附加值高时效货物运输需求促进高速铁路货运的快速发展，对我国货运体系产生重要影响。高速铁路快递车厢、货运动车组、电商高速铁路专列等新业态将进一步提升快递包裹运输的时效性，降低运输成本。高速铁路快运网的形成与发展，一方面将对民航、高速公路等构成较大竞争，对我国快递快运组织模式及货运结构产生重要影响，另一方面也有利于形成民航、高速铁路、公路等多元共生的快递物流体系。

其次，新能源技术逐步成熟，将降低跨地区煤炭、油气等传统能源运输需求。在生产端，分布式风能、太阳能等新能源生产和输配电成本将逐步降低，在生产生活中逐步替代部分煤炭、油气等传统能源，并改变煤炭、油气等传统能源集中开采生产和跨区域运输格局，缩短生产端和消费端距离，减少能源跨地区长距离运输需求。在消费端，新能源汽车技术的成熟和逐步普及将显著降低成品油消费需求，降低油气等传统能源运输需求。随着储能技术和换电技术的不断进步，电池能量密度和可移动性显著提高，将推动电池承载的分布式用能场景不断拓展，有力拉升电池运输需求。尤其是可换电新能源汽车保有量不断增长、汽车电池标准的逐步统一，将有力催生车用动力电池分散式充电和统一调度配送新需求，推动城市内、城际电池调配运输需求大幅增长。

再次，3D 打印等技术推动本地化制造生产，有利于减少制造业原材料运输需求。随着 3D 打印技术水平的不断进步，打印成本降低，将逐步满足大规模生产要求，进而直接影响部分装备制造业生产工艺，显著降低生产原材料需求量，使分散化生产成为可能，并有可能打破传统供应链的空间布局。多数专家认为，至少在未来 10 年内，该技术还无法取代大规模生产，因为它的生产成本、速度和质量仍存在一定局限。但这项技术目前已经风靡了原型制作、替换件、玩具、鞋履和医疗设备领域。据国际运输论坛（International Transport Forum，ITF）的《货运发展展望 2019》，2050 年 3D 打印可减少货物周转量 28%。

最后，信息通信技术（Information and Communications Technology，ICT）与 VR/AR（Virtual Reality/Augument Reality，虚拟现实/增强现实）技术，特别是 5G 技术的发展，将会促进远程教育、医疗、购物的发展，一方面会减少客运需求，同时也会将客运需求转化为货物需求。如 VR 技术发展可增强消费体验，消费转向线上购物，带动快递需求快速增长。

（二）未来我国货运需求预测

1. 货运需求总量预测

（1）情景设定

本研究按照基准、乐观、保守三种发展情景对我国货物运输需求进行预测，发展情景及关键经济社会发展指标选取与客运预测部分相同。

（2）预测方法

在对货运需求趋势进行定性研判的基础上，综合考虑基础数据、预测时限等，采用多种数学预测方法对不同影响因素变动与货运需求变化的关系进行深入量化分析，分别建立经济计量模型进行货运需求总量预测。主要方法包括：

①增长率法。

增长率法是根据预测对象的预计增长速度进行预测的方法。预测模型的一般形式为：

$$Q_t = Q_0 \times (1+a)^t \tag{7-4}$$

式中：Q_t——第 t 年的货运需求总量；

Q_0——基年的货运需求总量；

a——年均增长率；

t——时间（年）。

②运输强度分析法。

运输强度分析法是基于经济社会与货运需求之间的内在关系，在判断经济增长趋势的基础上，通过预判某一区域的运输强度值，即每万元 GDP 产生的货物运输量，来预测货运需求总量。运输强度分析法可用式（7-5）表示：

$$Q = S \times \text{GDP} \tag{7-5}$$

式中：Q——货运需求；

S——货运强度；

GDP——地区生产总值。

对货运强度进行趋势外推预测，得到的预测模型如图 7-28 所示。

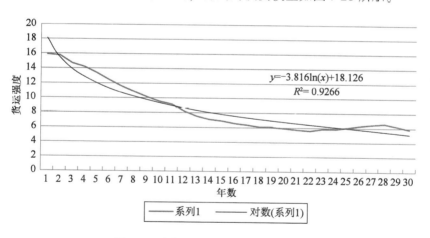

图 7-28 单位 GDP 货运量的趋势外推模型

根据上述模型，预测出 2025 年、2035 年的货运强度，根据货运强度预测值和 GDP 的预测值，可计算出国内货运量的预测值。由于近年来货物平均运距变化不大，因此 2020 年、2030 年、2050 年的平均运距分别取 310 公里、315 公里和 320 公里，计算出货物周转量。

③弹性系数分析法。

弹性系数是指货运量增长速度与 GDP 增长速度之比，反映了货物运输需求随经济社会发展的变动情况。弹性系数分析法可由式（7-6）表示：

$$Q = Q_0 \times (1 + T \times R_{GDP}) \tag{7-6}$$

式中：Q——未来货运需求；

Q_0——基年货运需求；

T——货运弹性系数；

R_{GDP}——GDP增长速度。

④回归预测法。

根据运输需求的相关理论，货运需求发展符合皮尔生长曲线的趋势。将人均货运量作为因变量，将GDP和第三产业比例作为自变量进行回归，可得到回归后的皮尔生长曲线方程：

$$y = \frac{K}{1 + ae^{-a_1 x_1} + be^{-b_1 x_2}} \quad (a>0, b>0) \tag{7-7}$$

式中：　　y——人均货运量（吨/人）；

x_1——GDP（亿元，2016年不变价）；

x_2——第三产业比例（%）；

K——常数；

a、a_1、b、b_1——参数，$a>0$，$b>0$。

参数最佳估算值见表7-24。

运用包维尔法和通用全局优化法计算，得到如下结果：相关系数之平方R^2为0.9913，卡方系数值为1.63，F统计值为1938。这表明模型通过了检验。

均方差（RMSE）：1.03558945216008

残差平方和（SSE）：38.6080384833076

相关系数（R）：0.991345358608082

相关系数之平方（R^2）：0.982765620033787

决定系数（DC）：0.982703638974406

卡方系数（Chi-Square）：1.63358126760191

F统计（F-Statistic）：1938.80088211209

皮尔生长曲线模型模拟结果如图7-29所示。

参数最佳估算值   表 7-24

参　　数	最　佳　估　算
a	6.06687975930765
b	846338.788420514
a_1	$3.79812165445502 \times 10^6$
b_1	0.495681617605328
K	45.6937882733474

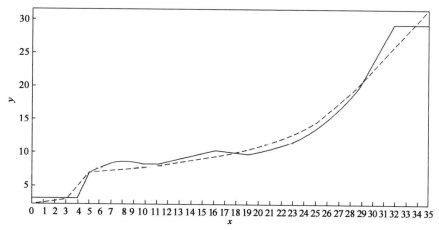

图 7-29　皮尔生长曲线模型模拟结果

（3）预测结果

在利用增长率法、运输强度分析法、弹性系数分析法、回归预测法等方法分别对货运量进行预测的基础上，通过专家经验进行综合判断，最终预测结果见表 7-25、表 7-26。

不同定量预测方法货运量预测结果汇总表　表 7-25

年份（年）	预 测 方 法	预 测 情 景		
		基准（亿吨）	乐观（亿吨）	保守（亿吨）
2018	实际值	507	507	507
2025	增长率法	733	742	723
	运输强度分析法	527	537	511
	弹性系数分析法	738	754	719
	回归预测法	627	630	622
	综合取值	670	690	650

233

续上表

年份（年）	预测方法	预测情景		
		基准（亿吨）	乐观（亿吨）	保守（亿吨）
2035	增长率法	850	905	823
	运输强度分析法	665	701	618
	弹性系数分析法	933	969	888
	回归预测法	653	654	652
	综合取值	730	780	712
2050	增长率法	860	930	830
	运输强度分析法	723	804	630
	弹性系数分析法	995	1038	940
	回归预测法	735	757	704
	综合取值	784	850	720

货运量需求预测结果及其增长率 表7-26

指标	基准	乐观	保守
2018年	507亿吨	507亿吨	507亿吨
2025年	670亿吨	690亿吨	650亿吨
2035年	730亿吨	780亿吨	712亿吨
2050年	784亿吨	850亿吨	720亿吨
2018—2025年年均增长率	4.05%	4.49%	3.60%
2025—2035年年均增长率	1.20%	1.23%	1.20%
2035—2050年年均增长率	0.48%	0.57%	0.19%

结合货运量预测和全社会货运平均运距近年变化趋势，预测货物周转量，结果详见表7-27。

货运量及货物周转量预测结果 表7-27

指标	货运量			货物周转量		
	基准	乐观	保守	基准	乐观	保守
2018年	507.5亿吨	507.5亿吨	507.5亿吨	152759（亿吨·公里）	152759（亿吨·公里）	152759（亿吨·公里）
2025年	670亿吨	690亿吨	650亿吨	188476（亿吨·公里）	195200（亿吨·公里）	165000（亿吨·公里）
2035年	730亿吨	780亿吨	712亿吨	201579（亿吨·公里）	217200（亿吨·公里）	174044（亿吨·公里）

续上表

指标	货运量			货物周转量		
	基准	乐观	保守	基准	乐观	保守
2050年	784亿吨	850亿吨	720亿吨	202179(亿吨·公里)	220000(亿吨·公里)	182500(亿吨·公里)
2018—2025年年均增长率	4.05%	4.49%	3.60%	3.05%	3.66%	1.11%
2025—2035年年均增长率	0.86%	1.23%	0.92%	0.67%	1.07%	0.54%
2035—2050年年均增长率	0.48%	0.57%	0.19%	0.02%	0.09%	0.32%

对远洋运输量的预测结果见表7-28。

远洋货运需求预测结果　　　　表7-28

指标	货运量			货物周转量		
	基准	乐观	保守	基准	乐观	保守
2018年	76969万吨	76969万吨	76969万吨	51927(亿吨·公里)	51927(亿吨·公里)	51927(亿吨·公里)
2025年	102657万吨	106867万吨	101286万吨	69258(亿吨·公里)	72098(亿吨·公里)	68332(亿吨·公里)
2035年	149061万吨	158190万吨	144260万吨	104507(亿吨·公里)	115222(亿吨·公里)	101149(亿吨·公里)
2050年	200616万吨	222492万吨	188522万吨	139622(亿吨·公里)	159698(亿吨·公里)	130249(亿吨·公里)
2018—2025年年均增长率	4.2%	4.8%	4%	4.2%	4.8%	4%
2025—2035年年均增长率	3.8%	4%	3.6%	4.2%	4.8%	4%
2035—2050年年均增长率	2%	2.3%	1.8%	2.0%	2.2%	1.7%

2. 货物运输结构预测

在货运需求总量基准情景预测结果的基础上，分别设定"当前政策延续情景"和"强化绿色货运政策情景"两个情景，对货运需求结构进行预测。

①当前政策延续情景。

生态文明建设持续推进，逐步构建低碳绿色的交通运输体系。2020年前，打好蓝天保卫战，"调整运输结构，减少公路货运量，提高铁路货运量"的发展目标基本实现。2020—2035年若不出台力度更大的运输结构调整政策，随着煤炭、钢铁等大宗货物运输量逐渐达到峰值，公转铁政策效应递减，且公路、铁路运输方式的比价没有颠覆性改变，运输结构仅出现微小变化。

②强化绿色货运政策情景。

强化绿色货运政策情景的核心思想是在保证运输服务水平基本稳定的情况下，用绿色、环保、低碳、生态的理念全面引导货运体系的转型升级。

国家出台一系列新政策鼓励公转铁，包括：以财政、税收等手段对铁路承担的低价运输予以补贴；将能源、环境、安全等外部成本纳入交通运输的价格体系，对能耗大、排放严重的公路运输研究征收环境税；继续加大对公路货运汽车污染排放、超载超限的监督和检查力度；逐渐形成有利于向铁路等运输方式转移的比价；国家出台相关政策鼓励公路运距800公里以上货运量向铁路转移；铁路企业的市场化改革取得突破性进展，以客户需求为导向，创新货运组织模式，开行货运班列、快捷班列，并与水路、公路企业加强合作，提供门到门的货运服务等。此情景下，铁路在货运价格、运输时限、服务水平、便利性等多方面与公路相比处于劣势的局面明显改善。公铁联运、铁水联运等多式联运比重不断增长，运输结构进一步优化。

参照国外货运结构的变化规律，对不同政策情景的货运量结构及货物周转量结构进行预测，结果详见表7-29～表7-32。其中，强化绿色运输政策情景为推荐预测结果。

当前政策延续情景货运量及结构预测　　　　　表7-29

预测内容	年份（年）	铁路	公路	水运	航空	管道	合计
货运量 （亿吨）	2018	40.3	395.6	62.2	0.074	8.5	507
	2025	50	540.9	66	0.18	13	670
	2035	54	591	68.7	0.42	16	730
	2050	57	639	68	0.9	19	784
货运量份额 （%）	2018	7.95	78.03	12.27	0.01	1.68	100.00
	2025	7.46	80.73	9.85	0.03	1.94	100.00
	2035	7.40	80.96	9.41	0.06	2.19	100.00
	2050	7.27	81.51	8.67	0.11	2.42	100.00

续上表

预测内容	年份（年）	铁路	公路	水运	航空	管道	合计
货运量年均增速（%）	2018—2025	3.13	4.57	0.85	13.54	6.26	4.06
	2025—2035	0.77	0.89	0.40	8.84	2.10	0.86
	2035—2050	0.36	0.52	-0.07	5.21	1.15	0.48

当前政策延续情景货物周转量及结构预测 表7-30

预测内容	年份（年）	铁路	公路	水运	航空	管道	合计
货物周转量（亿吨公里）	2018	28821	71249	47126	263	5301	152759
	2025	35000	94658	50160	468	8190	188476
	2035	36720	101061	52556	1002	10240	201579
	2050	36750	102008	49000	3090	11331	202179
货物周转量份额（%）	2018	18.87	46.64	30.85	0.17	3.47	100.00
	2025	18.57	50.22	26.61	0.25	4.35	100.00
	2035	18.22	50.13	26.07	0.50	5.08	100.00
	2050	18.18	50.45	24.24	1.53	5.60	100.00
货物周转量年均增速（%）	2018—2025	2.81	4.14	0.90	8.58	6.41	3.05
	2025—2035	0.48	0.66	0.47	7.91	2.26	0.67
	2035—2050	0.01	0.06	-0.47	7.80	0.68	0.02

强化绿色运输政策情景货运量及结构预测 表7-31

预测内容	年份（年）	铁路	公路	水运	航空	管道	合计
货运量（亿吨）	2018	40.3	395.6	62.2	0.074	8.5	507
	2025	55	537.9	66	0.15	11	670
	2035	60	587	68.7	0.35	14	730
	2050	64	630	69	1	20	784

续上表

预测内容	年份（年）	铁路	公路	水运	航空	管道	合计
货运量份额（%）	2018	7.95	78.03	12.27	0.01	1.68	100.00
	2025	8.21	80.28	9.85	0.02	1.64	100.00
	2035	8.22	80.41	9.41	0.05	1.92	100.00
	2050	8.16	80.36	8.80	0.13	2.55	100.00
货运量年均增速（%）	2018—2025	4.54	4.49	0.85	10.62	3.75	4.06
	2025—2035	0.87	0.88	0.40	8.84	2.44	0.86
	2035—2050	0.43	0.47	0.03	7.25	2.41	0.48

强化绿色运输政策情景货物周转量及结构预测　　表 7-32

预测内容	年份（年）	铁路	公路	水运	航空	管道	合计
货物周转量（亿吨·公里）	2018	28820	71249	47126	262.5	5300.7	152759
	2025	35810	87076	58239	377	6974	188476
	2035	44831	89400	58256	564	8527	201579
	2050	49210	84976	56954	1014	10025	202179
货物周转量份额（%）	2018	18.87	46.64	30.85	0.17	3.47	100.00
	2025	19.00	46.20	30.90	0.20	3.70	100.00
	2035	22.24	44.35	28.90	0.28	4.23	100.00
	2050	24.34	42.03	28.17	0.50	4.96	100.00
货物周转量年均增速（%）	2018—2025	3.15	2.91	3.07	5.31	4.00	3.05
	2025—2035	2.27	0.26	0.00	4.11	2.03	0.67
	2035—2050	0.62	-0.34	-0.15	3.99	1.08	0.02

3. 主要典型货类运量预测

（1）煤炭

相关调研和统计分析表明，2015 年我国煤炭产量 37.5 亿吨，全社会完成煤炭运输量约 48 亿吨，其中铁路 20 亿吨，公路 20 亿吨，沿海和内河运输 8 亿吨。综合煤炭产量与煤炭运输量相关关系，并考虑风能、太阳能等新能源对煤炭能源的替代，以及特高压线路建设对煤炭运输的替代等因素会使煤炭产运系数下降，预计2025年我国煤炭运输量45亿~51亿吨，2035年我国煤炭运输量40亿~45亿吨，2050年我国煤炭运输量38亿~42亿吨。

（2）钢铁及冶炼物资

我国人均粗钢消费量水平主要与我国未来总体经济规模和工业品出口情况相关，从当前峰值区向稳定期过渡的时间长短主要由我国城镇化发展速度决定。随着我国"一带一路"倡议的深入实施、钢铁行业转型重组和技术的不断进步，加之我国中部、西部地区在新形势下发展加速，工业化和城镇化仍有一定空间，故我国钢铁消费需求在2025年前将略有上升，2025—2035年保持在9亿~10亿吨的高位，2035年以后略有下降，我国全社会粗钢年产量维持在7亿~8亿吨之间。

综合上文预测的粗钢产量与钢铁及冶炼物资运输量相关关系，以及回收废旧钢铁重新炼钢等因素，预计2035年我国钢铁产业相关的产成品和铁矿石等原材料运输量为35亿~38亿吨，2050年我国钢铁产业相关的产成品和铁矿石等原材料运输量为28亿~32亿吨。

（3）集装箱

目前，我国集装箱运量仅占适箱货总运量的20%左右，而发达国家件杂货运输的集装箱化程度已达到70%~80%。预计随着我国产业结构的进一步调整以及不同运输方式"中间一公里"的打通，适箱货的集装化率将有较大提升。

铁路：2017年，我国铁路集装箱货运量仅占铁路货运量的4.8%，而欧美国家铁路集装箱货运量占铁路货运量比重都在30%~40%之间。因此，我国的铁路集装箱运输还有很大的上升空间。预计2025年，我国铁路集装箱货运量约占铁路总货运量的15%，即7.5亿~8.3亿吨；2035年，伴随全社会货物集装化程度的提高、铁路市场化改革的深化和集装箱运输业务的进一步成熟，铁路集装箱货运量占铁路总货运量比例约为20%，即10.6亿~12亿吨；2050年，铁路集装箱货运量占铁路总货运量比例约为30%，接近发达国家水平，为19.2亿~20亿吨。

公路：随着适箱货集装箱化率进一步提高，公路集装箱发送量将保持增长,预计 2025 年、2035 年、2050 年分别达到 1 亿 TEU、2 亿 TEU 和 3 亿 TEU;若按每 TEU 12 吨计算,则集装箱货运量分别为 12 亿吨、24 亿吨和 36 亿吨。

水路:水运集装箱发送量未来将继续增长,年均增速为 5%~6%,预计 2025 年、2035 年、2050 年分别达到 0.72 亿 TEU、1.1 亿 TEU 和 1.6 亿 TEU,按每 TEU 12 吨计,则集装箱货运量分别为 8.64 亿吨、13.2 亿吨和 19.2 亿吨。

(4)石油天然气

中国石油经济技术研究院发布的《2050 年世界与中国能源展望》(2019 版)报告认为:2030 年前,石油需求因交通用油及化工原料增加仍保持增长,2030 年将达 7 亿吨左右的峰值水平,国内原油产量在 2030 年前有望维持在 2 亿吨,此后逐步下滑。天然气需求在 2040 年前为高速增长期,2040—2050 年消费需求约徘徊在 7000 亿立方米附近。国内天然气产量将稳步提升,2050 年达 3500 亿立方米。

我国 2030 年原油的供需缺口约 5 亿吨,需要进口补充。我国将进一步加强与俄罗斯、中亚、非洲和南美等国家和地区的资源开拓力度,推进进口来源的多元化。预计 2025 年、2035 年、2050 年我国原油管道进口分别达 0.8 亿吨、1.0 亿吨和 1.0 亿吨,原油海运进口分别为 4.3 亿吨、4.4 亿吨和 3.8 亿吨,国际石油海运需求占比将有所提升。国内运输方面,原油以管道运输为主,占比逐步提升,2050 年约为 80%,铁路原油运输比例逐步减小。成品油以公路运输、铁路运输为主。

未来,天然气将是消费增速最快的化石能源。我国 2050 年天然气的供需缺口约 3500 亿立方米,需要进口补充,对外依存度升至约 50%。未来我国管道天然气从俄罗斯、土库曼斯坦等国的进口量将进一步增长;随着地缘政治形势改善,可考虑建设经巴基斯坦的管线。液化天然气(Liquefied Natural Gas,LNG)进口可能来自澳大利亚、俄罗斯、卡塔尔、美国等国家和地区。预计 2025 年、2035 年、2050 年我国天然气管道进口分别达 1100 亿立方米、1300 亿立方米和 1500 亿立方米,LNG 海运进口分别为 0.6 亿吨、1.0 亿吨和 1.3 亿吨。在国内运输方面,管道运输将是天然气干线输送的主体方式,LNG

液态运输方式也日益多样化，LNG 罐箱的公路、铁路、海运、内河运输将有效补充。

（三）区域货运需求发展趋势分析

我国不同区域工业化阶段不同，交通运输需求也表现出不同的阶段性特征，货运需求具有相应的工业化阶段特点（图 7-30）。

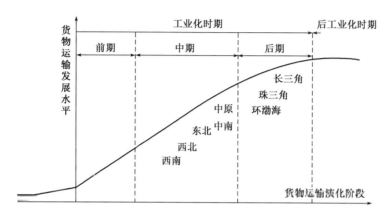

图 7-30 我国区域货物运输系统发展阶段示意图

我国在建设现代化强国过程中，将实施区域协调发展战略。预计伴随国家 2020 年全面建成小康社会目标的全面推进、"一带一路"倡议、西部大开发战略及长江经济带战略的有效实施，未来中西部地区和农村地区的货运需求总体呈现较快上升趋势。而我国东部沿海地区的长三角、珠三角和环渤海地区具有优越的地理位置和完善的交通基础设施，已处于工业化后期或工业 3.0 发展阶段，产业不断向中西部地区转移，货运增速有所下降，货物运输需求呈现运输化后期的特征。我国中西部地区大体处于工业化中期或工业 2.0 发展阶段，正在承接东部的产业转移，中西部区域经济社会正面临加快发展的重大战略机遇期。随着经济社会发展和交通基础设施网络的进一步完善，中西部地区的货运需求潜力将大幅释放，增速将高于东部地区，区域间货运需求将进一步平衡发展，但我国货运需求东高西低的基本格局不会改变。

本研究采用增长率法、Elman 神经网络法、综合分析判断法预测我国各区域的货运需求，强化绿色运输政策情景下各区域分方式货物运输需求预测结果详见表7-33～表7-35。

2025年各区域分运输方式货运需求预测结果 表7-33

预测指标	东部地区	中部地区	西部地区	东北地区
货运量（亿吨）	242.6	189.2	176.7	50.6
#公路货运量	180.2	166.7	150.6	40.3
#铁路货运量	10.5	16.5	23.1	5.0
#航空货运量	0.1	0	0	0
#水运货运量	51.8	5.9	3.0	5.3
货物周转量（亿吨·公里）	86637	41007	39751	14540
#公路货物周转量	30767	26371	23734	7032
#铁路货物周转量	8536	9958	14226	2845
#航空货物周转量	237	26	46	11
#水运货物周转量	47097	4652	1744	4652

2035年各区域分运输方式货运需求预测结果 表7-34

预测指标	东部地区	中部地区	西部地区	东北地区
货运量（亿吨）	259.8	206.1	192.4	57.9
#公路货运量	193.7	182.0	164.4	47.0
#铁路货运量	10.8	18.6	25.2	5.4
#航空货运量	0.3	0	0.1	0
#水运货运量	55.0	5.5	2.7	5.5
货物周转量（亿吨·公里）	89655	43184	44794	15419
#公路货物周转量	31290	25926	25032	7152
#铁路货物周转量	10759	12553	17932	3586
#航空货物周转量	418	45	82	20
#水运货物周转量	47188	4661	1748	4661

2050年各区域分运输方式货运需求预测结果 表7-35

预测指标	东部地区	中部地区	西部地区	东北地区
货运量（亿吨）	275.4	220.7	206.2	61.7
#公路货运量	207.9	195.3	176.4	50.4

续上表

预测指标	东部地区	中部地区	西部地区	东北地区
#铁路货运量	11.5	19.8	26.9	5.8
#航空货运量	0.7	0.1	0.1	0
#水运货运量	55.2	5.5	2.8	5.5
货物周转量（亿吨·公里）	88657	45902	42558	15337
#公路货物周转量	29742	25493	22943	6798
#铁路货物周转量	11810	15747	17716	3937
#航空货物周转量	972	105	191	46
#水运货物周转量	46133	4556	1709	4556

(四) 主要结论

1. 中长期看，我国货运需求总体呈增长态势，但增幅将逐步放缓

我国疆域辽阔、人口众多、产业体系完备、资源分布不均、东中西部地区经济发展具有差异性等发展特征和实际情况，决定了我国货物运输需求总量大。未来，经济发展和人民生活水平提高是推动货运需求不断增长的重要动力。美国等典型发达国家货运需求增长的历史演变及其预测也表明，进入后工业化阶段之后，在经济总量继续增长、人民生活水平持续提高等因素推动下，货运需求总量仍在较长时期内保持增长态势。

未来我国的货运强度，即单位 GDP 的货物周转量将随着工业化进程的不断推进而不断下降。预计 2025 年、2035 年、2050 年我国国内货运强度（GDP 按 2018 年不变价计算，且不包括远洋运输数据）将分别下降至 2018 年的 87%、62% 和 32%。

2. 大宗货物运输需求将于 2025—2035 年处于峰值平台期

随着供给侧结构性改革的深化，我国将进一步转变发展方式、优化经济结构、转换增长动力，从而减缓对煤炭、铁矿石和钢铁等大宗货物的消费需求，预计煤炭、钢铁及冶炼物资、建材等大宗货物运输需求将于 2025—2035 年处于峰值平台期。2035 年后随着城市化进程放缓，以及基础设施新建需求趋缓，大宗货物运输需求将在波动中有所下降。但考虑到我国国土面积大、人口多、资源禀赋不均衡的基本国情，以及构建完整产业链的需要，大宗货

物运输需求不会出现快速大幅下降,而是从峰值平台期波动、温和下降。

3. 集装箱及快递货运需求持续快速增长

我国产业结构转型和升级的主要方向是加快推动第二产业由低端制造业向高技术产业、装备制造业转型升级,从劳动密集型、资本密集型产业向技术密集型和知识密集型产业升级,推动制造业产品从低附加值向高附加值升级、从粗加工向深加工升级,未来适合集装箱及快递运输的轻型化、高附加值产品比重将不断提高。

随着产业呈现区域化布局特征,工业生产由集中式控制向分散式增强型控制转变,分散性、小批量货运需求快速增长。随着居民消费需求升级和电子商务发展,各类消费品包括进口消费品的快递快运需求还将持续增长。因此,在产业和产品结构升级、居民消费升级、对外贸易发展等因素带动下,国内、国际集装箱运输需求及快递货运需求将持续快速增长。

4. 货运方式结构更加合理,货运系统更加绿色低碳

未来,在既有的大宗货物"公转铁"基础上,国家将持续推动运输结构调整优化,并可能出台一系列促进运输方式合理分工的财政税收政策、价格政策等,从而有助于引导部分公路长途运输转移至铁路等方式,进一步提升铁路、水运在中长距离上的货运份额,并推动公铁联运、铁水联运等多式联运需求快速增长,铁路、公路等主要货运方式的衔接更加高效,分工更加合理。

在绿色交通发展导向下,管道网、铁路网、内河高等级航道总规模将进一步提高,管道在石油天然气输送、铁路和水运在大宗物资运输中将发挥更大作用。同时,公路运输也将大力发展低碳绿色技术和智能交通技术,推广新型环保货车,绿色化和智能化趋势明显,我国货运系统将更加绿色低碳。

5. 区域货运需求差距有所缩小,但东高西低的基本格局不会改变

未来,东部地区货物运输需求呈现运输化后期特征,货运需求增速有所下降;中西部地区随着经济社会发展和交通基础设施网络的进一步完善,货运需求潜力将得到释放,增速将高于东部地区,区域货运需求将进一步平衡发展。

总体来看，受经济发展水平、居民收入水平、交通运输供给水平等多方面因素影响，我国货运需求东高西低的基本格局不会改变。

6. 全球化趋势不可逆转，远洋运输仍将有所增长

全球化虽遇波折，但长期看经济全球化趋势不可逆转。未来我国进出口总额增速将出现放缓，但规模仍将继续增加，到2035年、2050年或均有可能实现翻一番。随着全球经济的逐渐复苏，我国外贸进出口发展趋好，国际集装箱运输需求保持增长，但增长幅度较以往趋于减缓。远洋运输仍然承担绝大部分的对外贸易运输量，远洋货运量和货物周转量增速高于国内货物运输增速；同时，铁路、航空运输所承担的对外贸易量将会有较快增长，但在总量中的占比增长不明显。

随着我国产业结构的转型升级，煤炭、铁矿石等大宗货物进口即将进入高峰平台期，原油、农产品、高级日用消费品及耐用消费品、精密仪器、高端装备、以芯片代表的高新技术产品等的进口需求将会快速增长。出口方面，工业制成品在外贸出口中的比重将继续提高，在工业制成品中，我国具有比较优势的一般机电产品、机械设备、金属制品等产品出口将继续增长，随着我国科技实力的不断提高，先进电子产品、集成电路、高级电气、先进航空器材与高级汽车、高级仪器仪表等高新技术产品出口也将快速增长。从区域来看，未来我国对新兴经济体国家和发展中国家的进出口将保持快速增长势头，其中东盟占我国进出口比重将进一步上升。

课题组长：
李连成（组长）、樊桦、李茜（副组长）
主要执笔人：
李连成、樊桦、李茜、王淑伟、李名良、唐幸
主要承担单位：
国家发展和改革委员会综合运输研究所

本章参考文献

[1] ALISES A, VASSALLO J M, GUZMáN A F. Road freight transport decoupling: A comparative analysis between the United Kingdom and Spain[J]. Transport Policy, 2014, 32(mar.): 186-193.

[2] Transports D. White paper: European Transport Policy for 2010: time to decide[J]. Osaka Sangyo University Journal of Administration, 2004, 5: 105-134.

[3] TAPIO P. Towards a theory of decoupling: degrees of decoupling in the EU and the case of road traffic in Finland between 1970 and 2001[J]. Transport Policy, 2005, 12(2): 137-151.

[4] VERNY J. The importance of decoupling between freight transport and economic growth[J]. European Journal of Transport & Infrastructure Research, 2007, 7(2): 105-120.

[5] 国外交通跟踪研究课题组. 美国2045年交通发展趋势与政策选择[M]. 北京: 人民交通出版社股份有限公司, 2017.

[6] 国家发展和改革委员会综合运输研究所. 中国交通运输发展报告(2019)[M]. 北京: 中国市场出版社, 2019.

[7] 樊桦, 等. 经济转型升级背景下的铁路货运需求研究[M]. 北京: 中国市场出版社, 2018.

[8] 李茜, 宿凤鸣, 刘昭然, 等. 运输需求发展态势分析预测研究[C]//傅志寰, 孙永福. 交通强国战略研究[M]. 北京: 人民交通出版社股份有限公司, 2019.

[9] 郑健. 铁路"十三五"发展规划研究[M]. 北京: 中国铁道出版社, 2019: 142.

[10] 高敏雪, 黎煜坤, 李静萍. 耦合与解耦视角下中国货物运输与经济增长的关系研究[J]. 经济理论与经济管理, 2019(05): 75-87.

[11] 姜智国. 综合运输货运量与国民经济发展关联关系研究[D]. 成都: 西南交通大学, 2019.

[12] 荣朝和.对运输化阶段划分进行必要调整的思考[J].北京交通大学学报,2016,40(4):122-129.

[13] 李连成.2030年我国运输需求展望和供给侧发展思路[C]//《科学与现代化》2017年第3期(总第072期).中国科学院中国现代化研究中心,2017:105-123.

[14] 李连成.运输需求发展趋势的分析方法[J].综合运输,2011(12):14-18.

[15] 长安大学运输科学研究院.2018中国高速公路运输量统计调查分析报告[M].北京:人民交通出版社股份有限公司,2019.

[16] 高春亮,魏后凯.中国城镇化趋势预测研究[J].当代经济科学,2013,35(4):85-90+127.

[17] 交通运输部.2019年道路货物运输量专项调查公报[EB/OL].(2020-05-11)[2022-03-25].http://xxgk.mot.gov.cn/jigou/zhghs/202005/t20200511_3373592.html.

[18] 齐爽.英国城市化发展研究[D].长春:吉林大学,2014.

[19] 荣朝和.论运输业发展阶段及其新常态和供给侧改革[J].综合运输,2016,38(12):1-6+10.

[20] 毛科俊,樊桦.新阶段我国运输需求发展趋势及特征分析[J].综合运输,2013(9):57-63.

[21] 刘昭然,诸立超.我国货运需求发展趋势分析[J].交通企业管理,2018,33(1):1-4.

[22] 王晓东,王强.经济全球化对我国货运需求影响的实证研究[J].国际贸易问题,2004(5):82-84.

[23] 文博杰,陈毓川,王高尚,等.2035年中国能源与矿产资源需求展望[J].中国工程科学,2019,21(1):68-73.

[24] 王妍,李京文.我国煤炭消费现状与未来煤炭需求预测[J].中国人口.资源与环境,2008,18(3):152-155.

[25] 郝宇,赵明远,高尚.新贸易形势下中国能源经济预测与展望[J].北京理工大学学报(社会科学版),2019,21(2):12-19.

[26] 刘延静.我国煤炭行业供求状况与发展趋势研究[D].哈尔滨:哈尔滨工

程大学,2010.

[27] 张艳飞.中国钢铁产业区域布局调整研究[D].北京:中国地质科学院,2014.

[28] 陈其慎,王安建,王高尚.钢、水泥需求"S"形规律的三个转变点剖析[J].地球学报,2010,31(5):653-658.

[29] 史慧恩.钢铁行业下游钢材需求预测[J].中国冶金报,2014,8(9):1-2.

[30] 郑瑞芳,郭秀君,田明华.对未来我国钢材需求的预测[J].国际商务(对外经济贸易大学学报),2007,10(2):54-60.

[31] 史伟,崔源声,武夷山.2011年到2050年中国水泥需求量预测[C]//2011年中国水泥技术年会暨第十三届全国水泥技术交流大会论文集.北京:中国水泥技术年会,2011:23-32.

第八章
面向全球的运输网络研究

1978年以来,我国对外开放与国际合作持续深化,并以海运为重点,初步形成了面向全球的运输网络。近年来,通过以"一带一路"建设为重点,坚持引进来和走出去并重,我国正在形成陆海内外联动、东西双向互济的开放格局。同时,在地缘政治矛盾、局部冲突等传统和新冠肺炎疫情等非传统安全威胁相互交织下,全球政治经济格局和供应链体系正处于深刻变革的关键时期。在上述背景下,我国需要进一步补齐短板,面向全球构建功能完备、立体互联、陆海空统筹的运输网络,保障全面开放新格局的形成与演化,争取我国在国际分工体系重构中占据主导地位。

一、网络发展特征评估

经过改革开放以来的建设与发展,我国面向全球形成了以海运为主,其他运输方式作为补充的面向全球的运输网络,设施规模迅速扩大,技术水平显著提升,为我国全面开放与合作格局的演化提供了有力支撑,但也存在洲际通道衔接不畅、网络连接度较低、枢纽辐射能力不足等问题。

(一)海运网络

我国是世界第二大经济体和货物贸易第一大国。2019年,我国GDP总量占全球比重超过16%;货物出口额24991亿美元,进口额20771亿美元,分别排名全球第一和第二。海运承担了我国90%以上的外贸货物运输量,对于国民经济的稳定发展影响重大。尤其是在我国原油和铁矿石对外依存度较高的情况下，海运的发展至关重要。

1. 港口基础设施达到国际领先水平

截至2019年，沿海港口万吨级及以上泊位达2076个（图8-1），上海港、宁波—舟山港、天津港、苏州港、大连港的万吨级及以上泊位数超过100个，青岛港、厦门港、广州港、深圳港的万吨级及以上泊位数超过70个。港区总数超过300个，沿海各地级及以上行政单元均建有港口，超过70%的县（区）级行政单元建有港口，围绕上海港、大连港、天津港、青岛港、连云港港、宁波—舟山港、厦门港、深圳港、广州港、北部湾港、洋浦港等国际枢纽海港，形成了辽宁沿海、津冀沿海、山东沿海、长江三角洲、东南沿海、珠江三角洲和西南沿海七大区域性港口群以及油、煤、矿、箱、粮等专业化港口运输系统。

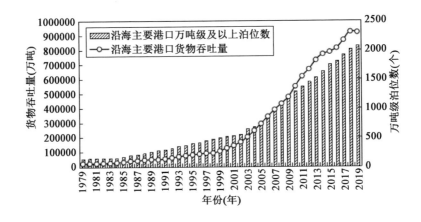

图8-1 我国沿海主要港口万吨级及以上泊位数与货物吞吐量

在海外港口布局上，随着"一带一路"倡议的提出，我国投资的海外港口数量快速增长，主要集中在亚洲和非洲地区，尤其是在"21世纪海上丝绸之路"沿线的尼日利亚、希腊、斯里兰卡、巴基斯坦、缅甸、吉布提、坦桑尼亚等国家，投资建设了莱基港、比雷埃夫斯港、科伦坡港、瓜达尔港、皎漂港、吉布提港、巴加莫约港等一批港口，促进了相关港口的大型化、现代化发展，有效地拉动了东道国的投资与就业，加强了国家之间的互联互通性，实现了经济共荣与贸易互补，同时树立了中国的大国形象。

2. 港口吞吐量基数大，呈中低速增长

随着对外开放和外向型经济的快速发展，我国国际海运需求总体保持了增长趋势。2019年，我国沿海港口实现货物吞吐量91.88亿吨，其中外贸货物吞吐量38.55亿吨，13个沿海港口货物吞吐量超过1亿吨；实现集装箱吞吐量2.31亿TEU，7个港口集装箱吞吐量进入全球前10位。2010—2019年，我国沿海港口货物吞吐量、外贸货物吞吐量和集装箱吞吐量的年均增速分别为5.56%、5.97%和6.51%，低于GDP增速，表现出中低速增长的特征。在大宗散货运输上，2019年，全国港口完成煤炭及制品吞吐量26.26亿吨，石油、天然气及制品吞吐量12.14亿吨，金属矿石吞吐量22.20亿吨，2010—2019年的年均增速分别为3.39%、5.51%和5.36%。2020年，全国港口货物吞吐量完成145.5亿吨，港口集装箱吞吐量完成2.6亿标箱，港口货物吞吐量和集装箱吞吐量均居世界第一。在全球港口货物吞吐量和集装箱吞吐量排名前10名的港口中，中国港口分别占8席和7席。

3. 现代航运服务业体系基本形成

在海运航线上，形成了中国—欧洲、中国—美非、中国—澳大利亚、中国—美西（太平洋，下同）、中国—美东（太平洋，下同）5条核心的全球海运通道和覆盖全球主要沿海国家和地区的班轮航线网络，对我国国际贸易衍生的运输需求形成了有效保障。其中，中国—欧洲通道、中国—澳大利亚通道和中国—美非通道对我国原油、天然气、煤炭、铁矿石等战略物资保障具有重大意义（表8-1）。

我国主要海运通道及其货种　　　　　　　　　　　　　　　表8-1

通道	集装箱	原油	天然气	煤炭	铁矿石	有色金属矿石	农产品
美西通道	***	*	*			*	
美东通道	***						***
欧洲通道	***	***	**	***		***	**
澳洲通道	**		***	***	***	***	*
美非通道	**	**			***	***	***

注：*代表通道在该货种运输中的重要性；*越多，重要性越高。

以航运中心和自由贸易试验区为重要载体，船舶管理、船舶代理、货运代理等传统航运服务业加速转型升级，航运交易服务体系持续完善，航运金融、航运电商服务等新业态不断成熟，基本形成了与我国航运业转型升级相适应的现代航运服务业体系。在现代航运服务业集聚和提质增效的推动下，上海国际航运中心和天津、大连、厦门等区域航运中心表现出良好的发展势头。同时，我国积极参与国际海事组织（International Maritime Organization，IMO）、东北亚港湾局长会议等海运合作组织活动，国际合作的广度和深度不断拓展，在诸多国际事务中发挥了重要作用，如"船载北斗卫星导航系统（Beidou Navigation Satellite System，BDS）接收设备性能标准"在全球航海领域得到应用、派遣海军参加亚丁湾护航、积极参与韩国"世越"号沉船打捞等，彰显了我国航运软实力和国际航运话语权的持续提高。

4. 航运企业国际影响力持续提高

随着我国航运实力的不断壮大，中国远洋海运集团有限公司、招商局港口控股有限公司等企业的实力与国际影响力也持续提高。2015年12月，中国远洋运输（集团）总公司与中国海运（集团）总公司实施重组，成立中国远洋海运集团有限公司，综合运力11217万载重吨，排名世界第一；集装箱运力规模达304万TEU，位居全球第三；班轮航线网络覆盖全球80个国家和地区的253个港口。同时，中国远洋海运集团有限公司也是全球领先的码头运营商，其子公司中远海运港口有限公司在全球37个港口运营及管理367个泊位，其中集装箱泊位220个，年处理能力达约1.22亿TEU。招商局港口控股有限公司是世界领先的港口开发、投资和营运商，自2008年起布局海外港口，并于近年来不断践行"一带一路"倡议，加快国际化步伐，共投资参股了全球26个国家和地区的50个港口。

5. 国际海运通道安全面临风险

国际海运通道安全不仅关系着我国国际贸易和经济安全，也对国家安全和社会稳定具有重要影响。我国主要的国际海运通道要经过马六甲海峡、霍尔木兹海峡、巴拿马运河、苏伊士运河等咽喉要道，面临着一定风险。一是来自水文状况如风速、浪高、浓雾、暗礁等，以及极端恶劣天气如风暴、地震、海啸、赤潮、冰冻、台风等导致的船舶事故风险。根据国际海事组织的全球综合航运信息系统数据，我国国际海运通道经过的日韩海域、中国南海与东印度群岛、地中海东部以及北海与不列颠群岛地区是全球船舶事故的热点区域，未来应重点加强预警和救助系统的完善。二是来自海上恐怖主义和海盗活动等暴力风险因素的威胁。我国国际海运通道经过的中东与东非、南亚和东南亚海域是海盗活动的热点区域。如2010年由苏丹开往我国宁波的俄罗斯"莫斯科大学"号油轮在亚丁湾海域遭索马里海盗劫持，2011年我国"嘉宁山"号货轮遭索马里海盗袭击。未来，我国应继续积极参与到国际海盗活动的治理中，以保障国家利益。三是来自公共卫生突发事件、战乱和骚乱等涉外突发事件的风险。部分突发事件会对全球运输格局产生广泛深远的影响，如近年来肆虐全球的新冠肺炎疫情。在疫情影响下，我国与东南亚国家联盟、亚太经济合作组织成员之间的贸易联系持续紧密，呈现出更偏向基于地缘的区域合作格局。未来，我国应重点保障全球供应链的安全和稳定，通过运输方式的多元化、运输路径的多样化和产业链、供应链的区域化，建立与供应链能力及分布相匹配的立体化全球运输体系，强化应对突发事件的风险防控能力。

（二）民航网络

1. 机场布局持续完善，形成了以北京、上海、广州为枢纽的国际航空运输网络

截至2019年末，我国共有颁证运输机场238个，其中4D及以上等级机场88个，初步形成了华北、东北、华东、中南、西南、西北六大机场群，以及以北京、上海、广州为枢纽的国际航空运输网络。2019年，国际航线完成旅客运输量7425.43万人次，较2018年增长16.6%；完成货邮运输量241.91万吨，较2018年下降0.3%。我国内地共有25个机场出入境旅客吞吐量超过100万人次，其中上海浦东国际机场、北京首都国际机场和广州白云国际机场分别完成出入境旅客吞吐量3905万人次、2654.4万人次和1880万人次（表8-2）。上海（含上海虹桥国际机场）、北京和广州三大枢纽城市民航出入境旅客吞吐量合计占全国的53.34%，是我国国际航空运输网络的核心枢纽。成都双流国际机场、杭州萧山国际机场、深圳宝安国际机场、昆明长水国际机场和青岛流亭国际机场的出入境旅客吞吐量超过400万人次，在我国国际航空运输网络中具有重要地位。

2019 年我国内地主要机场出入境旅客吞吐量 表 8-2

位序	机场	出入境吞吐量（万人次）	占机场吞吐量比例（%）
1	上海浦东	3905	51.28
2	北京首都	2654.4	26.54
3	广州白云	1880	25.62
4	成都双流	700	12.53
5	杭州萧山	580	14.46
6	深圳宝安	501.4	9.47
7	上海虹桥	480	10.52
8	昆明长水	455	9.46
9	青岛流亭	418.7	16.38
10	南京禄口	360	11.77

2. 国际定期航班航线网络迅速扩张，覆盖范围较小

2019 年，我国共有定期航班航线 5521 条，其中国际航线 953 条，通航 65 个国家的 167 个城市，对全球国家和地区的覆盖率仅约 30%；与 126 个国家和地区签署了双边航空运输协定，每周有 15684 个定期客运航班和 1894 个定期货运航班往返于我国与世界主要国家之间。

从航空枢纽的国际通航城市数量来看，北京和上海超过 70 个，广州超过 50 个，远超国内其他城市。其中：北京的国际航线覆盖超过 40 个国家，较为全面；上海的国际航线主要面向日韩、西欧和北美洲，占其国际航线总数的约 3/4；广州的国际航线主要面向东南亚和大洋洲，占其国际航线总数超过 60%。从国际航空运输的航线格局来看，我国国际航线网络主要至日韩、东南亚、大洋洲、北美洲和西欧 5 个主要方向。其中，至韩国和日本的航线数量排名前 2 位，分别达 68 条和 57 条，其次是泰国、俄罗斯、美国、新加坡、越南、马来西亚、澳大利亚等国家。

3. 国际航空枢纽城市的辐射能力有待加强

从国际航空运输网络的全球航线布局来看，我国的国际航空运输航线密度和覆盖范围与欧美国家相比仍然存在较大的差距，北京、上海、广州和香港等城市在国际航空运输航线网络中的辐射范围较小。考虑周边国家国际航

空枢纽城市的竞争,北京对俄罗斯远东地区具有一定的辐射能力,上海对日韩具有一定的辐射能力,广州的辐射范围主要集中在国内的南方地区,香港的国际辐射能力相对较强,能够辐射到东南亚和大洋洲地区的部分地区。相对而言,美国枢纽城市的辐射范围覆盖了北美洲和南美洲的部分地区;西欧的枢纽城市和中东的迪拜,辐射范围覆盖了欧洲、非洲、中东地区、西亚地区和南亚地区;新加坡和曼谷的辐射范围基本上覆盖了东南亚地区和大洋洲地区;巴西圣保罗的辐射范围则覆盖了南美洲的大部分地区。

(三)陆路通道

1. 我国与周边国家陆路交通基础设施互联互通水平不断提高

为促进和发展与周边国家的国际运输,提高基础设施互联互通水平,我国积极参与国际交通建设,提出了众多解决国际运输中瓶颈问题的基础设施建设倡议和方案。2004 年,亚洲 23 个国家签署了《亚洲公路网政府间协定》,推动建设一个连接 32 个亚洲国家、总长 14 万公里的国际大通道。我国将 2.6 万公里公路纳入到规划,并基本高质量建设完成。2006 年,联合国亚太经社会中的 17 个亚洲国家签署了《泛亚铁路网政府间协定》,共同构建跨国的铁路网,又被称为"钢铁丝绸之路",我国境内各条线路已基本高质量建设完成。"一带一路"倡议则提出依托国际大通道,以沿线中心城市为支撑,以重点经贸产业园区为合作平台,打造新亚欧大陆桥、中蒙俄、中国—中亚—西亚、中国—中南半岛、中巴以及孟中印缅六大经济走廊。围绕上述六大经济走廊,我国积极推动中俄同江铁路大桥、中老铁路、中泰铁路、中尼铁路、中吉乌铁路等项目,持续提高与周边国家陆路交通基础设施的互联互通水平。

2. 国际道路运输便利化水平显著提高

随着"一带一路"倡议的深入实施和 2016 年正式加入(《1975 年国际公路运输公约》),我国国际道路运输便利化程度显著提升。截至 2019 年,我国共开放国际公路口岸超过 80 个,主要面向蒙古国(14 个)、朝鲜(12 个)、越南(12 个)、俄罗斯(9 个)、哈萨克斯坦(7 个)等国家;国际道路运输年过客量、过货量稳定在 800 万人次和 5000 万吨以上水平,其中年货运量在百万吨以上的口岸有 7 个。

围绕丝绸之路经济带,服务经济走廊建设,国际道路运输合作区域加速拓展。截至2019年底,我国与19个"一带一路"沿线国家开展了国际道路运输合作,共签署了22个双多边国际道路运输协定(议定书)。在空间布局上,西部方向以中国—中亚—西亚国际道路运输走廊为重点,北部方向以中国经蒙古国至俄罗斯的国际道路运输通道为重点,南部以中国—中南半岛走廊国际道路运输网络为重点,初步形成了以重点城市为中心、边境口岸为节点、覆盖沿边地区并向周边国家辐射的国际道路运输网络。通过与"一带一路"沿线主要国家建立健全国际道路运输合作关系和工作机制,逐步打通了与周边国家的经济走廊运输通道,减少了制约国际道路运输发展的软件短板和非物理障碍,促进了跨境运输时间和成本降低、运输效率提升和服务水平提高。

3. 跨境班列运输组织体系日益成熟

截至2019年底,中欧班列已累计开行超过20000列,国内开行城市56个,可通达欧洲15个国家49个城市,基本形成了以满洲里、二连浩特、阿拉山口和霍尔果斯为主要门户,以重庆、成都、西安、乌鲁木齐、郑州为枢纽平台,以东、中、西三条通道为主体的跨境班列体系。其中,2019年,经由阿拉山口和霍尔果斯、满洲里、二连浩特进出境的班列分别超过3000列、2000列和1500列。在中欧班列组织的内陆平台上,2019年西安开设的中欧班列数量超过2000列,成都和重庆开设的中欧班列数量超过1500列,乌鲁木齐、郑州和齐鲁号(含济南、青岛、淄博、临沂四市)开设的中欧班列超过1000列,厦门和义乌开设的中欧班列超过500列,京广线以东的城市所开设的中欧班列数量相对较少(图8-2)。未来,随着跨境班列组织的不断成熟,在陆海运输成本(时间和运价)空间均衡状态下,预计京广线以西地区,尤其是人口密集、经济发展形势较好的成渝、关中等地区,将成为其核心货源地。

4. 欧亚大陆陆路通道面临技术标准不一和路网质量不高等问题

一方面,欧亚大陆国家的铁路技术标准不同。以轨距为例,欧亚大陆存在8种不同的轨距,俄罗斯、中亚和部分东欧国家(原独联体国家)以1520毫米的宽轨为主;我国、中东和西亚地区以及欧洲大部分国家和地区的轨距为 1435 毫米的标准轨距；南亚的印度和巴基斯坦铁路轨距为 1676 毫米；中南半岛铁路轨距以 1000 毫米（米轨）为主。从欧亚大陆的主要铁路通道通行至少要涉及两个不同的轨距区，需要进行两次换装或者换轨，增加了大量运输成本和时间成本。

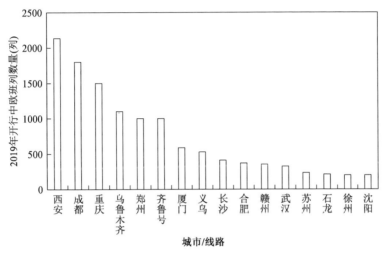

图 8-2　2019 年开行中欧班列数量超过 200 列的城市/线路

另一方面，部分国家和地区路网的质量亟须提高。受经济发展水平和地形的影响，欧亚大陆的内陆国家和地区路网相对稀疏，存在较多的"断头路"。如我国铁路网与周边国家的衔接主要依赖于云南河口、新疆阿拉山口和霍尔果斯、内蒙古满洲里和二连浩特等少数铁路口岸，其他边疆铁路与周边国家的铁路间基本上处于断头状态。在公路网络方面，以中南半岛国家为例，虽然形成了较为密集的干线公路网络，但公路硬化率差异较大。经济发展水平较高的泰国，公路硬化率超过 80%，而经济发展相对滞后的缅甸公路硬化率不足 40%，老挝更是不足 20%（表 8-3），对经过这些国家的陆路通道的通行效率形成了制约。

东盟国家公路建设情况　　　　　　　　　表 8-3

指标	柬埔寨	印尼	老挝	马来西亚	缅甸	菲律宾	泰国
公路长度（公里）	—	508000	51597	205787	103953	32526	233175

续上表

指标	柬埔寨	印尼	老挝	马来西亚	缅甸	菲律宾	泰国
公路密度（公里/百平方公里）	—	2.67	21.79	62.39	15.36	10.84	45.44
硬化公路（公里）	5959	287926	9397	156692	37324	27816	189166
硬化公路密度（公里/百平方公里）	3.29	15.12	3.97	47.50	5.52	9.27	36.87
硬化率（%）	—	56.68	18.21	76.14	35.90	85.52	81.13

注：表中为2019年情况。

（四）管道网络

目前，我国油气进口管道网络已初步形成，主要在东北、西北和西南地区，进口俄罗斯、中亚地区和缅甸的油气资源。其中，中俄天然气管道包括东线和西线两条，西线管道接入我国新疆维吾尔自治区，东线管道则经俄罗斯远东地区接入我国东北地区；中俄石油管道起自俄罗斯远东管道斯科沃罗季诺分输站，经我国黑龙江省和内蒙古自治区，止于大庆末站。中亚天然气管道主要气源来自乌兹别克斯坦和土库曼斯坦，由新疆阿拉山口和霍尔果斯口岸入境；中哈原油管道西起里海沿岸，由新疆阿拉山口口岸入境；中缅油气管道首站位于缅甸西海岸皎漂港，从云南瑞丽入境。未来，中巴原油管道的贯通，将使中东的石油可经过陆路进入我国新疆地区，将比经马六甲海峡的石油运输航程缩短85%，对维护我国的能源安全具有重要意义。

（五）口岸体系

1. 已形成多方式、全方位对外开放的口岸体系

2019年，我国共有对外开放的口岸308个，包括航空口岸78个、海运口岸76个、河运口岸52个、公路口岸80个、铁路口岸22个（表8-4）。其中，航空口岸与公路口岸在人员出入境中占据主导地位。2019年，我国航空口岸出入境人员1.71亿人次，占出入境人员总数的27.95%；上海、北京和广州的航空口岸出入境人员超过1000万人，合计8736.33万人次，占全国航空口岸出入境人员总数的51.15%。公路口岸出入境人员3.93亿人次，占出入境

人员总数的 64.35%，且主要集中在深圳和珠海，合计占比超过 85%。其他出入境人员规模较大的口岸主要集中在西南的广西和云南，包括瑞丽口岸、东兴口岸、河口口岸等。在出入境货物规模上，2019 年，我国口岸出入境货物 37.01 亿吨，其中海运口岸出入境货物 32.01 亿吨，占比 86.48%；河运口岸出入境货物 3.52 亿吨，占比 9.52%，主要集中在长江下游地区。

2019 年我国口岸的运输规模统计 表 8-4

指标	航空口岸	海运口岸	河运口岸	公路口岸	铁路口岸
数量（个）	78	76	52	80	22
出入境人员（万人次）	17080.11	2204.50	387.38	39320.12	2107.62
出入境人员占比（%）	27.95	3.61	0.63	64.35	3.45
出入境货物（万吨）	1149.47	320056.37	35225.49	8718.13	4949.02
出入境货物占比（%）	0.31	86.48	9.52	2.36	1.34

2. "一带一路"倡议促进了沿边口岸的开放开发

2019 年，我国沿边开放的口岸数量超过 90 个，主要集中在中俄、中蒙、中哈、中缅和中朝边界，其中出入境货物主要集中在中缅、中哈和中俄边境；出入境人员主要集中在中俄、中越和中蒙边境。在口岸类型上，中俄边界以水路口岸为主，其他边界以公路口岸为主，铁路口岸较少，但却发挥着重要作用。近年来，"一带一路"倡议深入实施，中欧班列快速发展，通过铁路口岸出入境的货物量近年来快速增长。2019 年，满洲里、二连浩特与绥芬河铁路口岸出入境货物超过 1000 万吨，分别达 11714.46 万吨、1352.89 万吨和 1021.50 万吨，霍尔果斯和阿拉山口铁路口岸的出入境货物超过 200 万吨，分别达 269.81 万吨和 267.76 万吨，在我国与周边国家的经贸往来中具有重要作用。以口岸为核心载体，通过与周边国家和地区合作，至 2019 年，我国建立了 6 个重点开发开放试验区、17 个边境经济合作区及 2 个跨境经济合作区，极大推动了边境地区的开发以及与周边国家和地区的经贸往来（表 8-5）。

我国沿边重点地区 表 8-5

沿边重点地区类型	沿边重点地区名录
重点开发开放试验区	东兴，勐腊，磨憨，瑞丽，二连浩特，满洲里
边境城市	东兴，凭祥，景洪，芒市，瑞丽，阿图什，伊宁，博乐，塔城，阿勒泰，哈密，二连浩特，阿尔山，满洲里，额尔古纳市，黑河，同江，虎林，密山，穆棱，绥芬河，珲春，图们，龙井，和龙，临江，集安，丹东
边境经济合作区	东兴，凭祥，河口，临沧，畹町，瑞丽，伊宁，博乐，塔城，吉木乃，二连浩特，满洲里，黑河，绥芬河，珲春，和龙，丹东
跨境经济合作区	中哈霍尔果斯国际边境合作中心，中国东兴—越南芒街跨境经济合作区

注：表中为 2019 年情况。

二、发展趋势研判

当今世界正在经历百年未有之大变局。世界多极化、经济全球化、社会信息化、文化多元化深入发展，全球治理体系和国际秩序加速变革。全球范围内产业转移步伐加快，国际分工体系、全球产业格局加速演变。地缘政治矛盾、局部冲突频发，传统安全威胁和新冠肺炎疫情等非传统安全威胁相互交织，对全球政治经济格局和供应链体系产生巨大影响。也都将深刻影响国际交通运输格局演化和我国面向全球的互联互通交通网布局。

（一）需求分析

1. 我国外贸货物运输需求将保持增长，但增速变缓

进入 21 世纪以来，我国经济和对外货物贸易总额经历快速增长过程。从贸易增长与经济增长的关系来看，可划分为两个阶段。2000—2006 年，我国对外货物贸易总额从 3.93 万亿元快速增长至 14.10 万亿元，占 GDP 的比重从 39.16% 提高至 64.24%，在拉动经济增长方面的作用日益重要。2006 年以来，虽然对外货物贸易总额也保持了较高的增长速度，2019 年达到 31.55 万亿元，是 2006 年的 2.24 倍，但同期对外货物贸易总额占 GDP 的比重持续下滑，2019 年仅为 31.84%，不足 2006 年的一半（图 8-3）。上述变化的一个直观反映是经济增速显著高于贸易增速，2010—2019年，我国对外货物贸易增速（5.10%）不足经济增速（10.23%）的一半，揭示了我国经济增长动力由外需拉动转向创新和内需驱动的大趋势。当前，我国已经进入经济增长的新常态，随着加快构建以国内大循环为主体、国内国际双循环相互促进的新发展格局，创新和内需对经济增长的拉动作用预计将持续强化，对外货物贸易总额占GDP的比重将持续下滑至20%左右。此外，从贸易结构来看，随着我国产业结构的持续升级，对外货物贸易中工业制品出口占比和初级产品进口占比不断提高，表现出出口产品高端化、进口货物原材料化的趋势。1990—2019年，我国工业制品占出口货物总额的比重从74.41%提高到94.62%，初级产品占进口货物总额的比重从18.47%提高到35.07%。在我国对外货物贸易增速放缓和贸易产品结构高端化与原料化并存的两大趋势下，外贸货物运输需求预计保持增长趋势，但增速将变缓。

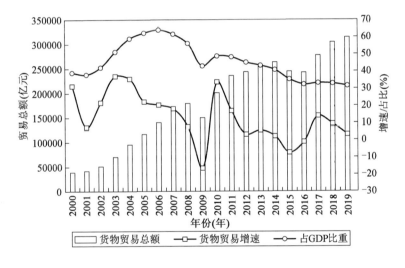

图8-3 我国对外货物贸易增长历程及其占GDP的比重变化

2. 国际客运需求将继续保持较快增速

我国正加快形成全方位、多层次、宽领域的全面开放新格局，对外服务贸易、海外投资和经济合作规模迅速扩大，国际旅游人数不断攀升，为国际客运需求的持续快速增长提供了基础。目前，我国已经成为全球第二大服务贸易国、第二大对外投资国，对外直接投资存量排名全球第三位。2019年，我国对外服务贸易总额7918.8亿美元，是2000年的11.12倍；实际利用外资1381.35亿美元，是2000年（593.56亿美元）的2.33倍；对外直接投资存量19822.66亿美元，是2008年的10.77倍；对外承包工程合同数11932个，合同金额2602.50亿美元，分别是2000年的4.59倍和22.21倍。在国际旅游人数上，2019年我国出入境旅客3.15亿人次，是2000年的3.35倍。受益于居民收入的持续快速增长，国内居民出境人数从2000年的1047.26万人次迅速增长至2019年的1.69亿人次，年均增长15.77%，占我国出入境旅客人数的比重从11.15%提高至53.80%，成为驱动我国国际旅游人数增长的主要动力。未来随着居民收入水平和生活质量的进一步提高，预计国内出境旅客人数仍将持续快速增长。

（二）需求特征

1. 海运将长期是我国外贸货物运输的主体方式，航空运输在国际旅客出行中的地位持续提高

海运是我国国际贸易中主要的运输方式，近年来通过水运口岸完成的外贸货物运输占总量的比例稳定在90%以上，2019年达96.00%（表8-6）。铁路和航空在我国外贸货物运输中的占比总体上经历了先下降后提高的过程。其中，铁路占比从2011年的1.99%下降至2015年的1.13%，2019年回升至1.34%；航空占比从2011年的0.30%下降至2015年的0.26%，2019年回升至0.31%。公路在我国外贸货物运输中的占比总体上经历了持续下降的过程，从2011年的2.89%下降至2019年的2.36%。未来，随着我国产业结构升级，贸易产品结构将持续出口产品高端化、进口产品原材料化的趋势；同时，"一带一路"倡议持续深入实施，我国对外开放格局日益强调陆海内外联动、东西双向互济，为欧亚大陆的陆路通道运输提供了巨大的需求空间。在此背景下，一方面，高价值、小批量的外贸货运需求将快速增长，铁路和航空凭借速度优势有望进一步提高在外贸货物运输中所占的比重。另一方面，原材料进口仍将保持较大的体量，大宗散货运量将在一段时期内保持高位运行状态。凭借相对于其他运输方式的成本优势和完善的航线网络及贸易服务体系，海运将长期是我国外贸货物运输的主体方式。

我国各类口岸外贸货运量与出入境人员的占比　　　　　表8-6

指　　标	年份（年）	水运口岸	铁路口岸	公路口岸	航空口岸
口岸外贸货运量占比（%）	2011	94.82	1.99	2.89	0.30
	2015	95.82	1.13	2.79	0.26
	2019	96.00	1.34	2.36	0.31
口岸出入境人员占比（%）	2011	4.06	1.88	75.63	18.43
	2015	4.33	0.96	72.12	22.59
	2019	4.24	3.45	64.35	27.95

注：表中数据依据相应年份《中国口岸年鉴》数据计算，不包括对国际管道运输的统计。

在人员出入境上，公路与航空一直是主体的运输方式，但近年来公路占比表现出快速下降趋势，而航空占比则表现出快速提高的趋势。2011—2019年，公路占比从75.63%下降至64.35%，而航空占比从18.43%提高至27.95%。水运占比表现出先提高后下降的趋势，而铁路占比则表现出先下降后提高的趋势。2011—2015年，水运占比从4.06%提高至4.33%，铁路占比从1.88%下降至0.96%；至2019年，水运占比回落至4.24%，铁路占比则回升至3.45%。未来，随着居民生活水平的持续提高，人员出入境需求预计将保持较高的增速，航空出行占比有望进一步提高。同时，"一带一路"倡议的持续深入实施将推动我国边境地区的开发开放，提高我国与周边国家的基础设施互联互通水平，尤其是部分线路有望实现高速铁路通车，如中泰铁路，进而提高铁路在人员出入境中的地位；公路在边境地区开发开放的支撑下，预计出行规模将持续增长，但增速低于航空和铁路，占比在未来一段时期内仍将呈现下降趋势。

2. 远洋运输需求增速放缓，集装箱货物占比持续提高

在对外贸易增速放缓和出口产品高端化、进口产品原料化的趋势驱动下，预计未来远洋运输需求的增速将持续放缓，集装箱货物占比将持续提高。从过去20年的远洋运输发展趋势来看，近5年来我国远洋货运量的增速已持续放缓。2000—2013年，我国远洋货运量从2.29亿吨增长至7.12亿吨，年均增长9.09%；除2009年受全球经济危机的影响出现负增长外，其他年份均保持了较高的增速。但2014—2019年增速显著放缓，年均增速仅2.18%；2015年和2017年均出现了负增长（图8-4）。在海运货物结构上，沿海规模以上港

口煤炭、石油、天然气、金属矿石、矿建材料、钢铁、非金属矿石、粮食等大宗散杂货吞吐量占比从2000年的73.73%持续下滑至2019年的约60%；而集装箱吞吐量占比从20%左右提高到约35%。未来，我国产业结构升级将持续推动贸易产品结构高端化，预计集装箱货物占比将持续提高。

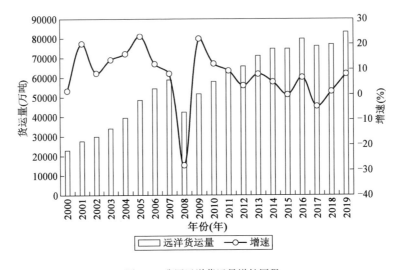

图8-4 我国远洋货运量增长历程

3. 民航国际客货运输需求预计保持较快的增速，打造"全球123快货物流圈"是民航货运发展的重要目标

2009—2019年的十年中，我国对外服务贸易、海外投资和经济合作规模的迅速扩大以及国际旅游人数的不断攀升，驱动国际民航客运需求快速增长。2019年，我国国际航线完成旅客吞吐量1.39亿人次，是2009年的3.76倍，年均增长率12.80%，较国内航线旅客吞吐量9.45%的增速高3.35个百分点，占完成国内国际旅客吞吐量的比重从7.62%稳步提高到10.31%。随着全方位、多层次、宽领域的对外开放新格局的形成，预计未来我国国际民航客运需求仍将保持快速增长。

在货运需求上，随着国内产业结构升级和居民生活水平的持续提高，国际运输中高价值的小件货物需求规模不断扩大，推动了国际民航货运需求快速增长，国际航线完成货邮运输量从2014年的168.4万吨增长至2019年的241.91万吨，年均增长7.51%（图8-5）。

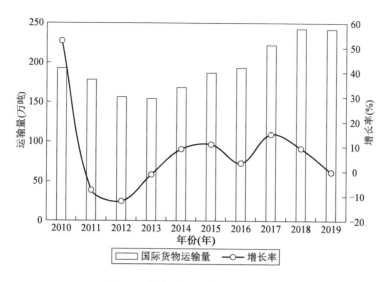

图 8-5 我国民航国际货运量增长历程

未来，国内产业结构升级会进一步提高国际货物运输中高价值货物的比重，全球供应链的快速反应也要求全球运输网络能够提供快速、及时的货物运输服务，将促进民航货运需求的持续增长。此外，居民生活水平持续提高引发的消费升级将促进个性化、高品质的消费需求快速增长，跨境电商需求规模将持续扩大。2019 年我国跨境电商交易额 10.5 万亿元，较 2018 年增长 19.32%；行业渗透率 33.29%，较 2018 年提升了 3.79 个百分点；进口跨境电商用户规模 1.25 亿人，较 2018 年增长 41.24%。跨境电商的迅猛发展不仅会驱动国际民航货运需求的快速增长，并且对民航货运航线的覆盖率以及运输全过程的时效性也提出了新的要求，打造"全球 123 快货物流圈"成为民航货运发展的重要目标。

4. 陆路通道运输需求将保持较快增长，中欧班列足邮（跨境电商商品）业务有望常态化

亚欧大陆人口数量占世界人口的 75%，地区生产总值约占世界总额的 60%，东端是活跃的东亚经济圈，西端是发达的欧洲经济圈，中间广大腹地经济发展潜力巨大，特别是"一带一路"沿线国家资源禀赋各异，经济互补性强，合作空间广阔，为横跨欧亚大陆的陆路通道运输提供了巨大的需求空间。2019 年，中欧班列开行 8225 列，同比增长 29%；发运 72.5 万 TEU 货

物，同比增长34%，综合重箱率达到94%。

2019年，我国国际道路运输过客量超过800万人次，过货量超过5000万吨，初步建成了开放有序、现代高效的国际道路运输体系。从我国经济发展的实际来看，首先，随着产业结构升级和全面、深度融入全球供应链，国际贸易的高附加值产品比重不断提高，对运输成本的承受能力持续增强，对运输时效的要求越来越高，陆运相对于海运的运输时间优势将得到强化，有利于促进陆路通道运输需求的快速增长。其次，受产业结构优化的内在要求和要素成本上升的外在压力，我国东部沿海地区的产业向中西部地区转移的步伐逐渐加快，并积极与中欧班列的组织密切结合（如布局在中欧班列站场周边地区），不仅获取了较好的物流时间和成本效益，也为中欧班列提供了足够的货源保障。再次，随着"一带一路"倡议的持续深入推进，我国与周边国家的经济交流愈发密切，道路运输在国际运输体系中发挥的作用越来越重要。尤其是在新冠肺炎疫情加速国际产业链和供应链区域化的背景下，我国与东盟国家的贸易联系持续密切，南向的中国—中南半岛走廊国际道路运输网络需求前景良好，西向的中国—中亚—西亚国际道路运输走廊和北向的中国经蒙古国至俄罗斯国际道路运输通道则将持续在我国陆海统筹、双向开放的新格局中发挥重要的支撑作用。最后，考虑到我国跨境电商的迅猛发展趋势以及民航货运较高的单位运价，中欧班列凭借与海运相比较快的运输速度和与民航相比较低的运输成本，预计将承担大量的跨境电商商品运输，促进国际足邮的常态化运行与组织。

5. 国际管道网络将在能源进口中持续发挥重要作用

我国是全球第一大原油和天然气进口国。2019年，我国进口原油50572万吨，对外依存度达72%，主要来源于中东和北非、撒哈拉以南非洲以及中北亚、南美和东南亚地区；进口天然气1322亿立方米，对外依存度达42.1%，主要来源于中北亚地区、中东和北非地区、大洋洲地区和东南亚地区。其中，俄罗斯、中亚地区和中东地区在我国的能源进口网络中具有重要地位。在此背景下，我国周边连接俄罗斯、中亚和南亚地区的油气管道网络对能源安全保障具有重要价值。需要指出的是，海上通道在当前我国油气进口中仍具有主体地位，原油进口中海运通道占比超过80%，天然气进口中海运通道占比超过60%。未来应继续强调统筹海运和管道两种方式的发展。

（三）空间重点

我国面向全球的运输网络建设应统筹发展与安全，强调运输风险防控与国际合作共赢，聚焦"一带一路"沿线地区，进一步促进基础设施互联互通，构建层级分明、布局完善的全球运输通道体系，打造多层次、多渠道的战略物资保障体系，持续增强对我国周边国际运输线路和全球主要贸易通道、战略节点的影响力。

1. 海运网络

基于我国对外开放与合作格局演化的特征与趋势，尤其是能源、金属矿石、粮食等重要物资贸易网络的组织特征，未来面向全球的海运网络空间组织重点包括经东南亚跨印度洋至欧洲和非洲、经日韩跨太平洋至美洲、经东南亚至大洋洲和跨北冰洋的冰上丝绸之路4条海上国际运输通道。上述海上通道所连接的国家覆盖了全球超过80%的经济生产总值和约四分之三的人口，能够服务我国超过85%的货物贸易，支撑和保障我国对外开放新格局。其中，经东南亚跨印度洋至欧洲和非洲通道在货物贸易、战略物资保障和对外经济合作上发挥着重要作用，所连接的国家覆盖了全球约45%的经济生产总值和60%的人口，能够服务我国货物贸易、石油贸易、有色金属矿石贸易、煤炭贸易、天然气贸易和对外经济合作活动，在我国对外开放与合作格局中占据了核心地位。经日韩跨太平洋至美洲通道主要在出口贸易和铁矿石、农产品进口贸易中具有重要地位，所连接的国家覆盖了全球32.88%的经济生产总值和13.62%的人口，能够服务我国出口贸易、农产品贸易、铁矿石贸易、石油贸易以及有色金属矿石贸易。经东南亚至大洋洲通道主要在铁矿石、煤炭、有色金属矿石和天然气等战略物资保障中具有重要地位，能够服务我国铁矿石贸易、煤炭贸易、天然气贸易和有色金属矿石贸易。在全球变暖的趋势下，跨北冰洋的冰上丝绸之路通道有望成为国际贸易的重要运输干线，能够大幅缩短我国至欧洲、北美洲的海运距离，尤其是至欧洲较传统航线距离缩短25%~55%，对我国的国际贸易格局具有重要影响。此外，北极有储量巨大的石油、天然气资源，有丰富的矿藏和渔业资源，积极参与协调北极地区的资源开发和环境保护，也是我国作为北极理事会正式观察员国的责任。

2. 民航网络

"一带一路"沿线国家和地区以及北美洲方向是未来我国面向全球的民航网络组织的重点方向。其中,"一带一路"沿线国家和地区在我国的对外开放与合作格局中具有核心地位,覆盖了全球49.05%的经济生产总值和66.68%的人口,能够服务我国货物贸易、小件高价值与保鲜货物贸易、入境游客、工程技术人员、劳务输出人员和对外经济合作活动。北美洲方向的重要性主要体现在进口贸易、入境游客和劳务输出等方面,能够服务我国货物贸易、小件高价值与保鲜货物贸易、入境游客以及劳务输出人员。"一带一路"沿线国家和地区涉及日韩、东南亚、欧洲和非洲4个重点方向。

3. 陆路通道

新亚欧大陆桥、中蒙俄、中国—中亚—西亚、中国—中南半岛、中巴、中尼印、孟中印缅7条陆路国际运输通道所连接的国家覆盖了超过全球15%的经济生产总值和超过三分之一的人口,在我国石油、天然气、煤炭等战略物资以及小件高价值与保鲜货物贸易中也具有重要作用。具体来看,新亚欧大陆桥通道的重要性主要体现在货物贸易和石油、煤炭等能源保障上,中国—中南半岛通道的重要性主要体现在货物贸易和粮食进口上,中蒙俄通道的重要性主要体现在石油、煤炭等能源保障上,中国—中亚—西亚通道的重要性主要体现在天然气保障上,孟中印缅通道沿线集中了全球超过五分之一的人口,市场潜力巨大,且中缅油气管道在我国能源保障中具有重要作用;中巴通道将我国新疆维吾尔自治区与印度洋相连,在我国能源和全球权益保障中具有重要的战略意义;中尼印通道一方面集聚了全球约四分之一的人口,市场潜力巨大,另一方面,能够借助南亚铁路网将孟中印缅通道、中巴通道和中国—中亚—西亚通道连接成为一个有机的整体,有利于形成面向全球的陆路通道网络的优化组织。

4. 管道网络

未来我国应坚持通道多元、海陆并举、均衡发展,巩固和完善西北、东北、西南和海上油气进口通道。加强陆海内外联动、东西双向互济,积极拓展"一带一路"进口通道,推动国内与国际油气管道网络高效衔接,促进陆上油气管道建设与海上油气进口通道的有机联动,打造"陆海并重"的油气通道格局。重点加强与"一带一路"沿线国家油气管网设施互联互通合作，共同推动中国—中亚天然气管道D线等项目建设，维护输油、输气管道安全。研究规划新的油气进口管道，适时启动建设。

5. 空间层次

我国面向全球的运输网络组织由近及远可划分为三个空间层次。第一个空间层次是我国周边地区，包括东北亚、东南亚、南亚和中亚地区，是我国对外开放与合作以及面向全球的运输网络组织的核心区域。面向该区域，一方面积极推动中吉乌铁路、中尼铁路等工程建设，促进我国与周边国家路网的衔接，实现基础设施层面的互联互通；另一方面，加快与周边国家签订双边或多边国际道路运输协议，围绕中欧班列、国际道路运输、民航航线和近洋航线，优化提升运输服务网络，打造陆海空一体化的国际综合运输网络，支撑和保障我国与周边国家的经贸往来以及沿边地区的开发开放。

第二个空间层次是欧亚大陆其他区域，包括西亚地区和欧洲地区，该区域能够通过陆路通道与我国连通，在我国对外开放与合作以及能源贸易网络中具有重要地位。面向该区域，一方面应积极打通陆路通道，促进中欧班列的常态化组织；另一方面，从陆海统筹的视角，做好陆路通道与海运通道的无缝衔接，并积极开拓民航航线，提高民航网络的覆盖率。

第三个空间层次是非洲与美洲，主要依赖海运、民航与我国连通，应注重海上运输通道的建设与维护，并强化重点方向上的民航运输服务组织。

课题组长：
金凤君（组长）
主要执笔人：
金凤君、陈卓
主要承担单位：
中国科学院地理科学与资源研究所

本章参考文献

[1] 金凤君.基础设施与经济社会空间组织[M].北京:科学出版社,2012.

[2] 金凤君,陈卓.1978年改革开放以来中国交通地理格局演变与规律[J].地理学报,2019,74(10):1941-1961.

[3] 金凤君,刘会远,陈卓,等.中国与东盟基础设施建设合作的前景与对策[J].世界地理研究,2018,27(4):1-10.

[4] 陈沛然,王成金,刘卫东.中国海外港口投资格局的空间演化及其机理[J].地理科学进展,2019,38(7):973-987.

[5] 刘慧,刘卫东."一带一路"建设与我国区域发展战略的关系研究[J].中国科学院院刊,2017,32(4):340-347.

[6] 梁宜.中国与周边国家地缘经济关系格局与演变[D].北京:中国科学院大学,2019.

[7] 王伟.全球集装箱航运企业的航线网络格局及发展模式[D].北京:中国科学院大学,2018.

[8] 王涵.全球航空网络的空间结构与影响机制研究[D].北京:中国科学院大学,2017.

[9] 戴晓晴,孙相军,陈璟,等.新冠肺炎疫情对我国国际运输的影响分析[J].交通运输部管理干部学院学报,2020,30(2):3-8+25.

[10] 安然,冯淑贞,张文涛.加入TIR公约对我国国际道路运输的影响[J].综合运输,2019,41(3):27-31.

第九章
国家综合交通网规模与结构研究

本章在我国综合交通网发展回顾与评价的基础上，借鉴典型国家交通基础设施发展经验，剖析我国综合立体交通网规模的影响因素，并研判其未来发展趋势，最后对我国综合交通网的规模与结构进行了测算研究。

一、我国综合交通网发展回顾与评价

新中国成立以来，我国综合交通网随着经济社会的发展而发展。本研究从综合交通网与经济社会发展、区域空间协调、人口资源环境等方面评价其发展的适应性。

（一）我国综合交通网发展历程分析

我国综合交通网的发展历程，大致可划分为百废俱兴恢复期（1949—1978年）、被动适应发展期（改革开放至2000年）、建设发展跨越期（21世纪初至2012年）、发展黄金期（2013年至今）四个阶段。

1. 百废俱兴恢复期（1949—1978年）

新中国成立之初，全国交通运输面貌十分落后。1949年，全国铁路里程仅为2.18万公里，且一半处于瘫痪状态；公路通车里程不足8.1万公里，铺有路面的公路里程仅占40%；港口设施处于极端落后的状态，装卸作业主要靠人挑肩扛，航道失修失养、淤积严重；机场基础设施落后，航线总里程仅有4000公里左右。

新中国成立至 1978 年，交通基础设施处于百废俱兴的恢复期。到 1978 年，全国铁路营业里程达到 5.17 万公里，其中复线铁路 7630 公里，电气化铁路 1030 公里。全国公路通车里程达到 89 万公里，是 1949 年的 11 倍，其中二级及以上公路达 1.2 万公里，路面铺装率为 71.9%。内河航道总里程达到 13.60 万公里，是 1949 年的 1.8 倍，其中等级航道里程达到 5.74 万公里；全国沿海规模以上港口生产性泊位 311 个，其中万吨级及以上泊位 133 个。民航国内航线 150 条，全年共执行航班 4.55 万班，通航国内 79 个机场。全国输油（气）管道里程达到 0.83 万公里。

2. 被动适应发展期（改革开放至 2000 年）

（1）第一阶段（改革开放至 1990 年）——既有基础设施挖潜改造为主

改革开放后，交通运输业投资比重进一步增加，既有铁路干线、公路干线和沿海主要港口扩建的投资不断增大。

进入 20 世纪 80 年代后，我国贯彻"南攻衡广、北战大秦、中取华东"的铁路建设战略，打通了晋煤外运、进入广州、通向华东的三条铁路通道，集中力量强化沿海 1.6 万公里铁路干线改造。到 1990 年，铁路营业里程达到 5.79 万公里，其中复线里程达 13024 公里，是 1978 年的 1.7 倍，电气化里程达 6941 公里，是 1978 年的 6 倍。

公路在规划和战略指引下更加强调干线的建设。1981 年《国家干线公路网试行方案》明确了总规模 10.92 万公里的普通国道规划方案。1989 年第一次全国高等级公路建设经验交流会明确了我国必须发展高速公路以及建设高等级公路的重要政策措施，拉开了高速公路建设的序幕。到 1990 年，公路通车里程达到 102.83 万公里，高速公路、一级公路从无到有，里程分别达到 522 公里、2617 公里；二级及以上公路达 4.65 万公里，占公路总里程的 4.52%。

水路恢复性治理内河航道，重点建设沿海港口。到 1990 年，内河航道总里程较 1978 年略有下降，总里程达到 10.92 万公里，其中等级航道达到 5.96 万公里。到 1990 年，内河主要港口的万吨级深水泊位实现了零的突破，全国沿海规模以上港口生产性泊位 967 个，其中万吨级及以上泊位 284 个，分别是 1978 年的 3.11 倍、2.13 倍。

民航机场建设以改扩建为主，民航航线采取开辟和加密并举。至1990年底，民航定期通航机场达到94个，民航定期航班航线达437条，其中国际航线44条、国内航线385条、港澳台地区航线8条；定期航线里程50.68万公里，比1978年增加35.79万公里。

管道建设重点主要集中在对东北、华北管网的技术改造与完善，以及中原管道的建设。至1990年，全国油气管道总里程达到1.59万公里，是1978年的1.8倍。

（2）第二阶段（1991—2000年）——交通基础设施网络加快建设

进入20世纪90年代，我国改革开放和现代化建设蓬勃发展，交通运输行业深化改革，加大对外开放力度，建设步伐逐步加快，全面推进铁路网、公路网快速发展，干线通道能力得到大幅提升，交通运输建设和发展取得了突破性进展。

20世纪90年代初，国务院批准设立铁路建设基金，实行中央和地方合资建设铁路的政策等，铁路建设进入快车道。"八五"期间，建成了京九、宝中、兰新复线、浙赣复线等一批重点工程，煤炭外运、西北、南北、华东、西南和进出关六大通道运输能力均有不同程度的提高。"九五"期间，铁路集中力量建设和改造一批大能力干线，京九铁路、南昆铁路、广深铁路相继建成通车。到2000年底，铁路营业总里程达到6.87万公里，居世界第三位，其中电气化铁路里程1.49万公里，复线铁路里程2.14万公里。

公路以加强国道主干线建设、提高道路等级、加大覆盖区域为重点。"三主一支持"战略全面实施，明确我国公路建设重点将逐步向高等级公路建设转变。为应对亚洲金融危机，公路建设投资进入"快车道"，仅1998—2000年高速公路就增加里程1.15万公里，年均增长3800公里。到2000年底，全国公路总里程达到167.98万公里，其中高速公路里程达到1.63万公里，二级及以上公路里程达到21.93万公里，占总里程的比重为13.05%。

水运建设聚焦主通道建设。以三江两河（长江、黑龙江、珠江、淮河、京杭运河）为重点，强化内河航运优势地区的航道建设，加快通航千吨级和部分500吨级船舶为主的骨架航道建设。港口群建设全面推进，专业化深水码头泊位数迅速增加，集装箱、煤炭、客货滚装等三大运输系统的码头设施系统初步建立。到 2000 年底，内河航道总里程 11.93 万公里、等级航道 6.14 万公里；全国沿海规模以上港口生产性泊位 1455 个，其中万吨级及以上泊位 526 个，分别是 1990 年的 1.5 倍、1.9 倍。

民航多方办航空、建机场，机场改建、扩建、迁建速度加快。改扩建广州、昆明、哈尔滨、拉萨、太原、大连等机场，新迁建福州、郑州、贵阳等 30 多个大中型机场等，一大批支线机场建成。到 2000 年，全国定期航班通航机场达到 139 个，民航定期航班航线达到 1165 条，其中国际航线 133 条、国内航线 1032 条、港澳台地区航线 42 条；航线里程 150.29 万公里，国际航线里程 50.84 万公里，分别比 1990 年增加 99.61 万公里、34.20 万公里。

管道建设侧重运输管道网的结构调整及局部优化。东部地区根据原油流向和进口要求加快管道网络改造；西部地区结合油田开发重点，建设新疆至内陆地区的输油管线；华北地区建成陕北天然气至北京输气管线，并与华北天然气管网连接。到 2000 年底，全国油气管道里程达到 2.47 万公里，是 1990 年的 1.6 倍。

3. 建设发展跨越期（2001—2012 年）

（1）铁路进入了跨越式发展新阶段

2000 年前后，铁道部组织实施了"决战西南、强攻煤运、建设高速、扩展路网、突破七万"跨世纪五年（1998—2002 年）铁路建设会战，铁路主要干线能力进一步提升，西南铁路通道能力得到增强。2004 年，《中长期铁路网规划》发布。2008 年，为应对美国次贷危机，铁路部门进一步加大铁路建设投资力度，修订发布了《中长期铁路网规划（2008 年调整）》。京津城际、郑西、海南东环、京沪、哈大、京广等高速铁路相继建成通车，我国正式进入高速铁路时代。到 2012 年底，全国铁路营业里程达到 9.76 万公里，其中高速铁路营业里程达到 0.94 万公里，居世界第一位；铁路复线里程 4.4 万公里，复线率 44.8%；电气化里程 5.1 万公里，电气化率 52.3%。

（2）高速公路建设加快

公路加快"五纵七横"国道主干网建设，到 2007 年底，总规模约 3.5 万公里的国道主干线基本建成。2004 年，《国家高速公路网规划》发布。2008 年，公路行业以国家高速公路为重点，进一步加快了高速公路建设步伐。

2008—2012年，我国高速公路新增通车里程达3.6万公里，年均增长0.9万公里。2012年底，全国公路总里程达423.75万公里，高速公路里程达到9.6万公里。

（3）水运建设力度进一步加强

2006、2007年，国务院先后批准实施《全国沿海港口布局规划》《全国内河航道与港口布局规划》，交通部印发了《全国沿海港口发展战略》《全国内河航运发展战略》，由此形成了较为完整的水运中长期发展战略与规划体系。此后，大型专业化原油、铁矿石、煤炭、集装箱码头和深水航道工程相继建成并投入使用，基本形成了布局合理、层次分明、功能齐全、优势互补的港口体系和"两横一纵两网"的高等级内河航道网。到2012年底，内河航道总里程12.50万公里，其中等级航道6.37万公里（三级及以上航道占总里程的7.9%）。全国沿海规模以上港口生产性泊位4811个，其中万吨级及以上泊位1453个，分别是1990年的1.5倍、1.9倍。

（4）民航机场布局和航线网络进一步完善

经过21世纪初期的建设，我国初步形成了以北京、上海、广州等枢纽机场为中心，以成都、昆明、重庆、西安、乌鲁木齐、武汉、沈阳、深圳、杭州等重点城市机场为骨干，以及其他城市干、支线机场相配合的基本格局，机场等级和规模逐步提高，机场分布更均衡。到2012年底，我国共有民航运输机场183个（不含港澳台地区），定期航班航线2457条，其中国际航线381条、国内航线2076条、港澳台航线99条；航空公司国际定期航班通航52个国家的121个城市。

（5）国内外管道运输通道持续开辟

2000年以来，我国先后开辟了东北、西北、西南、海上四大油气战略通道。其中，东北通道为中俄原油管道一线及二线、中俄东线天然气管道，西北通道为中哈原油管道、中亚天然气管道，西南通道为中缅油气管道，海上通道主要是从非洲、南美、中东、澳洲通过海上运输将能源送至东部沿海地区。到2012年底，全国油气管道里程达到9.16万公里，是2000年的3.7倍。

4. 发展黄金期（2013年至今）

（1）多层次的铁路网基本建成

党的十八大以来，我国铁路进入高速发展阶段，"四纵四横"高速铁路主骨架全面建成，"八纵八横"高速铁路主通道和普速干线铁路加快建设，重点区域城际铁路快速推进，基本形成布局合理、覆盖广泛、层次分明、安全高效的铁路网络。2013—2020年，我国高速铁路年均新增3600公里。普速铁路以运输需求为导向，以强化主通道为重点，加快新线建设和既有铁路复线的扩能改造。到2020年，全国铁路营业里程达到14.6万公里，其中高速铁路营业里程达到3.8万公里；铁路复线率为59.5%，电化率为72.8%；全国铁路路网密度152.3公里/万平方公里。

（2）公路网逐步完善

《国家公路网规划（2013—2030年）》明确提出，形成覆盖广泛、布局合理、衔接顺畅的国家公路网络。我国重点推进国家高速公路网建设，加大国省干线改造力度，加快"断头路"和"瓶颈"路段建设，开展普通国省道地质灾害处治；支持贫困地区建设高速公路、普通国省道干线以及"旅游路""产业路""资源路"等。截至2020年底，全国公路总里程519.81万公里，高速公路里程16.10万公里，二级及以上等级公路70.24万公里，占公路总里程的13.5%。

（3）水运建设开启现代化新征程

党的十八大以来，《国务院关于依托黄金水道推动长江经济带发展的指导意见》《长江经济带发展规划纲要》等重要文件先后出台，加快长江等内河水运发展上升为国家战略。内河水运由注重基础设施建设转向更加注重运输安全、绿色和可持续发展。着重谋划环渤海、长江三角洲、东南沿海、珠江三角洲和西南沿海等五大港口群体发展。到2020年底，全国内河航道通航里程12.77万公里，等级航道里程6.73万公里。全国港口生产用码头泊位22142个，其中万吨级及以上泊位达2592个（其中专业化泊位1371个）。

（4）民航枢纽及航线发展驶入快车道

我国已基本形成以世界级城市群、国际航空枢纽为核心，区域枢纽为骨干，非枢纽机场和通用机场为重要补充的国家综合机场体系。我国强化民用运输机场建设数量、空间布局的调整完善，枢纽机场建设进入快车道，基本形成了以北京、上海、广州三大主要枢纽和成都、昆明、西安、乌鲁木齐等区域枢纽和门户枢纽为核心节点的轮辐式网络结构以及枢纽之间的空中快线网络结构。积极提升国内航线网络的通达性,支线航班量保持高速增长。截至2020年底,我国境内运输机场(不含港、澳台地区)共有241个,其中定期航班通航机场456240个,定期航班通航城市(或地区)237个;我国航空公司国际定期航班通航62个国家的153个城市,定期航班航线5581条,国内航线4686条。

(5)油气管道有序建设

"十三五"以来,我国管道运输建设加快,从管输运销分离、管输定价体系改革、油气管网信息公开、市场化改革四个方面推进管网体制改革步伐,我国油气管网规模不断扩大。截至2020年底,全国输油(气)管道里程达到17.5万公里。

(二)我国综合交通网规模适应性评价

党的十九大以来,交通基础设施更加完善,网络覆盖不断增大,运输服务品质不断提升,人民群众获得感不断增强,战略支撑更加有力,有效推动我国从交通大国向交通强国迈进。到2020年,铁路覆盖99%的20万以上人口的城市,其中高速铁路覆盖95%的100万人口及以上的城市。公路里程达519.81万公里,其中高速公路里程达16.10万公里,覆盖了98.6%的20万人口以上的城市和地级行政中心,主要公路运输通道交通运输紧张状况得到明显缓解,长期存在的运输能力紧张状况得到大幅改善。水运发展初步建成了以"两横一纵两网十八线"为主的内河航道体系;沿海港口建设呈现迅猛发展态势,港口基础设施加快完善,吞吐能力和规模快速提升,成为对外开放的主要门户,基本形成了环渤海、长江三角洲、东南沿海、珠江三角洲和西南沿海五大区域港口布局。民航机场建设速度加快,全面构建京津冀、长三角、粤港澳大湾区3大世界级机场群,北京、上海、广州、成都、西安等10大国际航空枢纽、29个区域枢纽和非枢纽运输机场组成的覆盖广泛、分布合理、功能完善、集约环保的现代化机场体系,有力支撑了航空运输需求的快速增长。管道基础设施网络基本成型,基本建成了"西油东送、北油南运、西气东输、北气南下、缅气北上、海气登陆"的格局,为保障我国能源安全,促进我国经济社会发展发挥了重要作用。

二、典型国家交通基础设施发展经验与启示

选择美国、日本、英国等典型国家，分析不同交通运输发展情况，重点研究和总结交通基础设施发展规模与经济社会、产业发展等之间的内在规律，为合理构建我国综合立体交通网提供有益的启示。

（一）交通基础设施规模与结构顺应工业化进程

以美国为例，为满足经济社会发展对交通运输的要求，交通基础设施建设贯穿于美国整个工业化进程中。在工业化初期阶段，整个经济活动产生的客货运输需求总体较小，运输设施增加缓慢。工业革命使得资本主义大工业在美国取得快速发展，并使得交通运输与经济发展的传统关系发生了根本性改变，生产资料的大规模集中和机械化大生产使燃料、原材料的需求量大大增长，加工工业中心开始远离原料产地和最终消费地，导致货物运输量和距离比以前大大增加。这一时期，以铁路为代表的现代运输方式获得了长足发展，在运输需求的推动下，铁路网以前所未有的速度扩张。19世纪20年代美国开始修建铁路，1850—1890年是美国铁路网形成时期，在这几十年间，铁路网逐渐覆盖了美国的所有地区，数条横跨铁路把美国西海岸与其他地区连接在一起，形成了一个完整的铁路网体系，1916年美国铁路高峰总里程达到约41万公里。在工业化中后期，已建基础设施规模和运输能力不能满足经济社会的发展需要，美国致力于州际高速公路建设，1956—1960年建设洲际高速公路16000公里，到1990年美国国家州际公路网络基本建成，总里程达到68000公里，占美国现有高速公路总里程75%以上。20世纪70年代，随着美国第一次现代化的基本完成，其大规模交通基础设施建设也基本完成，综合交通运输的现代化发展逐渐向第二阶段迈进。

总之，工业化快速发展促进了经济总量的迅速增长，致使客货运输需求大幅增加，要求不断扩大交通运输基础设施和规模。美国等发达国家交通运输发展历程表明，交通运输基础设施建设一直贯穿于工业化过程中。在工业化初期，发达国家开展了大规模的水运和铁路建设，在工业化中后期，随着汽车工业的发展，开展了大规模公路，尤其是高速公路的建设。发达国家工业化期间的交通运输基础设施建设，有效支撑了经济社会的发展。

（二）交通基础设施发展模式经历了从"点""线""面"到"立体""轴"的转变

以日本为例，第一次《全国综合开发计划》时期（1961—1968 年），日本港口、机场等基础设施建设初步完善，高速公路建设取得长足进展，交通基础设施的建设为日本形成了若干开发据点。第二次《全国综合开发计划》时期（1969—1976 年），日本开始重视综合交通体系的建设，特别是高速公路和新干线高速铁路贯穿日本国土的南北，基本形成了日本国土的主轴。第三次《全国综合开发计划》时期（1977—1986 年），日本进一步加快了高速公路和新干线高速铁路的建设步伐，纵贯国土的高速铁路和高速公路经济带基本形成，有效支撑了该时期日本国土的"面状开发"。第四次《全国综合开发计划》时期（1987—1997 年），日本通过海陆空立体交通体系将整个国土连成一片，继"以点连线""以线带面"的国土开发模式之后，开始了立体式的国土开发模式。第五次《全国综合开发计划》时期（1998 年至今），日本交通基础设施建设的一个鲜明特点是更加重视加强都市圈内部的综合交通体系建设，并提出了"区域半日交通圈"的构想，促进大都市圈交通与经济社会的协调发展。

从日本交通基础设施发展模式可以看出：从国土空间开发和交通基础设施建设的耦合过程来看，交通基础设施发展模式经历从"点""线""面"再到"立体""轴"的开发，能够有效地促进经济社会的均衡发展。

（三）发达国家高速公路一般经历了 20~30 年的集中快速发展时期

主要发达国家高速公路的发展大都经历了建设起步时期、大规模建设时期、稳定发展与完善时期。以美国为例，在 20 世纪 40 年代中期至 50 年代初期，美国高速公路开始起步建设，但发展速度相对较慢，平均每年新建高速公路不到 1000 公里。而在 1956—1978 年的 20 多年间，高速公路进入快速发展阶段，平均每年新建高速公路约 3000 公里，其中在 1966 年的一年间新增里程高达 16000 公里。20 多年的大规模建设使美国的州际公路系统基本形成。在之后的 20 多年间，美国的高速公路建设速度降至每年增长 300 公里左右，开始进入稳定发展期。日本的高速公路也在 20 世纪六七十年代经历了相似的快速发展阶段，平均每年建成的高速公路由原来的几十公里增长到 200~300

公里，经过30多年的集中建设，基本形成覆盖全国的高速公路网。

（四）铁路里程规模是有上限的，之后更加注重质量和科技创新

美国的第一条铁路诞生于1830年5月23日。19世纪60年代中期至20世纪初是美国铁路的大发展时期，1916年美国铁路总里程达到历史最高峰，约41万公里。20世纪10年代末期至70年代末期是美国铁路大拆除时期，2007年末，美国拥有铁路营业里程约23万公里。英国铁路的发展也经历了与美国类似的情景，1825年，英国第一条铁路也是世界第一条铁路开通，1890年英国全国铁路网形成，其鼎盛时期的1928年，铁路营业总里程达到了32565公里，20世纪50年代以后，英国铁路网出现萎缩，截至2005年底，英国铁路拥有营业里程16116公里，仅为鼎盛时期的50%左右。因此，美国、英国的铁路发展历程表明，铁路的线路里程不可能无限扩张，且在线路里程发展到铁路网能够满足一定的普遍服务要求并出现平行线路的竞争时，线路规模的发展就完成了历史使命。因此，仅以线路里程来衡量，铁路基础设施规模是有上限的。

同时，发达国家在铁路基础设施发展方面更加注重质量和科技创新。日本的铁路基础设施规模位于世界前列，在如此大规模铁路网的基础上，日本铁路的电气化率及复线率均位于世界前列，铁路网质量较高。此外，日本还拥有发达的高速铁路网络，高速铁路运营里程达2734公里。美国、日本等都非常重视科技创新。美国在重载铁路建设及技术装备研发上一直处于世界领先地位。日本是世界高速铁路创始国，1964年开通运营了世界上第一条高速铁路东海道新干线。除了保持在传统技术领域的领先地位外，这些国家始终瞄准世界科技发展的前沿，以前瞻性的眼光规划其未来铁路科技发展战略。

（五）民航机场的发展要通过国家战略来规划和引导，且伴随着市场化改革

各国重视通过国家战略来规划引导和支持民航发展。美国早在1944年就出台了《国家机场计划》指导战后机场的建设发展，20世纪80年代又制定了《综合机场体系国家规划》引导国家机场体系的发展，并定期更新规划至今。日本将航空纳入国土规划战略规划，通过高层次的定位来确立航空运输发展的战略地位、作用及支持发展的重点。在第一次《全国综合开发计划》时期（1961—1968年），日本机场等基础设施初步完善。在第二次《全国综合开发计划》时期（1969—1976年），日本航空方面加强了以城市机场为核心的全国性航空网建设。在第四次《全国综合开发计划》时期（1987—1997年）全力构建全国综合航空网。英国将民航发展内容纳入国家战略指引的交通发展白皮书《交通新政》及《交通运输业的未来》。

同时，发达国家民航的发展均伴随着市场化改革，即民航发达国家均根据各国民航发展的阶段及自身条件稳步推进市场化改革，逐步发挥市场对资源分配的主导作用，建立充满活力的市场。美国于20世纪70年代推进了民航放松管制，以英国为代表的欧洲国家于20世纪80年代推进了民航（包括机场）的私有化改革，日本则于20世纪80年代对民航进行民营化改革。此外，政府在市场化过程中致力于基本公共服务的保障。如美国在实施放松管制后，为偏远地区及小社区的民航提供基本公共服务等支持，美国机场规划的目标之一就是让所有公民能具备公平享受航空服务的机会，在40分钟车程内能够到达机场享受航空服务。对于相对落后地区，或者人口少的居民社区，提供必要的基础设施是现代公共政策所关心的问题之一，美国政府对于地广人稀地区的政策相对倾斜，如阿拉斯加州，其面积占全美土地面积的17.48%，但GDP仅占全美的0.34%，人口仅占0.23%，与我国西部地区的特点类似。阿拉斯加有89个商业机场，其中只有1个中型枢纽和1个小型枢纽机场，绝大部分机场的客流量很小，FAA机场改善计划（AIP）将财政补贴中最多的一份提供给阿拉斯加州，体现了美国政府对这些服务于小社区机场的支持。2012年，美国516个商业机场中有296个机场年登机人数不足10万人次，这些机场大多服务于人口较少的居民社区，充分显示了机场作为公共基础设施的公平服务性功能；英国等欧洲国家在欧盟范畴内，为岛屿等偏远地区的航空运输服务提供支撑。

（六）水运基础设施的规模变化不大，而服务保障能力和国际影响力提升较快

纵观全球，目前海运强国——美国和日本依据发展环境、自身条件、国情特点，各自采取了符合本国国情的发展模式，并保持了海运强国的地位。

美国以强大的军队实力保障全球主要航运通道安全,政府出台政策保障国内重点物资运输,以技术创新引领部分海运规则及标准的制定。日本值得我国借鉴的是,建立航运产业链,通过市场和资本纽带,实现与上下游企业合作共赢,提高整体竞争力。总体上,上述国家水运基础设施的规模变化不大,但是服务保障能力和国际影响力都提升较快,已经建成了海运强国。

三、综合交通网规模的影响因素及其趋势

综合交通网规模是一个国家经济社会发展所必需的基础设施规模,受一个国家的自然地理条件、资源和生产力布局、经济发展、人口分布、城市化进程、政府政策、交通技术、资源环境等多种因素影响。本研究从经济地理特征、经济社会发展阶段、交通基础设施供给自身的变化、资源环境约束四个角度着手,分析影响因素及影响机理,并对影响因素的发展趋势进行预测。

(一)影响因素及其影响机理

1. 经济地理特征

一国的经济地理特征包括该国的资源禀赋和分布特征、产业空间布局、城市和人口分布等,反映了该国基本发展格局,同时决定着该国主要大宗物资的流向和流量以及人口流动规模和特征。这些经济地理特征是自然和社会长期形成的,具有较长时期的不变特性,是影响综合立体交通网络总规模的重要基础因素。

1)资源禀赋和分布特征

煤炭、石油、粮食等资源性产品是一国经济社会发展的基础,其生产和消费空间布局对一国交通网络规模具有重要影响。尤其是在生产和消费空间格局不一致的情况下将产生大规模的大宗物资调运需求,由此要求铁路、水运等大运量运输方式的运输网络和运输能力与之相适应。

(1)煤炭生产与消费格局

我国煤炭产地主要集中在山西、内蒙古、陕西、河南、贵州、山东和安徽七省(区),煤炭产量占全国总量的70%以上。消费方面,华东、中南和晋陕蒙宁地区是我国煤炭消费的主要地区,占煤炭消费总量的近70%。由于资源生产和消费空间布局存在着严重的不一致,目前,华东、中南、西南等

地区存在的能源产销缺口均需通过从晋陕蒙宁等能源主产地调运或进口的方式解决,形成了我国"北煤南运""西煤东运"的基本格局,每年的煤炭调运量巨大。

(2)油气生产与消费格局

在我国已探明尚未开发的原油地质储量中,西北占30.8%,东北占25.6%,华北占15.3%,渤海占14.4%,华东占9.5%,中南占1.5%,西南占0.1%,可见我国原油资源主要分布在秦岭—淮河以北地区。在未开发的天然气地质储量中,西北占37.2%,中南占25.5%,华北占20.5%,三个地区储量占全国总储量的83.3%,可见我国天然气资源主要分布在中、西部地区。从消费来看,我国原油消费主要集中在东部沿海地区,其中华东地区已成为我国原油消费的主要地区;天然气消费主要集中在华北、华东、华南和东北地区,其中华东和华南地区是我国天然气消费增长最快的地区。

随着我国油气消费总量的快速增长,国内生产已不能完全满足消费需要,导致油气进口量大幅增长。2018年全国资源供应量增至2842亿立方米,2015—2018年资源供应量年均增长223亿立方米,年均增速9.9%,对外依存度由2015年31%提高至44%,进口气量对外依存度逐渐提高。进口油气资源主要有四大通道:西北通道、东北通道、西南通道和海上通道,其中,陆路进口通道的重要性正在逐步凸显。

(3)粮食生产与消费格局

自20世纪80年代以来,东南沿海省(区、市)粮食播种面积大量减少,从粮食盈余或基本自给状态逐渐变为粮食大量调入地区;长江中下游地区虽然仍是我国粮食的主产区之一,但其盈余量也在逐年减少;黄淮海地区保持着商品小麦的主体供给地位;东北地区已成为重要的粳稻、玉米等供应地;西部地区随着退耕还林还草等工程的实施,粮食生产能力降幅虽然不大,但退耕户的细粮消费量明显上升,小麦、水稻的需求量增加。总体而言,我国粮食流通格局正呈现出"北粮南运""中粮西运"的态势,粮食生产地域重心发生了由南向北、由东向中的逐渐转移。目前,我国已初步构建六大主要跨省散粮物流通道,这六大通道分别是东北流出通道、黄淮海流出通道、长江中下游流出通道、华东沿海流入通道、华南沿海流入通道和京津流入通道。

资源产品的大运量、长距离调运以及进口量的快速增长对综合立体交通网规模及运输能力提出了较高要求，特别是铁路、水运、管道等大运量运输方式，其网络完善程度决定了能源等运输能否顺畅、高效地满足我国经济社会发展的要求。

2）产业空间布局

一国产业的空间布局和联系，需要运输作为基础来实现原材料和产成品的空间位移。产业空间布局特征决定了区域间货物运输量的大小，决定了交通运输网络布局和主导运输方式的选择。我国幅员辽阔，能源、原材料、农业等主要分布在中西部地区，而加工工业、制造业、高新技术产业多集中于东部沿海地区，这种产业布局特点决定了大规模的长距离运输需求，从而需要较大的交通规模网络来支撑产业空间联系、形成稳定空间分布形态。

2. 经济社会发展阶段

从长期来看，综合立体交通网规模与经济社会发展阶段具有紧密的内在关联性。这是因为交通运输作为经济社会发展的基础设施和基础产业，其发展规模和速度应能够适应经济社会发展的需要，与其保持一致性。在经济社会发展的不同阶段，交通运输业在国民经济中的地位和作用是不完全相同的，综合立体交通网规模和扩张速度也不尽相同。经济社会发展阶段有多种划分方式，本研究主要从工业化和城镇化两个视角来分析其与综合立体交通网规模的内在联系。

（1）工业化阶段

工业化对交通运输产生重要影响，工业化的不同阶段，运输的对象及运输需求是不同的。工业化初级阶段，运输对象从以农产品和手工业产品为主，逐步转向以大工业所需的矿产能源、原材料、半成品和产成品为主。工业化中期，钢铁、水泥、电力等能源原材料工业比重较大，它们的突出特点是长、大、笨、重，产品的运距较长，附加值较小，形成的运输量很大形成的运输需求也会相对较多。工业化后期，装备制造等高加工度的制造业比重明显上升，运输产品的附加价值不断提高，运输品具有短、小、轻、薄、附加值高的特点，因此运量小、运距较短。同时，以信息产业为代表的电子与信息技术、航空航天技术、海洋工程技术、新能源与高效节能技术等技术密集型产业的发展，对于运输的服务效率和服务质量提出了更高的要求。

回顾我国20世纪90年代以来货运周转量与第二产业结构比例的关系（图9-1），可以看出，随着我国工业化进程的不断推进，在工业化中期，第二产业比重达到峰值（工业化完成的标志之一是三产比例大于二产比例）。以第二产业比重达到峰值为分界点，我国货物周转量与第二产业比重的变化规律分为两个不同的阶段。第一阶段第二产业比重上升（1986—2006年），该阶段内第二产业比重不断上升，从1986年的43.4%增加到2005年的47.3%，到2006年达到47.9的顶峰，在这个阶段，货物周转量呈现增速上升趋势，从6.7%增加到货物周转量的增速峰值13.8%，如图9-2所示。第二阶段第二产业比重回落（2007—2015年），在2006年之后，工业比重开始下降，到2019年下降到39%，同期货物周转量增速呈现下降趋势，从2006—2010年的12.4%下降到2016—2019年的2.2%。

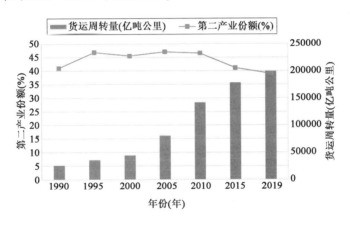

图9-1 1990—2019年我国货物周转量与第二产业份额关系

我国货物周转量增速与第二产业比重呈显著的正向关系，当第二产业比重上升时，货物周转量增速呈加速增加；当第二产业比重下降时，货物周转量增速呈下降的趋势。

（2）城镇化阶段

城镇化是伴随工业化而产生的人口集聚现象，是判断经济社会发展阶段的另一个重要指标。城镇化发展进程与客运需求的增长变化具有更加直观的相关关系，基于城镇化阶段可以更清晰地从客运的角度反映经济社会发展阶段对综合立体交通网的影响。在城镇化的不同阶段,由于人口的聚集规模、空间分布形态、生活方式等各自具有不同的特征,导致人们的出行行为呈现出明显的阶段性特征。如图 9-3 所示,根据城镇化各阶段客运需求增长的不同特征,描述了客运需求总量增长和增长速度的变化大致轨迹。其中,客运需求总量增长曲线与城镇化发展进程曲线类似,也表现为一条被拉长的 S 形曲线;而客运需求增长率曲线大致表现为一条倒 U 形曲线。这表明:在城镇化初期阶段,客运需求具有总量水平和增长率"双低"特征,在城镇化中期阶段同时也是快速城镇化阶段,客运需求总量水平和增长率具有"双高"特征,在城镇化后期,客运需求则呈现出"总量高、增速低"的特征。

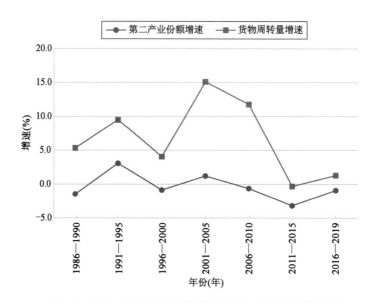

图 9-2 1986—2019 年我国货物周转量与第二产业份额增速关系

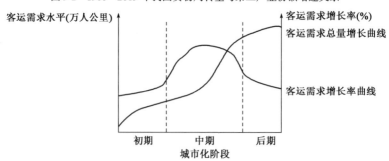

图 9-3 城镇化阶段与客运需求增长曲线

与城镇化不同阶段客运需求增长的趋势性特征相适应，综合交通网规模扩张也具有明显的阶段性特征：城镇化初期，综合交通网发展处于起步阶段，由于运输需求总量不大，综合交通网的规模和质量对社会经济的影响不明显。城镇化中期阶段，客运需求持续快速增长，要求综合交通网规模相应地快速增长，加快形成适应本国城镇化模式的客运系统，以满足人们对出行快捷性、舒适性、安全性日益增长的要求。在这一阶段，综合交通网发展滞后可能会带来严重的后果，如交通拥堵，社会拥堵成本、焦虑成本上升等，特别是在城市群地区，交通运输系统将成为影响城镇化进程和效果的重要因素。城镇化后期阶段，随着客运需求趋稳，综合交通网扩张的意义已不明显，交通运输发展的重点转向提高运输服务的质量，满足社会多层次、个性化的运输需求。

3. 交通基础设施供给自身的变化

（1）运输政策和制度环境

综合交通网建设需要投入大量的资金，在经济社会发展的特定时期，国家通过实施有针对性的运输规划、运输政策或制度改革，能够促使社会资源流向交通领域，加快综合交通网的形成和完善。

就我国而言，1949年到改革开放前的几十年时间，在工业优先发展战略指导下，交通运输建设一度滞后，成为制约国民经济发展的瓶颈产业。改革开放以来，为了缓解我国交通运输供给短缺的局面，国家加大了交通运输基础设施的投资力度，并在特定的发展阶段，形成了一系列具有中国特色的交通建设制度安排，如："条块结合"的交通管理和投资制度，支撑交通建设的财政、金融、土地和使用者付费制度，1998年和2008年两次金融危机国家采取的扩大内需的积极的财政政策等，这些制度和政策都促进了交通基础设施的快速发展。

（2）交通技术进步

随着综合交通网达到一定规模，网络扩张对于提高运输能力和运输效率的边际贡献率下降，而交通技术进步成为提高运输效率的主要动力。在其驱动和综合交通网规模保持稳定甚至有所收缩的情况下，仍能够满足经济社会发展所产生的各类客货运输需求。

在铁路运输领域，通过发展重载运输，能够大幅提高铁路运输能力，显著降低运输成本。自20世纪60年代开始，美国铁路开始发展重载运输，列车编组通常在100辆以上，列车质量可达万吨左右，目前美国煤炭运输的半数已经由重载单元列车完成。尽管目前美国铁路里程只有约26万公里，是其高峰总里程的63%左右，但美国货运总量和运输效率却一直在提高，这其中运输技术的贡献功不可没。在我国铁路网总规模增长较为缓慢的情况下，重载运输对于扩大铁路运输能力也起到了重要作用。

此外，电气化铁路与现有其他动力牵引铁路相比，具有运输能力大、速度快、运输成本低、耗能少等优点，因此，电气化改造能够大大提高铁路运输能力，有效缓解铁路运输能力不足的问题。在其他运输领域，运输工具向大型化、专业化方向发展也在不增加交通运输网络规模的情况下，实现了运输能力和运输效率的提高。

近年来，信息技术在交通运输领域的推广应用更是大大推动了运输效率的提高，并使交通运输业进入智能化发展新阶段。智能交通系统建设迎合了汽车时代的出行需求特点，同时也以相对较低的投入提高了运输能力和运输效率，使既有的交通运输网发挥出更大的效用。

4. 资源环境约束

综合交通网建设需要占用和消耗大量的自然资源，这些自然资源大多是有限的不可再生资源。同时，交通运输发展在解决日益增长的运输需求的同时，还带来了诸如环境污染、生态环境破坏、交通事故、交通拥挤等各类负外部性。一个国家的自然资源和环境容量都是有限的，资源的有限性和环境的脆弱性都不可能支持综合交通网络无限扩张，因此从长远来看，在资源环境条件的约束下，综合交通网络存在一个发展的"极限"或者说"度"。

（1）土地约束

从土地约束影响看，生态功能区和禁止开发区的保护，以及18亿亩耕地红线，对交通运输网络规模、建设速度和建设成本将带来较大影响。交通运输网络的发展需要依托土地资源，但18亿亩耕地红线要严防死守，交通运输发展与土地资源紧缺之间的矛盾愈加尖锐。

从土地利用效率来看，相比公路，铁路具有运量大的优势，折合单位运输量的占地面积优势较公路更为突出。根据有关研究成果测算，单线常规 I 级铁路与二级公路占地面积之比为 1：(1.0~1.3)，复线常规 I 级铁路与四车道高速公路占地面积之比为 1：(1.5~2.0)。按运输能力计算，单线常规 I 级铁路是二级公路（二车道）的 3.68 倍，是一级公路的 1.47 倍；复线常规 I 级铁路是一级公路的 5.12 倍，是四车道高速公路的 2.17 倍，是六车道高速公路的 1.50 倍。按照单位运输能力占地面积计算，二级公路（二车道）是单线常规 I 级铁路的 3.68~4.78 倍，四车道高速公路是复线常规 I 级铁路的 3.26~4.34 倍。因此，相对公路而言，铁路运输是一种更为节地的地面运输方式，土地利用效率较高。

（2）能源约束

交通运输的发展对能源具有较大的依赖性（图 9-4），时至今日，能源已成为约束交通运输发展的重要外部条件。随着客货运输需求的增长，交通行业能源消耗规模逐年上升。

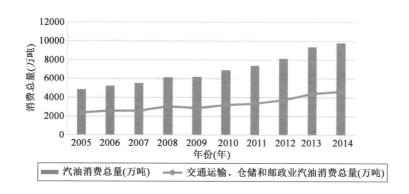

图 9-4　交通运输行业汽油消费总量与汽油消费总量关系图

在交通运输能源消耗量快速增长的情况下，我国对进口能源的依赖度越来越高。以原油为例，我国原油对外依存度由 2000 年的 30.12% 变为 2019 年的 72%（表 9-1）。在相同流量情况下，民航消耗能源最大，其次为公路，再次为铁路，因此，从能源约束的角度来看，我国综合交通运输结构需要进一步调整。

近年我国原油进出口情况 表 9-1

指标		2000年	2005年	2010年	2015年	2016年	2017年	2018年	2019年
原油	进口量（万吨）	7027	12682	23768	33550	38101	41947	46189	50568
	出口量（万吨）	1031	807	303	287	294	486	263	81
	净进口（万吨）	5996	11875	23465	33263	37807	41461	45926	50487
	对外依存度（%）	30.12	41.15	53.93	60.99	65.61	68.66	70.93	72.58

数据来源：《中国统计年鉴2020》。

(3) 环境约束

交通运输业排放的污染物主要是二氧化碳（CO_2），还排放碳氧化物（CO_x）和氮氧化物（NO_x），以及碳氢化合物（HC）和颗粒物（PM）等，而且随着交通运输、仓储和邮政业能耗总量的持续增长，其污染物排放总量也呈持续增长态势。国际上，随着全球人口和经济规模的不断增长，气候变化问题正日益成为全球共同面临的严峻挑战。近年来，随着低碳社会、低碳经济等概念在国际上盛行，我国交通运输业所面临的外部减排压力越来越大。国内国际的资源环境条件不支持也不允许交通运输继续走过去那种粗放式发展道路，必须统筹考虑综合立体交通网扩张与升级改造、提高服务水平的关系，合理把握综合立体交通网的总规模和建设速度，提高综合立体交通网的运行效率，实现交通运输与环境协调发展。

(二) 影响因素的预测及发展趋势

1. 经济地理特征

随着我国工业化、城市化进程的推进和消费结构持续升级，我国能源需求还将保持一定的增长幅度。未来煤炭仍在我国能源消费中占有主导地位，目前煤炭产量主要分布在十三大基地，虽然出现生产重心西移，但总体上维持稳定，因此，西煤东运、北煤南运格局将继续保持。随着油气消费量增长，预计我国油气进口规模将继续扩大，但资源产销格局维持稳定。2030年后，由于工业化、城市化进程趋于平稳，我国资源消费将步入稳定阶段。

2. 社会经济发展阶段

(1) 我国将在2040年左右达到中等发达国家水平

根据邓小平同志的"三步走"发展战略，我国将在2050年左右达到中等发达国家水平。如果按 1990—2005 年的年均增长率估算，我国有可能在 2040 年左右达到中等发达国家水平，我国现代化的第三步战略目标有可能提前 10 年左右实现。中国工程院及中国社会科学院对我国经济的预测分别见表 9-2、表 9-3。

中国工程院对我国国内生产总值增速的预测　　　表 9-2

名　目	高　方　案	低　方　案
2020—2030 年年均增速（%）	6.0	5.0
2030—2045 年年均增速（%）	4.5	4.0

中国社会科学院数量经济与技术经济研究所的预测　　　表 9-3

名　目	2035 年	2050 年
GDP（万亿元）	170	296
与 2020 年的倍数	2.1	3.6

(2) 我国人口规模即将抵达峰值，老龄化趋势逐步凸显

①我国人口规模即将抵达峰值。

根据联合国人口司发布的《2017 年世界人口展望》预测，在基准情形下，中国人口将于 2030 年前后进入负增长，2050 年后将维持在 [-6‰，-4‰] 的水平。另外，根据中国人口与发展研究中心发布的《中国人口展望（2018）》中相关预测结论：2030 年前，我国总人口将达到峰值 14.4 亿左右，并在随后进入负增长阶段，总人口将于 2050 年降至 13.7 亿左右。

②老龄化趋势逐步凸显。

伴随着人口总数即将抵达峰值且负增长即将到来，中国的老龄化问题将愈发严峻。据《2017 年世界人口展望》预测：到 2030 年，我国 65 岁以上人口比重约占总人口 25.3%，2050 年时将达到 44.0%。而根据联合国《人口老龄化及其社会经济后果》确定的划分标准，当一个国家 65 岁及以上老年人口数量占总人口比例超过 7% 时，则意味着这个国家进入老龄化。根据以上标准来看，中国将面临愈加严重的人口老龄化问题。伴随老龄化程度的加深，过去 30 年推动中国经济高速发展的劳动力人口规模红利将逐步趋于弱化。

(3) 预测到 2040 年我国城镇化水平将达到 70%~75%

中国社会科学院在其发布的《城市蓝皮书 No.6》中指出，未来中国的城镇化快速推进还有 20 年的发展空间。到 2030 年，城镇化率将达到 68% 左右，城镇人口将超过 9.5 亿；预计在 2033 年前后，我国将越过城镇化率 70% 的拐点，由此结束城镇化快速推进的中期阶段，进入到城镇化缓慢推进的后期阶段；到 2040 年，我国城镇化率将达到 75% 左右，城镇人口约为 10.3 亿，整体进入高级城市型社会；到 2050 年，中国城镇化率将超过 80%，逼近城镇化率 85% 的峰值饱和度，意味着城镇化基本完成，城镇化水平将趋于相对稳定的状态。

国家发展改革委宏观经济研究院预测：到 2040 年我国城镇化水平将达到 70%~75%。参照国际经验，并结合我国人口规模大、可用于城镇化的国土面积有限以及地形地貌复杂多样等国情，认为我国城镇化峰值应低于发达国家，70%~75% 的城镇化率可能就是我国的峰值，届时，预计全国有 10 亿人口将居住在城镇。

(4) 预计在 2040 年前后我国将基本实现工业现代化

根据中国社会科学院发布的《工业化蓝皮书》，2000 年前后我国工业现代化水平综合指数为 28.72，综合考虑基本指标、辅助指标及汇率、购买力、通货膨胀等因素影响，最终根据经验修正中国工业现代化水平的综合指数范围在 21~31 之间，已经超过国际上最先进水平的 1/3。预计在 2040 年前后，我国将基本实现工业现代化。

3. 交通基础设施供给自身的变化

(1) "双循环"新发展格局预计会对不同区域交通基础设施的规模和结构产生影响

"双循环"新发展格局是应对当前国内外风云变幻的重要战略选择。我国加快形成"双循环"的新发展格局，循环体系重点由外向内转移，将带来经济社会空间格局的深刻变化。交通运输是支撑"双循环"发展新格局的基础条件，在外循环上，要实现自主可控，需要完善全球战略性通道和支点布局，国内东部为核心、西部和东北地区中转枢纽地位不断凸显；在内循环上，区域间循环"量降质升"、跨区域运输模式面临重塑，区域内循环以城市群为核心、辐射周边中小城镇，需着力强化西部和东北地区城市群交通辐射能力，区域内循环以新型城镇化和城乡融合为主要拓展方向需加快推动城乡交通运输一体化，这些都对交通运输行业提出了新的要求。相应地，不同区域综合交通基础设施的规模和结构也会有新的发展方向和重点。

（2）运输结构调整会对铁路、水运基础设施网络规模产生一定的促进作用

2018年国务院办公厅印发了《推进运输结构调整三年行动计划（2018—2020年）》（国办发〔2018〕91号），该文件提出以推进大宗货物运输"公转铁、公转水"为主攻方向，不断完善综合运输网络，切实提高运输组织水平，减少公路运输量，增加铁路运输量。而且在6大行动方案中明确提出要提升主要物流通道干线铁路运输能力、推进集疏港铁路建设、完善内河水运网络等，可以预见，这一政策的实施会对铁路基础设施、水运基础设施网络规模产生一定的促进作用。2021年12月，国务院办公厅印发《推进多式联运发展优化调整运输结构工作方案（2021—2025年）》（国办发〔2021〕54号），从提升多式联运承载能力和衔接水平、创新多式联运组织模式、促进重点区域运输结构调整等方面明确"十四五"期运输结构优化调整的目标要求和工作举措。

（3）交通基础设施投融资政策的调整预期会对规模和结构产生影响

交通基础设施的资本密集性、高沉没成本性等特征，决定了资金在其建设发展中至关重要。铁路方面，尽管目前国家积极地通过允许民间资本进入、批准发行铁路建设债券等一些措施来增强铁路自身的融资能力和财务生存能力，但由于铁路前期大规模建设遗留下来的欠账太多、铁路自我可持续发展能力有限，因此，未来铁路建设资金保障情况不容乐观。公路方面，受燃油税改革、政府收费还贷二级公路取消收费等政策影响，传统的公路建设融资平台与融资模式发生了一定改变，加之目前尚未建设的公路项目建设条件越来越差、成本越来越高，未来公路建设的资金压力也日益增大。水运和民航方面相对稳定，国家也正积极落实加快内河水运发展战略和民航强国战略。

(4)交通技术进步或对交通基础设施规模结构产生颠覆性影响

展望未来,交通领域正孕育着具有重大产业变革前景的颠覆性技术,北斗卫星导航系统、5G通信、可信计算、移动互联、云计算、大数据、物联网、交通通信网等新一代信息技术的深度应用与跨界融合正在推动交通运输发展模式的革命性变化。

智能交通系统技术不断深化应用,大数据、云计算、人工智能、精准位置服务等技术的迅速发展,将推动交通运输智能化时代的到来。

交通运输新业态、新模式接连涌现,不断提高交通工具和交通基础设施的利用效率,将会缓解日益尖锐的交通资源有限性与交通需求快速增长之间的矛盾,私人拥有交通工具的需求将逐步降低。

特高压技术的推广应用,会对我国中长距离运输需求特征产生重大影响,代替部分铁路和水运的煤炭运输。

4. 资源环境约束

(1)生态功能区和禁止开发区的保护以及18亿亩耕地红线,对交通运输网络规模、建设速度和建设成本将带来较大影响

交通运输网络的发展需要依托土地资源,我国尽管幅员辽阔,但是平原地区较少,生态功能区和禁止开发区面积较大,18亿亩耕地红线要严防死守,交通运输发展与土地资源紧缺之间的矛盾愈加尖锐。

(2)交通运输对能源特别是石油的高依赖度与我国原油资源匮乏之间的矛盾,将对客货运输结构以及载运工具产生重大影响

在相同流量情况下,民航消耗能源最大,其次为公路,再次为铁路,因此,从能源约束的角度来看,我国综合交通运输结构需要进一步调整。同时,探索清洁能源、低能耗的运输装备和组织方式具有十分重大的能源替代战略意义。

(3)我国二氧化碳排放力争于2030年前达到峰值,努力争取2060年前实现碳中和,客货运输粗放式发展将面临转型

交通运输是能源消耗和温室气体排放的重要领域,而我国已成为全球最大的CO_2排放国,国际气候变化谈判形势日益严峻,减排压力不断加大。2020年9月22日,习近平在第七十五届联合国大会一般性辩论上发表讲话,指出应对气候变化《巴黎协定》代表了全球绿色低碳转型的大方向,是保护

地球家园需要采取的最低限度行动,各国必须迈出决定性步伐。中国将采取更加有力的政策和措施,CO_2排放力争于2030年前达到峰值,努力争取2060年前实现碳中和。❶我国向联合国提交的《强化应对气候变化行动——中国国家自主贡献》提出到2030年非化石能源占一次能源消费比重提高到20%左右。目前我国仅公路水路运输能耗就占全国石油及制品消耗总量的30%以上,交通运输行业的机动车尾气排放、船舶与港口污染防治等已列入国家污染防治行动计划。由于国际国内的环境约束不支持客货运输继续走粗放式的发展道路,因此,交通运输面临统筹各种运输方式结构、提升运输网络运行效率、向质量与效能发展转型的巨大压力。

四、综合立体交通网规模的测定

综合立体交通网涵盖铁路、公路、水路、民航和管道等交通基础设施网络。从空间布局的角度来看,综合立体交通基础设施又可以分为线路基础设施和场站基础设施,线路基础设施包括公路网、铁路网、内河航道网和管道网,场站基础设施包括机场、港口等场站。考虑到公路、铁路、航空、管道等基础设施网络规模在中长期交通运输发展中变化较大、发展较快,对于综合立体交通网规划布局将起到重要影响,而水路基础设施网络规模受天然河道及海岸线的约束,其网络本身的规模不会有太大的改变。因此,本研究重点考虑铁路、公路、航空、管道等基础设施网络规模指标。

本研究在对比综合立体交通网规模测定方法的优缺点和适应情景的基础上,确定综合立体交通网规模测定的基本思路,并测定2035年我国综合立体交通网规模。

(一)综合立体交通网规模的测定方法

通过文献梳理,目前对交通运输网络规模的测定方法大致分成以下四类:第一类是基于供给视角的目标导向网络分析法,主要涉及人口、土地面积、资源空间布局等有关数据,包括连通度法、交通区位线法、网络覆盖度法、

---

❶ 出自《人民日报》(2020年09月23日01版)。

期望密度法、基于中心地理论的测定方法等；第二类是基于经济派生的需求导向因果分析法，主要包括多元线性回归法、弹性系数法、运输强度分析法、四阶段法等；第三类是基于时间序列的统计方法，即在不考虑经济社会影响因素的假设下，从交通基础设施规模历史时间序列数据和交通运输发展规律进行推测；第四类是通过定性和类比分析来预测路网规模。

各种交通运输网络规模测算方法对基础数据的要求差异较大，同时适应情景也不同。考虑到地理空间、人口资源分布特征以及资源环境约束等因素对交通基础设施规模的长期影响，交通运输网络中长期预测适宜采用目标导向网络分析法和国际类比定性分析法。因此，本研究主要采用目标导向网络分析法和国际类比定性分析法。

（二）综合立体交通网规模测定的基本思路

1. 总体思路

综合立体交通网规模测定的总体思路是根据不同区域的资源禀赋条件和地理空间特征、经济社会发展水平，按照各种运输方式的技术经济特点，遵循安全、便捷、高效、绿色、经济的价值取向，强调不同交通方式的深度协同和系统集成，而不是各种交通运输方式的简单叠加，在资源的合理利用和集约节约的前提下，构建"宜铁则铁、宜公则公、宜水则水、宜空则空"的综合立体交通网络，充分发挥各种运输方式比较优势，实现组合效率最高、规模效益最优。

按照上述总体思路，本研究采用的目标导向网络分析法的核心在于根据各种运输方式技术经济特征，确定不同区域不同交通方式的连通、覆盖目标。由于我国东、中、西部地区经济发展、产业布局、人口分布等发展不平衡且差距较大，为使测定结果更加准确，本研究在确定各种交通方式的连通、覆盖目标时，将我国划分成5个区域进行深入分析。同时由于各种交通方式自身独特的技术经济特征，直接测算国家综合立体交通网的总规模是没有实际指导意义的，因此，本研究是在各种交通方式规模测算的基础上，汇总加和来测定综合立体交通网规模，即综合立体交通网规模包括两部分：一是线路基础设施规模，即铁路网、公路网、管道网规模的加和；二是场站基础设施规模，即民航机场的规模。

2. 铁路、公路、管道网络规模测算思路

铁路、公路、管道网络规模测算思路主要是根据不同层次网络的功能目标，结合我国自然地理特征和产业、人口空间格局，研究未来我国交通节点连接数量和分布情况，并以地理空间上各节点的连通性为基础，从考虑网络的可达性角度来测算网络规模。城镇节点是各类运输方式发生源和吸引点，其数量和分布对路网规模需求具有决定性作用。

本研究采用连通度法对不同运输方式的网络规模进行测算。连通度法是以几何学为依据，以区域面积、节点数量、网络基本形态和变形系数为主要参数，从网络合理布局的角度对规模进行测算。连通度数学表达式如下：

$$L = \theta \times \varepsilon \times \sqrt{N \cdot A} \tag{9-1}$$

式中：L——线路长度（公里）；

　　　θ——连通度；

　　　ε——变形系数；

　　　N——节点数量（个）；

　　　A——区域面积（平方公里）。

3. 航空机场规模测算思路

机场体系的覆盖度法规划布局主要遵循两种思路：一种是依据覆盖地市级行政单元或县级行政单元的机场密度的要求进行总体布局，最终目标是实现机场达到一定的通达目标，如"地市通""县县通"等；另一种思路是依据机场的空间服务半径或服务时间的时空需求进行机场的布局，即中心地理论方法。本研究中民用运输机场的规模测算采用中心地理论方法。

（三）我国综合立体交通网规模分析与测定

1. 铁路、公路网络规模测算

铁路、公路、管道网络规模测算包括两部分关键内容，一是测算不同类型城市节点的数量；二是确定各种运输方式覆盖城市节点的目标。

（1）不同类型城市节点数量测算

考虑到我国地理分布特征和经济发展需求，本研究以人口密度为核心指标，结合相关研究成果，将我国划分为五类地区（表9-4）。

我国地理空间区域划分结果　　　　　表9-4

类别	现状人口密度（人/平方公里）	地区名称
1类	607	长三角、粤港澳、京津冀、成渝地区
2类	452~653	山东、河南、安徽
3类	188~320	湖北、湖南、辽宁、福建、江西、海南、贵州、山西、广西、陕西
4类	58~144	吉林、云南、宁夏、黑龙江、甘肃
5类	3~21	内蒙古、新疆、青海、西藏

2019年我国人口数量为14亿，人口数量超过100万的大城市有161个，人口数量超过50万小于100万的大城市有88个，人口数量超过20万小于50万的城市共有40个。未来随着我国老龄化问题日益严峻，人口总规模增长速度趋缓，甚至出现负增长，但随着城镇化进程的持续推进，农村人口迁移和就地城镇化趋势明显。结合相关研究成果❶，预计2035年我国20万人口以上城市节点数约为620个，50万人口以上100万人口以下城市节点数约为108个，100万以上城市节点数约为173个。

（2）铁路网规模测算

①路网层次划分。

按照《中华人民共和国铁路法》的规定，我国铁路按照管理主体可分为国家铁路、地方铁路、专用铁路和铁路专用线四种类别。按线路服务功能来划分，铁路网包括客货共线铁路、客运专线铁路和货运专线铁路三类。目前，考虑到我国货运专线铁路比较少，本研究将铁路网划分为两类，即高速铁路网（含城际铁路）和普通铁路网。

②高速铁路网规模测算。

高速铁路包括时速250~350公里的高速铁路（如京沪高速铁路）和时速160~250公里的城际铁路（如长株潭城际铁路），前者主要是服务于全国主体功能区"19+2"城市群之间的铁路客运，初步测算2035年应连接节点数173个；后者考虑连接人口数量超过50万但小于100万的大城市，主要服务于城市群内部，初步测算2035年应连接节点数108个。

---

❶ 李连成，等. 我们需要多少铁路和公路？——我国交通运输网络规模研究［M］. 北京：计划经济出版社，2015。

运用连通度法进行测算,得到 2035 年高速铁路规模为 5.94 万~6.87 万公里,结果见表 9-5、表 9-6。

2035 年城市群之间高速铁路规模测定结果 表 9-5

区域	面积 (万平方公里)	节点数 (个)	变形系数	连通度	路网规模 (万公里)
1 类	99	66	1.05	2.1~2.3	1.78~1.95
2 类	46	42	1.1	1.7~1.9	1.44~1.61
3 类	164	47	1.1	1.4~1.6	1.19~1.36
4 类	148	14	1.2	1.1~1.3	0.93~1.10
5 类	498	5	1.2	0.7~1.0	0.59~0.85
总计	960	173	—	—	5.94~6.87

城市群内城际铁路规模测定结果 表 9-6

区域	面积 (万平方公里)	节点数 (个)	变形系数	连通度	路网规模 (万公里)
1 类	99	41	1.2	0.5	0.38
2 类	46	27	1.2	0.4	0.17
3 类	164	75	1.2	0.3	0.40
4 类	148	23	1.2	0.2	0.14
5 类	498	7	1.2	0.1	0.07
总计	960	108	—	—	1.16

③普通铁路网规模测算。

按照普通铁路网连接所有人口数量超过 20 万城市的规划目标,规划年度我国普通铁路网应连接的节点数大约在 620 个。运用连通度法进行测算,得到 2035 普通铁路网规模为 12.5 万~14.5 万公里,结果见表 9-7。

2035 年普通铁路网规模测定结果 表 9-7

区域	面积 (万平方公里)	节点数 (个)	变形系数	连通度	路网规模 (万公里)
1 类	99	192	1.2	2~2.2	3.3~3.6
2 类	46	107	1.3	1.7~2.0	1.6~1.8
3 类	164	204	1.3	1.6~1.8	3.8~4.3
4 类	148	81	1.4	1.3~1.5	2.0~2.3
5 类	498	36	1.4	1.0~1.3	1.9~2.4
总计	960	620	—	—	12.5~14.5

综上所述，按照连通度法测算，2035年我国铁路网总规模为19.6万~22.5万公里。

（3）公路网规模测算

按照《中华人民共和国公路法》的规定，我国公路按其在路网中的地位分为国道、省道、县道、乡道四个层次，此外还包括专用公路。《国家公路网规划（2013—2030年）》中，从公路网发展现实及长远发展需要考虑，结合"省直管县"行政体制改革、促进县域经济发展、加快推进中小城镇建设和优化国土空间开发等国家战略的要求，对我国公路网层次及各层次公路功能作了适当调整，提出按国家公路、省级公路和乡村公路三大层次对全国公路网进行规划、建设和管理。分析可见，我国公路网主要由国家公路、省级公路和农村公路三大层次网络构成。国家公路包括国家高速公路和普通国道主要发挥主干线和次干线功能，省级公路包括省级高速公路和普通省道主要发挥主干线和主集散功能，农村公路主要发挥集散和支线功能。

①国家高速公路网规模测算。

根据国家高速公路的功能定位，国家高速公路应连接大规模人口集聚和国家重要的资源开发和产业经济区，进而有效推进城镇化和工业化进程，引导国土均衡开发，促进区域经济协调发展。从经济运行效率以及公路网规划的总体目标来看，国家高速公路应连接所有城镇人口超过20万的中小及以上城市和经国家批准的对外开放一类口岸。据此测算，2035年我国国家高速公路网应连接的节点数量约为620个。

运用连通度法进行测算，得到2035年国家高速公路网规模为12.8万~16.4万公里，结果见表9-8。

2035年国家高速公路网规模测定结果　　　　　　表9-8

区域	面积（万平方公里）	节点数（个）	变形系数	连通度	路网规模（万公里）
1类	99	192	1.1	2.3~2.7	3.5~4.1
2类	46	107	1.1	2.0~2.5	1.5~1.9
3类	164	204	1.2	1.8~2.3	4.0~5.0
4类	148	81	1.2	1.6~2.1	2.1~2.8

续上表

区域	面积 (万平方公里)	节点数 (个)	变形系数	连通度	路网规模 (万公里)
5类	498	36	1.3	1.0~1.5	1.7~2.6
总计	960	620	—	—	12.8~16.4

②普通国道网规模测算。

由于设市城市几乎积聚了全国95%以上的城镇人口和90%以上的经济要素资源，基本上反映了我国经济社会发展的总体水平，在国民经济和社会发展中具有重要地位，因此，作为连接区域、省际、城市的干线公路，为了更加有效地支撑国民经济和社会发展，应考虑连接所有设市城市，并延伸连通至县级行政中心城市。目前，我国共有县级行政中心2851个。从长远来看，考虑到目前未连通的县级中心城市，以及城乡一体化进程的推进以及我国"省直管县"体制改革的实施，"撤市并县""撤镇设县"均存在可能，未来我国普通国道网连通的县级行政中心城市的数量较目前会有所增加，但总连通规模不会超过既有全部县级行政中心的数量，初步测算2035年我国普通国道应连接的节点数大约在2800个。

运用连通度法对不同区域普通国道里程进行测算，得到2035年普通国道规模为23.1万~30.8万公里，结果见表9-9。

2035年普通国道网规模测定结果 表9-9

区域	面积 (万平方公里)	节点数 (个)	变形系数	连通度	路网规模 (万公里)
1类	99	700	1.25	1.5~1.9	4.9~6.3
2类	46	400	1.25	1.4~1.8	2.4~3.1
3类	164	920	1.3	1.3~1.7	6.6~8.6
4类	148	420	1.3	1.2~1.6	3.9~5.2
5类	498	360	1.4	0.9~1.3	5.3~7.7
总计	960	2800	—	—	23.1~30.8

③省级公路网规模测算。

省级公路网作为国道网的延伸，应考虑连接所有乡镇行政区。从长远来看，考虑到城乡一体化进程的推进以及我国"省直管县"体制改革的实施，"撤乡并县""撤镇设县"均存在可能，初步测算2035年我国省道网应连接的节点数大约在 30000 个。

运用连通度法进行测算，得到 2035 年省级公路网规模为 49.4 万 ~ 57.6 万公里，结果见表 9-10。

2035 年省级公路网规模测定结果　　　　　表 9-10

区　域	面积 （万平方公里）	节点数 （个）	变形系数	连通度	路网规模 （万公里）
1 类	99	9400	1.3	1.0 ~ 1.2	12.5 ~ 15.0
2 类	46	4200	1.3	0.9 ~ 1.1	5.1 ~ 6.3
3 类	164	10000	1.4	0.8 ~ 0.9	14.3 ~ 16.1
4 类	148	4000	1.4	0.7 ~ 0.8	7.5 ~ 8.6
5 类	498	2400	1.5	0.6 ~ 0.7	9.8 ~ 11.5
总计	960	30000	—	—	49.4 ~ 57.6

④农村公路网规模测算。

农村公路网建设主要考虑交通的公平性，强调路网的可达性和通畅性。从交通公平来看，未来我国公路通自然村率应达到 100%。考虑到既有建制村与自然村的比例关系，以及自然村撤并的因素，预计 2035 年后我国自然村数量在 100 万个左右，农村公路网规模大约在 500 万公里。

综上所述，按照连通度法测算，2035 我国公路网总规模为 585.3 万 ~ 604.8 万公里。

2. 管道网络规模测算

截至 2020 年底，全国输油（气）管道里程达到 17.5 万公里。

（1）天然气供应需求

目前，我国天然气市场处于快速发展阶段，发展规模、速度受多种因素影响，对远期发展规模的判断需要从多个方面进行考量。参考世界典型天然气市场发展的阶段性和长期性特点，基于国家愿景及能源生产和消费革命等战略，分别采用类比法、能源消费比例法、用气项目分析法、部门分析法以及生长曲线模型 5 种方法预测天然气需求，预计 2025 年需求增至 4200 亿 ~ 4500 亿立方米、2035 年需求量达到 6000 亿 ~ 6600 亿立方米，其中 90% 以上通过管道运输。

（2）原油及成品油供应需求

随着我国航空事业发展迅速，2022—2035 年我国航空煤油消费量逐年增加。随着我国产业结构优化和工业增长放缓、铁路电气化水平的提高,物流业对柴油需求量逐步下降,另外工矿、发电等工业用柴油及农业用柴油需求量也逐步萎缩,2022—2035年我国柴油需求量呈逐年萎缩趋势。如未来电动汽车、非常规气技术应用取得实质突破,预计汽油需求量将出现拐点,成品油需求增速将逐步放缓甚至出现负增长。

根据成品油需求预测结果,结合我国炼厂产能建设和布局,按照成品油综合收率0.6~0.68测算,初步预测2035年我国原油需求为7.1亿吨。

(3)天然气、原油、成品油管网规模测算

按照连通度法测算,天然气管网覆盖全国所有县级行政中心的支线油气管网长度约18万公里,已建、规划和初步考虑的干线和支干线管道约7万公里,2035年,我国天然气管网规模将达到25万公里。而原油和成品油管道覆盖全部油气田和炼厂,预测2035年原油、成品油管道里程分别达到4万公里、4.5万公里,油气管网总规模约34万公里,建成较为发达的油气管网运输体系。

3. 航空网络规模测算

根据中心地理论(图9-5、图9-6),假设地形完全平坦、人口分布均匀、各向交通便捷程度等同,为满足所有旅客均能在R公里范围享受航空服务,最优机场布局为六边形格局。机场数量与布局半径呈非线性关系,布局半径越小(即服务水平越高),需要布局的机场数量增加越快。

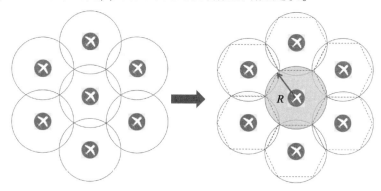

图9-5 基于中心地理论的机场布局示意图

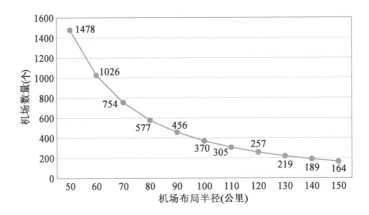

图 9-6 我国不同布局半径条件下所需的机场数量

$$N = \frac{2 \times A}{3\sqrt{3} \times R^2} \tag{9-2}$$

式中：N——机场数量（个）；

A——测算区域面积，本研究中取我国的国土面积，即 960 万平方公里；

R——机场布局半径（公里）。

2018 年我国已建成 236 个民用运输机场，平均布局半径为 125 公里/个。根据布局理论，布局半径越小，需要的机场数量越多，但旅客至最近机场的平均出行时间减少缓慢，即单位机场对全网服务水平提升的边际效应递减。因此，在确定机场布局目标服务半径的时候，一方面要考虑人民群众对航空便捷出行的需求和向往，另一方面也需要与国民经济社会发展水平相适应，即需要在期望的服务水平和机场建设所付出的成本之间进行平衡。

对标民航较为发达的美国、欧盟和日本（表 9-11），同时立足我国实际，面向 2035 年，我国机场布局目标服务半径 R 宜达到 90 公里，即 2035 年我国需建成约 456 个运输机场。

美国、欧盟、日本、印度机场布局　　　　表 9-11

国家（联盟）	面积（万平方公里）	人口（亿人）	人均 GDP（美元）	运输机场数量（个）	机场平均布局半径（公里）
美国（2017 年）	937	3.3	58700	511	85
欧盟（2018 年）	438	5.1	34000	401	65

续上表

国家（联盟）	面积（万平方公里）	人口（亿人）	人均GDP（美元）	运输机场数量（个）	机场平均布局半径（公里）
日本（2018年）	38	1.3	39000	66	47
印度（2018年）	≥300	13.5	2000	99（2018年）	113
				200（2040年）	80

数据来源：FAA，欧盟统计中心，日本国土交通省，印度民航业2040年。

4. 我国综合立体交通网规模汇总

截至2019年底，我国内河航道通航里程为12.73万公里，20世纪60年代初最高曾达到16万公里左右，目前全国主要适航江河基本得到利用，由于受自然地理条件的约束和人工碍航设施的影响，除部分河流通过航道整治或建设人工通航设施实现复航外，通航里程难有大规模增长，未来主要是通过不断提高高等级航道比例来提升运输能力，预计我国内河航道通航里程规模在15万公里左右。结合前述预测，我国综合立体交通网规模汇总见表9-12。

我国综合立体交通网规模汇总　　表9-12

序号	指标		规模
1	铁路网规模合计		21.06万公里
1.1	高速铁路		6.4万公里
1.2	城际铁路		1.16万公里
1.3	普通铁路		13.5万公里
2	公路网规模合计		600.7万公里
2.1	国家公路网	小计	47.2万公里
2.1.1		普通国道	30.8万公里
2.1.2		国家高速公路	16.4万公里
2.2	省级公路		53.5万公里
2.3	农村公路		500万公里
3	管道网规模合计		33.5万公里
3.1	天然气管道		25万公里
3.2	原油管道		4万公里
3.3	成品油管道		4.5万公里

续上表

序　号	指　标	规　模
4	内河航道网	15 万公里
综合立体交通网线路设施规模		670.26 万公里
5	民航机场	456（个）
综合立体交通网场站设施规模		456（个）

注：综合立体交通网场站设施规模未包含水运港口场站设施规模。

课题组长：

姜彩良（组长）、李艳红（副组长）

主要执笔人：

杨东、买媛媛、王显光、孙志华、唐鹏程

主要承担单位：

交通运输部科学研究院、新驰管理咨询（上海）有限公司

本章参考文献

[1] 中共中央　国务院.交通强国建设纲要[Z].[2019-09-19].北京新华社.

[2] 傅志寰,孙永福.交通强国战略研究[M].北京:人民交通出版社股份有限公司,2019.

[3] 李连成,等.中国需要多少铁路和公路——我国交通运输网络规模研究[M].北京:中国计划出版社,2015.

[4] 吴文化,孙峻岭,向爱兵,等.中国交通基础设施产业升级战略研究[M].北京:人民交通出版社股份有限公司,2018.

[5] 余巧凤.铁路网规模比较研究[J].铁道经济研究,2007(2):32-37.

[6] 莫辉辉,金凤君,王娇娥.铁路网规模测算方法体系与实证分析[J].地理研

究,2009(7):901-910.

[7] 关昌余,裴玉龙.基于GM-GRNN国家高速公路网规模预测研究[J].公路交通科技,2008(4):141-146.

[8] 戴特奇,张玉韩,陶卓霖.不同可达性目标下我国民航机场总规模测算[J].综合运输,2013(12):14-18.

[9] 钟晴,戴特奇.中国机场总规模分层优化测算研究——基于人口覆盖角度[J].地理科学进展,2014(12):1642-1649.

[10] 孙世达,姜巍,高卫东.中国港口时空格局演变及影响因素分析[J].世界地理研究,2016(2):62-71.

[11] 刘延涛.区域航道网规划方法及应用[D].南京:河海大学,2007.

[12] 何流,陈大伟,李旭宏.线性规划综合运输网络合理规模研究[J].交通信息与安全,2009(2):51-55.

第十章
国家综合立体交通网基础节点方案分析

国家综合立体交通网的节点包括枢纽城市、枢纽港站等不同层次，是客流物流集散转换的核心。本研究从城镇角度和区县级尺度，考虑国家战略、经济社会、交通运输、国土均衡、生态保护等方面需求，评估并识别全国多层次交通中心节点。本研究支撑构建多层级一体化国家综合交通枢纽系统，为综合交通通道和枢纽运输方式选择提供参考，有利于提升综合立体交通网布局的科学性。本研究在不同级别的中心节点实现不同运输功能的衔接转换，并针对不同级别中心节点间运输通道配置多方式交通基础设施组合，从而提升综合立体交通网布局科学性，推动综合交通运输体系高效运转。

一、研究意义

交通基础节点研究是高质量发展和多学科融合背景下进行综合交通运输规划的必然要求，对于完善新时期综合交通网，满足安全、便捷、高效、绿色、经济的运输需求，以及国土空间的连通要求具有重要意义。交通节点是组织综合交通网络的关键中枢，起着不可或缺的联结与转换作用。交通节点不仅能够带动交通枢纽本身和枢纽城市的发展，还可通过缩短运输时间、提升运输可达性等，推进区域规划与国土空间开发。重要的交通节点为人流、物流提供了重要的中转站，但也对基础设施有着更高的要求，因此，客观上需要得到足够的重视以保障实现交通节点的重要功能。在国土空间规划体制下，有必要科学识别并设定交通节点，通过优化交通基础设施空间布局，推动构建国土空间开发保护新格局。

围绕交通节点，学术界从交通网络节点特征、城市枢纽节点功能、运输服务节点设计等方面开展了研究，主要包括：综合交通运输视角下枢纽经济的演化机理与推进路径；城市高速铁路枢纽接驳-集疏运绩效空间分异及机理；基于全国城市节点通达性格局的"轴-辐"组织模式和"菱形"国土开发结构；基于复杂网络理论的全国高速铁路网络的特征和节点可靠性；利用社会网络分析方法和地理探测器的县域公路交通网络中心性及其影响因素；TOD（Transit Oriented Development，以公共交通为导向的城市空间开发）模式下城市大型交通节点综合空间开发及设计技术等。

评估识别交通中心节点，是通过综合评价节点重要性和区域竞争力，分析其成为交通枢纽的潜力，目前主要采用节点中心性、改进模糊C均值（FCM）聚类算法、网页排序（PageRank）算法、熵权法、层次分析法、逼近理想解排序法（TOPSIS）法等进行重要度评价和分类分级。现有交通节点研究还有值得改进之处：一是多基于现状交通网络的特征出发筛选网络节点，而对社会经济需求，特别是国土空间、生态保护等综合需求考虑较少；二是交通中心节点识别精度不够高，还未在全国层面开展区县一级的交通节点评估，不利于研究次级交通系统和引导枢纽场站落地；三是计算方法在指标综合上往往造成信息损失，难以辨识突出属性。为科学编制国家综合立体交通网规划，需要开展更全面、更详细、更精准的交通节点评估识别。

二、研究范围及基础单元

本研究以全国陆域为研究范围（不含港澳台地区），以全国行政等级中的区县为初始研究单元。全国共有初始单元2856个，考虑到部分市辖区距离较近、对外交通需求趋同，将距离市中心20公里（平均车程1小时）的市辖区归并为1个基础单元，并命名为某市中心（例如，北京市城六区合并为1个基础单元，即北京市中心），合并后全国共有2457个基础单元。

三、研究方法与数据

按照"支撑战略、服务经济、以人为本、全域服务、空间均衡、整合交通"的原则，以"19+2"城市群为基础，充分考虑未来国土空间发展要求，构建基础节点的指标体系；应用地理信息系统（Geographic Information System，GIS）分析法、层次分析法、多维魔方法等方法，定量整合多种因素，筛选综合立体交通网的中心节点，并按照重要度将其分为三个层次。

（一）基础节点指标体系

基础节点指标体系由政治战略、经济社会、交通运输、国土空间4个方面共18个指标组成。其中：政治战略目标包含行政地位、战略地位2项准则；经济社会目标包含人口与经济2项准则；交通运输目标包含铁路、公路、水路、民航、管道5项准则；国土空间目标包含资源禀赋、空间均衡、生态保护3项准则。在4项目标层、12项准则层基础上，提出了18项指标，以全面、清晰、独立地研究评价各基础节点，从而识别中心节点（表10-1）。

基础节点指标体系 表10-1

目标层	准则层	指标层
政治战略	行政地位	行政等级
	战略地位	战略重要度
经济社会	人口	户籍人口
	经济	GDP
交通运输	铁路	高速铁路密度
		普速铁路密度
	公路	国家高速公路密度
		普通国道密度
	水路	港口等级
	民航	机场等级
		离最近机场距离
	管道	原油管道密度
		成品油管道密度
		天然气管道密度
国土空间	资源禀赋	土地面积
	空间均衡	距离接壤县的平均距离
		起伏度
	生态保护	国家重点生态功能区

对基础单元进行逐项指标计算或赋值,具体赋值标准见表10-2。

基础节点指标计算标准　　　　　　　表10-2

指　标　层	计　算　标　准
行政等级	直辖市10(20公里以内区合并赋值为10,其他区县赋值为4)、副省级9(20公里以内区合并赋值为9,其他区县3)、普通省会8(20公里以内合并赋值为8,其他区县3)、地级市6(20公里以内区合并赋值为6)、县级市或区2、普通县1
战略重要度	国家级新区8(驻地8,其他区3)、国家一类陆路口岸驻地(7)、国家二类陆路口岸(其余边境县)3
户籍人口	从低到高自然断裂法1~10
地区生产总值	从低到高自然断裂法1~10
高速铁路密度	从低到高自然断裂法1~10
普速铁路密度	从低到高自然断裂法1~10
国家高速公路密度	从低到高自然断裂法1~10
普通国道密度	从低到高自然断裂法1~10
港口等级	沿海国际航运中心10、吞吐量前十大港口8、沿海主要港口7、沿海重要港口5、沿海一般港口3、内河主要港口4、内河高等级航道一般港口2、其他等级航道港口1
机场等级	4F:10,4E:8,4D:7,4B/C:6,3A/B/C/D:4,2A/B/C:3,1A/B/C:2,规划机场6
离最近机场距离	从高到低自然断裂法1~10
原油管道密度	从低到高自然断裂法1~10
成品油管道密度	从低到高自然断裂法1~10
天然气管道密度	从低到高自然断裂法1~10
土地面积	从低到高自然断裂法1~10
距离接壤县的平均距离	从低到高自然断裂法1~10
起伏度	从小到大自然断裂法1~10
国家重点生态功能区	国土空间准则层得分减半

(二)指标权重赋值与统计

为整合18个指标并确定权重,邀请了交通运输、自然资源、区域经济等领域的10位专家,对各个目标层内的指标层分别进行打分赋值。政治战略、社会经济、交通运输、国土空间4个目标层单独赋值,单独核算。其中,社会经济、交通运输、国土空间目标层内部指标以加权平均法统计。在政治战略目标层中，考虑到行政地位和战略地位具有一定相关性，在某种条件下可以转换，因此，取二者的最大值作为基础节点该层得分。在国土空间目标层，考虑到交通节点对生态保护可能产生的环境影响，将位于国家重点生态功能区内的基础节点该层得分减半。具体标准见表10-3。

专家赋值表　　　　　　　　表10-3

目标层	准则层	指标层	权重
政治战略	行政地位	行政等级	取最大值
	战略地位	战略重要度	
社会经济	人口	户籍人口	0.5
	经济	GDP	0.5
交通运输	铁路	高速铁路密度	0.15
		普速铁路密度	0.1
	公路	国家高速公路密度	0.15
		普通国道密度	0.1
	水路	港口等级	0.15
		机场等级	0.1
	民航	离最近机场距离	0.15
	管道	原油管道密度	0.03
		成品油管道密度	0.03
		天然气管道密度	0.04
国土空间	资源禀赋	面积	0.4
	空间均衡	距离接壤县的平均距离	0.35
		起伏度	0.25
	生态保护	国家重点生态功能区	减半扣分项

（三）多维魔方法

在分别计算指标层、准则层、目标层后，采用自然断裂法，将目标层得分分为5级：低、较低、中、较高、高。参照自然资源部《资源环境承载能力和国土空间开发适宜性评价指南（试行）》采用的"多维魔方法"，为更加突出级别较高的目标层，防止因传统加权平均法导致的关键信息淹没，将5个级别由低到高分别赋值为1、2、4、8、16，汇总计算逐个基本单元的得分。

$$U = P + E + T + L \tag{10-1}$$

式中：U——单元总分；

P——政治战略准则层得分；

E——社会经济准则层得分；

T——交通运输准则层得分；

L——国土空间准则层得分。

（四）节点类别判定

按照基础单元总分排序，根据综合交通网服务目标确定阈值，将节点分为一级中心节点、二级中心节点、三级中心节点、普通节点，表征该节点在国家综合立体交通网络中的作用。对应标准见表10-4。

节点分级表 表10-4

节点分级	得 分	特 征
一级中心节点	38~60	具有全国性影响，纳入"19+2"城市群的中心城市
二级中心节点	24~37	具有区域性影响，涵盖全国绝大部分大城市
三级中心节点	15~23	具有地方性影响，涵盖全国大部分城市
普通节点	≤14	普通县、市

对部分特殊情况进行处理和优化。一是将未纳入一级中心节点的省会纳入一级中心节点；二是将未纳入三级及以上中心节点的地级单位驻地纳入三级中心节点；三是将特别重要单一运输方式节点适当提高节点级别。

（五）研究数据

研究所使用的政治、战略相关信息来源于国家相关政策与规划等；人口、经济数据来源于全国及各省（区、市）统计年鉴；铁路、公路、水运、民航和管道等相关交通基础设施布局数据来源于交通运输部；各区县面积、地形、区县间距离等地理数据来源于国家基础地理信息数据库并基于 ArcGIS 分析获取；国家重点生态功能区名录来源于国家发展改革委。

四、基础节点分析过程

（一）指标层计算

指标层所包括的 18 项指标是基础节点研究的直接支撑，具体分析过程如下。

1. 行政等级

按照国家规定的城市行政等级，赋值标准见表10-5。

城市等级赋值 表10-5

等 级	赋值	节 点 名 称
省级	10	北京、上海、天津、重庆市中心（其他区县4分）
副省级	9	省会城市：哈尔滨、长春、沈阳、济南、南京、杭州、广州、武汉、成都、西安市中心；计划单列市：大连、青岛、宁波、厦门、深圳市中心（其他区县3分）
省会城市政府驻地	8	石家庄、太原、呼和浩特、合肥、福州、南昌、郑州、长沙、南宁、海口、贵阳、昆明、拉萨、兰州、西宁、银川和乌鲁木齐市中心（其他区县3分）
地级市	6	唐山、邯郸、秦皇岛、邢台、保定等260个城市的市中心（其他区县2分）
县级市或区	2	
普通县	1	

2. 战略重要度

按照国家级新区、国家一类陆路口岸与国家二类陆路口岸从大到小赋值（表10-6）。

战略重要度等级赋分 表10-6

等 级	赋值	节 点 范 围
国家级新区	8	浦东新区、滨海新区、横琴新区、两江新区、舟山群岛新区、兰州新区、南沙新区、西咸新区、贵安新区、西海岸新区、金普新区、天府新区、湘江新区、江北新区、福州新区、滇中新区、哈尔滨新区、长春新区、赣江新区和雄安新区的政府驻地（其他区县3分）
国家一类陆路口岸	7	包含甘肃、广西、黑龙江、吉林、辽宁、内蒙古、西藏、新疆、云南等9个省（区）57个区县
国家二类陆路口岸	4	包含甘肃、广西、黑龙江、吉林、辽宁、内蒙古、西藏、新疆、云南等9个省（区）的131个区县（其他区县3分）

3. 户籍人口

主要反映社会基础出行需求。基于自然断点法对基础单元的人口数从低到高赋值1~10分，单位：人。

4. 地区生产总值

主要衡量区域经济状况。基于自然断点法对基础单元的地区生产总值从低到高赋值1~10分,单位:亿元。

5. 高速铁路密度

反映高速铁路的覆盖水平,基于自然断点法对基础单元的高速铁路密度从低到高赋值1~10分,单位:米/平方公里。

6. 普速铁路密度

反映普通铁路的覆盖水平,基于自然断点法对基础单元的普速铁路密度从低到高赋值1~10分,单位:米/平方公里。

7. 国家高速公路密度

表征快速干线公路交通方式的覆盖水平。基于自然断点法对基础单元的国家高速公路密度从低到高赋值1~10分,单位:米/平方公里。

8. 普通国道密度

表征全国性普遍服务干线公路的覆盖水平。基于自然断点法对基础单元的普通国道密度从低到高赋值1~10分,单位:米/平方公里。

9. 港口等级

反映水运基础条件,根据港口等级按照标准赋值。沿海国际航运中心涉及24个基础单元,吞吐量前十大港口涉及37个基础单元,沿海主要港口涉及67个基础单元,沿海重要港口涉及57个基础单元,沿海普通港口涉及52个基础单元,内河主要港口涉及120个基础单元,内河高等级航道普通港口涉及135个基础单元,其他等级航道港口涉及94个基础单元。

10. 机场等级

反映航空运输条件,根据机场等级按照标准赋值。据相关统计和规划估算,4F机场12个,4E机场34个,4D机场40个,4B/C及规划机场309个,3A/B/C/D机场5个,2A/B/C机场1个,1A/B/C机场1个。

11. 离最近机场距离

反映周边航空运输的可得性。使用ArcGIS距离计算基础单元离最近机场距离,基于自然断点法对基础单元离最近机场距离从高到低赋值1~10分,单位:公里。

12. 原油管道密度

反映原油管道运输能力，基于自然断点法对基础单元的原油管道密度从低到高赋值 1~10 分，单位：米/平方公里。

13. 成品油管道密度

反映成品油管道运输能力，基于自然断点法对基础单元的成品油管道密度从低到高赋值 1~10 分，单位：米/平方公里。

14. 天然气管道密度

反映天然气管道运输能力，基于自然断点法对基础单元的天然气管道密度从低到高赋值 1~10 分，单位：米/平方公里。

15. 土地面积

反映土地资源禀赋，基于自然断点法对基础单元的土地面积从低到高赋值 1~10 分，单位：平方公里。

16. 距离接壤县的平均距离

反映基础单元偏远程度和交通运输助力巩固拓展脱贫攻坚成果、助力乡村振兴的需求，根据自然断点法将距离接壤县的平均距离从小到大赋值 1~10 分。单位：公里。

17. 地形起伏度

起伏度是在一个特定的区域内，最高点海拔高度与最低点海拔高度的差值，是反映区域地形特征的一个宏观性指标。根据自然断点法将地形起伏度从小到大赋值 1~10 分。

18. 国家重点生态功能区

国家重点生态功能区承担水源涵养、水土保持、防风固沙和生物多样性维护等重要生态功能，关系全国或较大范围区域的生态安全，在国土空间开发中要限制大规模高强度工业化城镇化开发，以保持并提高生态产品供给能力。因此，在考虑交通节点时，有必要合理考虑这些区县，降低相应基础节点的得分。本研究将涉及国家重点生态功能区的基础节点国土空间目标层得分按减半处理。

（二）目标层计算

政治战略目标层包含行政地位与战略地位 2 个准则层。结果显示：各省省会城市及计划单列市、沿海沿边开放城市及各地级市中心区域的分值较高，区域分布相对均衡。

经济社会目标层包含人口和经济 2 个准则层。结果显示：高分值单元主要分布于胡焕庸线以东，特别是京津冀、长三角、粤港澳、成渝四大城市群及其连线区域，区域分布较为集中。

交通运输目标层包含铁路、公路、水运、民航、管道等 5 个准则层。结果显示：高分值区主要在沈阳—兰州—昆明—海南一线与海岸线合围的区域，在西部、东北等区域也有点状高值区，体现了交通运输对国土空间开发、区域均衡发展的支撑作用。

国土空间目标层包含资源禀赋、空间均衡和生态保护 3 个准则层。结果显示：胡焕庸线以西的单元由于面积较大、较为偏远、地形崎岖，通达需求更为强烈，除部分生态敏感区域外普遍分值较高，但在全国层面其均衡程度相对较好。

（三）节点分级及结果修正

将目标层指标分别分为 5 级：低、较低、中、较高、高，将 5 级分别赋值为 1、2、4、8、16。

在目标层分级基础上，将 4 个目标层采用多维魔方法进行整合，得到基础节点初步分级结果。

考虑个别基础单元可能存在的特殊情况，对基础节点初步分级结果进行修正。将未纳入一级中心节点的省会城市纳入一级中心节点，包括拉萨、西宁、银川共 3 个；将未纳入三级及以上中心节点的地级行政单位驻地纳入三级中心节点，共有文山、伊春等 9 个；将特别重要单一运输方式节点适当提高节点级别，包括曹妃甸区 1 个。

五、中心节点识别结果及应用

（一）目标层分值空间分异

政治战略目标层中，各省（区、市）的省会（首府）城市及计划单列市、沿海沿边开放城市及各地级市中心区域的分值较高，区域分布相对均衡；经济社会目标层中，高分值单元主要分布于胡焕庸线以东，特别是京津冀、长三角、粤港澳、成渝四大城市群及其连线区域，区域分布较为集中；交通运输目标层中，高分值区主要在沈阳—兰州—昆明—海南一线与海岸线合围的区域，在西部、东北等区域也有点状高值区，体现了交通运输对国土空间开发、区域均衡发展的支撑作用；国土生态目标层中，胡焕庸线以西的单元由于面积较大、较为偏远、地形崎岖，通达需求更为强烈，除部分生态敏感区域外，普遍分值较高，但在全国层面均衡程度相对较好。

（二）中心节点识别结果

针对全国共 2457 个基础单元，共确定中心节点 687 个，占总数约 28.0%。其中：一级中心节点 48 个，占总数约 2.0%；二级中心节点 184 个，占总数约 7.5%；三级中心节点 455 个，占总数约 18.5%。

各省（区、市）的中心节点列表见表 10-7。

（三）各省（区、市）中心节点分析

1. 各省（区、市）中心节点数量及分级

分析各省（区、市）的中心节点数量和比例（图 10-1），江苏省、广东省、新疆维吾尔自治区的中心节点数量超过 40 个，海南省、天津市、上海市、宁夏回族自治区、北京市的中心节点数量少于 10 个，其余省（区、市）的中心节点数量介于 11~39 个之间。可见，经济越发达、面积越大的省（区、市）拥有越多的中心节点，特别是土地面积在中心节点评估过程中作用凸显。

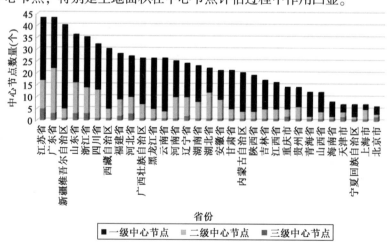

图 10-1　各省（区、市）综合立体交通网分级中心节点数量

表10-7 各省（自治区、直辖市）中心节点列表

省份	一级中心节点	二级中心节点	三级中心节点
北京市	北京市中心、通州区	大兴区	房山区、顺义区、昌平区
天津市	天津市中心、滨海新区	西青区、津南区	武清区、宝坻区、静海区
河北省	石家庄市中心、唐山市中心、邯郸市中心	雄安新区、保定市中心、沧州市中心、邢台市中心、衡水市中心、秦皇岛市中心、张家口市中心	霸州市、沧县、曹妃甸区、承德市中心、定州市、丰润区、藁城区、黄骅市、廊坊市中心、鹿泉区、栾城区、山海关区、无极县、新乐市、永年区、正定县、涿州市
山西省	太原市中心	阳泉市中心、长治市中心、晋城市中心	大同市中心、侯马市、晋中市中心、临汾市中心、吕梁市中心、朔州市中心、忻州市中心、运城市中心
内蒙古自治区	呼和浩特市中心	包头市中心、赤峰市中心、呼伦贝尔市中心	阿尔山市、阿拉善右旗、巴彦淖尔市中心、东乌珠穆沁旗、额尔古纳市、额济纳旗、鄂尔多斯市中心、二连浩特市、霍林郭勒市、满洲里市、通辽市中心、乌海市中心、乌兰察布市中心、乌兰浩特市、锡林浩特市
辽宁省	沈阳市中心、大连市中心	丹东市中心、抚顺市中心、阜新市中心、锦州市中心、铁岭市中心、营口市中心、金州市中心、庄河市	鞍山市中心、鲅鱼圈区、本溪市中心、朝阳市中心、东港市、盖州市、葫芦岛市中心、辽阳市中心、旅顺口区、盘锦市中心、普兰店区、苏家屯区、瓦房店市、长海县
吉林省	长春市中心	吉林市中心、四平市中心、辽源市中心、延吉市	白城市中心、白山市中心、德惠市、敦化市、珲春市、集安市、龙井市、梅河口市、农安县、图们市、榆树市、长白朝鲜族自治县
黑龙江省	哈尔滨市中心	鹤岗市中心、佳木斯市中心、牡丹江市中心、黑河市中心	大庆市中心、东宁市、抚远市、富锦市、呼玛县、虎林市、加格达奇区、萝北县、漠河市、南岔区、齐齐哈尔市中心、七台河市中心、饶河县、双鸭山市中心、塔河县、同江市、绥芬河市、绥化市中心、伊春市中心、依兰县
上海市	上海市中心（含浦东新区）	嘉定区、金山区、松江区、奉贤区	青浦区、普陀区

319

续上表

省份	一级中心节点	二级中心节点	三级中心节点
江苏省	常州市中心、连云港市中心、南京市中心、无锡市中心、徐州市中心	常熟市、丹阳市、淮安市中心、南通市中心、苏州市中心、通州区、吴江区、盐城市中心、扬州市中心、镇江市中心	东海县、赣榆区、高邮市、海安市、海门市、淮安市姜堰区、金坛区、靖江市、句容市、溧阳市、六合区、邳州市、启东市、如东县、沭阳县、信江迁市中心、睢宁县、太仓市、泰州市兴化市、新沂市、仪征市、宜兴市、张家港市
浙江省	杭州市中心、宁波市中心、温州市中心	北仑区、湖州市、嘉兴市中心、绍兴市中心、台州市中心、义乌市、衢州市中心、余杭区、余姚市、舟山市中心	苍南县、慈溪市、奉化区、富阳区、海宁市、嘉善县、建德市、金华市中心、丽水市中心、临海市、龙海县、宁海县、平阳市、瑞安市、上虞区、桐乡市、温岭市、永嘉县、长兴县、诸暨市
安徽省	合肥市中心	安庆市、阜阳市、黄山市中心、滁州市中心、宿州市中心、芜湖市中心	亳州市中心、池州市、巢湖市、肥东县、肥西县、六安市中心、马鞍山市中心、铜陵市中心、淮北市中心、淮南市中心、芜湖县、宣城市
福建省	福州市中心、厦门市中心	惠安县、晋江市、马尾区、莆田市、泉州市中心、漳州市中心	福清市、连江县、龙海市、龙岩市中心、罗源县、南平市中心、宁德市中心、平潭县、泉港区、三明市中心、石狮市、同安区、翔安区、尤溪县、闽侯县、闽清县、南安市、漳浦县
江西省	南昌市中心	南昌县、九江市中心、鹰潭市中心、赣州市中心	抚州市中心、吉安市中心、共青城、上饶市中心、新余市中心、宜春市中心、景德镇市中心、萍乡市中心、进贤县、永修县
山东省	济南市中心、青岛市中心、临沂市中心	城阳区、东营市中心、胶州市、聊城市、牡丹区、潍坊市中心、日照市中心、泰安市中心、烟台市中心、枣庄市中心、淄博市中心	滨州市中心、德州市中心、即墨区、嘉祥县、莱芜市中心、平度市、莱州市、寿光市、曲阜区、章丘区、长清区、岚山区、临淄区、薛城区、邹城市、文登区、周村区
河南省	郑州市中心	安阳市中心、开封市中心、洛阳市中心、南阳市中心、平顶山市中心、新郑市、许昌市中心、周口市中心	鹤壁市中心、潢川县、济源市、焦作市中心、濮阳市中心、三门峡市中心、商丘市中心、新乡市、信阳市中心、义马市、偃师市、荥阳市、莱芜市中心、威海市、驻马店市中心、长葛市、禹州市、驻马店市中心

续上表

省份	一级中心节点	二级中心节点	三级中心节点
湖北省	武汉市中心	鄂州市中心,恩施市,黄冈市中心,黄石市中心,荆门市中心,十堰市中心,咸宁市中心,襄阳市中心,宜昌市中心	蔡甸区,大冶市,汉南区,江夏区,神农架林区,猇亭区,孝感市中心,仙桃市,新洲区,随州市中心
湖南省	长沙市中心	常德市中心,怀化市中心,湘潭市中心,益阳市中心,岳阳市中心,长沙县,株洲市中心	郴州市中心,衡阳县,衡阳市中心,吉首市,冷水滩区,浏阳市,娄底市中心,汨罗市,宁乡市,邵阳县,邵阳市中心,溆浦县,永州市中心,张家界市中心,望城区
广东省	广州市中心、深圳市中心、汕头市中心	宝安区,黄埔区,番禺区,佛山市中心,花都区,东莞市,惠州市中心,揭阳市中心,龙岗区,梅州市中心,南沙区,清远市中心,汕尾市中心,顺德区,阳江市中心,湛江市中心,中山市中心,珠海市中心,肇庆市中心	博罗县,潮南区,潮州市中心,电白区,高明区,光明区,海丰县,河源市中心,怀集县,惠来县,江门市中心,廉江市,陆丰市,茂名市中心,普宁市,三水区,韶关市中心,吴川市,云浮市中心,增城区
广西壮族自治区	南宁中心	北海市中心,贵港市中心,桂林市中心,柳州市中心,钦州市中心	百色市中心,宾阳县,崇左市中心,东兴市,防城港市中心,桂平市,合浦县,河池市中心,横县,靖西市,来宾市中心,龙州县,马山县,宁明县,凭祥市,青秀区,田阳区,梧州市中心,玉林市中心
海南省	海口市中心	三亚市中心	海棠区,儋州市中心,琼海市,万宁市,东方市
重庆市	重庆市中心、渝北区	万州区,江津区,开州区	巴南区,北碚区,涪陵区,合川区,梁平区,永川区,长寿区,忠县
四川省	成都市中心	达州市中心,简阳市,龙泉驿区,泸州市中心,绵阳市中心,南充市中心,内江市中心,攀枝花市中心,双流区,遂宁市中心,宜宾市中心,自贡市	巴中市中心,德阳市中心,广安市中心,广元市中心,会东县,康定市,乐山市中心,马尔康市,眉山市中心,新都区,鄂都市中心,松潘县,温江区,西昌市,新津县,宣汉县,雅安市中心,资阳市中心
贵州省	贵阳中心	安顺市中心,毕节地区中心,花溪区,盘州市,遵义市中心	都匀市,凯里市,黎平县,六盘水市中心,水城县,梓桐县,铜仁地区中心,兴义市

321

续上表

省份	一级中心节点	二级中心节点	三级中心节点
云南省	昆明市中心	保山市中心、昭通市中心、大理市	安宁市、呈贡区、楚雄市、个旧市、河口瑶族自治县、会泽县、江城哈尼族彝族自治县、景洪市、澜沧拉祜族自治县、丽江市中心、临沧市中心、泸水市、芒市、勐腊县、曲靖市、思茅市中心、文山市、香格里拉市、宣威市、玉溪市、腾冲市、山南地区市中心
西藏自治区	拉萨市中心	昌都地区中心、日喀则地区中心、那曲地区中心、林芝地区中心	安多县、昂仁县、八宿县、比如县、边坝县、噶尔县、工布江达县、吉隆县、朗县、洛隆县、芒康县、米林县、墨脱县、普兰县、察雅县、日土县、山南地区中心、申扎县、双湖县、谢通门县、亚东县、左贡县
陕西省	西安市中心	咸阳市中心、延安市中心、汉中市中心	安康市中心、宝鸡市中心、定边县、高陵区、华阴市、兴平市、临潼区、神木市、铜川市中心、渭南市中心、阎良区、南洛市中心、杨陵区、榆林市中心
甘肃省	兰州市中心	永登县、天水市中心、武威市中心、敦煌市	白银市中心、定西市中心、瓜州县、合作市、酒泉市中心、金昌市中心、嘉峪关市、临夏市中心、陇南市中心、岷县、平凉市中心、庆阳市中心、肃北蒙古族自治县、榆中县、玉门市、张掖市
青海省	西宁市中心	格尔木市	大柴旦行政区、德令哈市、都兰县、共和县、海东市中心、海晏县、玛沁县、泣源市、同仁县、玉树市
宁夏回族自治区	银川市中心	中卫市中心	固原市中心、灵武市、石嘴山市中心、吴忠市中心、永宁县
新疆维吾尔自治区	乌鲁木齐市中心	吐鲁番地区中心、哈密地区中心、喀什地区中心、阿勒泰市	阿克苏市、和布克赛尔蒙古自治县、巴里坤哈萨克自治县、拜城县、博乐市、昌吉市、达坂城区、富蕴县、阿图什市、和静县、和田市、霍尔果斯市、霍城县、青河县、鄯善县、石河子市、塔城市、库车县、库尔勒市、库尔勒市、皮山县、奇台县、轮台县、塔什库尔干塔吉克自治县、头屯河区、尉犁县、温宿县、乌鲁木齐依县、乌恰县、乌苏市、叶城县、伊宁市、伊吾县、昭苏县

2. 各省（区、市）中心节点比例

分析中心节点数量占辖区单元总数比例（图10-2），上海市、天津市、江苏省、北京市的中心节点占比超过50%，其中上海市有87.5%的单元属于中心节点；河南省、四川省、陕西省、江西省、河北省、贵州省、山西省的中心节点占单元总数比例低于10%。可见，经济较发达、面积较小的省（区、市）中心节点占单元总数的比例较高，经济因素的作用更明显。

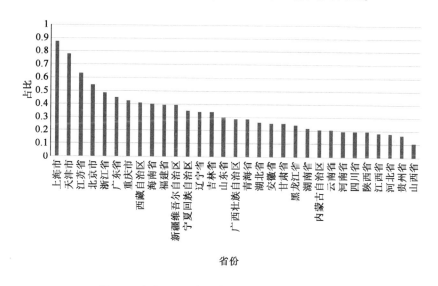

图10-2　各省（区、市）中心节点占单元总数的比例

（四）中心节点识别结果应用

中心节点的识别，在以下三方面促进了国家综合立体交通网研究：

一是作为交通运输量预测中交通小区划分的基础，推进综合交通网络运量预测更加精准和接近实际区域交通出行特征，推动国家综合立体交通网具备更加精细化的国土服务能力。

二是作为确定综合交通枢纽的重要依据，支撑构建多层级一体化国家综合交通枢纽系统。

三是作为各类交通基础设施布局的重要参考，通过不同级别的中心节点实现不同运输功能的衔接转换，并在相关运输通道配置不同交通基础设施组合，支撑下阶段区域交通运输规划与建设。

六、结果评价

（一）对全国城市的覆盖水平

中心节点对全国 660 个城市综合覆盖率为 67%。其中：一级中心节点对全国城区 300 万以上人口城市覆盖率约 91%；二级以上节点对全国城区 100 万以上人口城市覆盖率约 90%；三级以上节点对全国城区 20 万以上人口城市覆盖率约 82%。

（二）对"19+2"城市群的覆盖水平

根据《中华人民共和国国民经济和社会发展第十三个五年规划纲要》，"19+2"城市群是我国未来国家空间格局的基础，也是交通运输网络的集散枢纽，纳入了 219 个城市。

在"19+2"城市群中，涉及一级中心节点 40 个，二级中心节点 89 个，三级中心节点 86 个。中心节点对纳入"19+2"城市群的城市覆盖率约 98%。其中：一级中心节点、二级中心节点、三级中心节点分别覆盖了 219 个"19+2"城市群中心城市的约 18%、41%、39%。具体见表 10-8。

（三）对人口经济的覆盖水平

2019 年底全国户籍人口为 14 亿，中心节点所在单元人口占全国户籍人口的比例为 43%。其中：一级中心节点人口占全国的比例约为 11%；二级及以上中心节点人口占全国的比例约为 24%。

2019 年全国 GDP 为 99 万亿元，中心节点所在单元经济生产总值占全国的比重约为 67%。其中：一级中心节点经济生产总值占全国的比重约为 26%；二级及以上中心节点经济生产总值占全国的比重约为 47%。

（四）对国土空间的覆盖水平

我国陆地国土面积约为 960 万平方公里，中心节点所在单元面积占全国陆地国土面积的比例约为 32%。

（五）对交通运输行业现有规划的覆盖水平

中心节点对《中长期铁路网规划》提出的 19 个综合铁路枢纽及《国家铁路枢纽总图规划》提出的 50 个铁路枢纽覆盖率为 100%，其中一级中心节点对综合铁路枢纽、二级及以上中心节点对铁路枢纽实现全覆盖。

表 10-8

"19+2"城市群节点分布

"19+2"城市群名称	一级中心节点	二级中心节点	三级中心节点
京津冀城市群	北京市、天津市、石家庄市、唐山市、邯郸市	雄安新区、保定市、秦皇岛市、张家口市、沧州市、邢台市、衡水市	廊坊市、承德市
长江三角洲城市群	上海市、南京市、无锡市、常州市、杭州市、宁波市、合肥市	苏州市、南通市、盐城市、扬州市、镇江市、嘉兴市、湖州市、绍兴市、舟山市、台州市、芜湖市、安庆市、滁州市	泰州市、金华市、马鞍山市、铜陵市、池州市、宣城市
珠三角城市群	广州市、深圳市	珠海市、佛山市、东莞市、中山市、惠州市、肇庆市	江门市
山东半岛城市群	济南市、青岛市、临沂市	烟台市、东营市、淄博市、潍坊市、日照市、菏泽市、枣庄市、济宁市、聊城市、泰安市	威海市、莱芜市、德州市、滨州市
海峡西岸城市群	福州市、厦门市	泉州市、漳州市、莆田市	三明市、南平市、龙岩市、宁德市
哈长城市群	哈尔滨市、长春市	牡丹江市、吉林市、四平市、辽源市	松原市、大庆市、齐齐哈尔市、绥化市
辽中南城市群	沈阳市、大连市	抚顺市、营口市、铁岭市	鞍山市、本溪市、辽阳市、盘锦市
中原地区城市群	郑州市	开封市、洛阳市、平顶山市、许昌市、漯河市、周口市、晋城市	新乡市、焦作市、济源市、鹤壁市、商丘市、亳州市
长江中游城市群	武汉市、长沙市、南昌市	黄石市、鄂州市、黄冈市、咸宁市、荆州市、潜江市、天门市、襄阳市、宜昌市、岳阳市、荆门市、株洲市、湘潭市、常德市、九江市、上饶市、萍乡市、鹰潭市	孝感市、仙桃市、衡阳市、娄底市、景德镇市、新余市、宜春市、抚州市、吉安市
成渝城市群	重庆市、成都市	自贡市、泸州市、绵阳市、遂宁市、内江市、南充市、宜宾市、达州市	德阳市、乐山市、眉山市、广安市、雅安市、资阳市
关中平原城市群	西安市	咸阳市、天水市	宝鸡市、铜川市、渭南市、杨凌农业高新技术产业示范区、商洛市、运城市、临汾市、平凉市、庆阳市

续上表

"19+2城市群名称"	一级中心节点	二级中心节点	三级中心节点
北部湾城市群	南宁市、海口市	北海市、钦州市、湛江市、阳江市	防城港市、玉林市、崇左市、茂名市、儋州市、东方市
山西中部城市群	太原市		晋中市、忻州市、吕梁市
呼包鄂榆城市群	呼和浩特市	包头市	鄂尔多斯市、榆林市
黔中城市群	贵阳市	安顺市、遵义市、毕节市	黔东南苗族侗族自治州、黔南布依族苗族自治州
滇中城市群	昆明市		曲靖市、玉溪市、楚雄彝族自治州、红河哈尼族彝族自治州
兰西城市群	兰州市、西宁市	海东市	白银市、定西市、临夏回族自治州、海北藏族自治州
宁夏沿黄城市群	银川市	中卫市	石嘴山市、吴忠市
天山北坡城市群	乌鲁木齐市		昌吉市、石河子市、塔城市、伊犁市、克拉玛依市
拉萨城市圈	拉萨市		
喀什城市圈		喀什市	克孜勒苏柯尔克孜自治州

中心节点对《全国沿海港口布局规划》《全国内河航道与港口布局规划》提出的 24 个沿海主要港口和 28 个内河主要港口覆盖率为 100%，其中二级及以中心节点对沿海和内河主要港口覆盖率约 88%。

中心节点对《全国民用运输机场布局规划》提出的 370 个民用机场覆盖率为 90% 以上。

七、结论

在国家综合立体交通网研究目标指引下，充分考虑城市群发展与国土空间规划对交通节点的影响，按照"支撑战略、服务经济、以人为本、全域服务、空间均衡、整合交通"的原则，构建基础节点的指标体系。

在政治战略、经济社会、交通运输和国土空间 4 个目标层下，设置行政地位、战略地位、人口、经济、铁路、公路、水运、民航、管道、资源禀赋、空间均衡及生态保护等 12 个准则层和 18 个具体指标。

以全国区县为基础，针对近距离归并后的 2457 个基础单元，综合应用 GIS 分析法、层次分析法、多维魔方法等方法，研究筛选综合立体交通网的中心节点。按照节点的最终得分，将中心节点分为三个层次，科学量化区县尺度的交通重要度。同时，考虑到个别区县的特殊性，针对初步的结果进行优化。

最终，本研究共识别出中心节点 687 个（占比约 28%），其中：一级中心节点 48 个（占比约 2%）、二级中心节点 184 个（占比约 7.5%）、三级中心节点 455 个（占比约 18.5%），呈现"金字塔"分布格局，符合基本认知和客观规律。基础节点研究为国家综合立体交通网的构建提供了有力支撑，一是作为交通运输量预测中交通小区划分的基础，二是作为确定综合交通枢纽的重要依据，三是作为分方式交通基础设施布局的重要参考。

为了进一步检验中心节点识别的可靠性和覆盖面，选取全国城市、"19 + 2"城市群、人口、经济、国土面积和交通运输行业现有规划进行覆盖率的计算和评估。从结果来看，中心节点对全国城市的服务水平约 67%，对"19 + 2"城市群的 219 个城市的覆盖水平约 98%，对人口的覆盖水平约 43%，对经济的覆盖水平约 67%，对国土面积的服务水平约 32%，对交通运输行业现有规划提出的全国性交通枢纽基本实现了全覆盖。

课题组组长：
朱高儒（组长）、蒋斌（副组长）
主要执笔人：
袁春毅、王曼、高玉健、赵燕妮、刘杰
主要承担单位：
交通运输部规划研究院、北京大学

本章参考文献

[1] CHEN W, LIU W, LIU Z. Integrating Land Surface Conditions and Transport Networks to Quantify the Spatial Accessibility of Cities in China[J]. Journal of Maps, 2019(3):1-12.

[2] CUI X, FANG C, WANG Z, et al. Spatial Relationship of High-Speed Transportation Construction and Land-Use Efficiency and its Mechanism: Case Study of Shandong Peninsula Urban Agglomeration[J]. Journal of Geographical Sciences, 2019, 29(4):549-562.

[3] HU L, ISEKI H. Land Use and Transportation Planning in a Diverse World[J]. Transport Policy, 2019, 81:282-283.

[4] LIM J, KIM J H. Joint Determination of Residential Relocation and Commuting: A Forecasting Experiment for Sustainable Land Use and Transportation Planning[J]. Sustainability, 2019, 11(1):182.

[5] ROSSIT D G, GONZALEZ M E, TOHMÉ F, et al. Upstream Logistic Transport Planning in the Oil-Industry: A Case Study[J]. International Journal of Industrial Engineering Computations, 2020:221-234.

[6] WANG C, JIN F. Significant Progress in Transport Geography in China[J].

Journal of Geographical Sciences,2015,25(5):637-639.

[7] ZHANG G,ZHENG D,WU H,et al. Assessing the Role of High-Speed Rail in Shaping the Spatial Patterns of Urban and Rural Development:A Case of the Middle Reaches of the Yangtze River,China[J]. Science of The Total Environment,2020,704:135399.

[8] 蔡莉丽,马学广,陈伟劲,等.基于客运交通流的珠三角城市区域功能多中心特征研究[J].经济地理,2013,33(11):52-57.

[9] 陈卓,梁宜,金凤君.基于陆路综合交通系统的中国城市网络通达性模拟及其对区域发展格局的影响[J].地理科学进展,2021,40(2):183-193.

[10] 陈娱,金凤君,陆玉麒,等.京津冀地区陆路交通网络发展过程及可达性演变特征[J].地理学报,2017,72(12):2252-2264.

[11] 杜鹃.高速铁路对中原城市群经济发展的影响研究[D].兰州:兰州大学,2019.

[12] 方创琳.中国城市群研究取得的重要进展与未来发展方向[J].地理学报,2014,69(8):1130-1144.

[13] 冯慧敏.交通运输发展对产业结构的影响分析[D].西安:长安大学,2014.

[14] 冯长春,谢旦杳,马学广,等.基于城际轨道交通流的珠三角城市区域功能多中心研究[J].地理科学,2014,34(6):648-655.

[15] 耿彦斌,胡贵麟,姜长杰.交通运输支撑国家安全的现状、问题与路径研究[J].公路,2021,66(5):183-188.

[16] 顾朝林.城市群研究进展与展望[J].地理研究,2011,30(5):771-784.

[17] 郭卫东,钟业喜,冯兴华,等.长江中游城市群县域公路交通网络中心性及其影响因素[J].经济地理,2019,39(4):34-42.

[18] 关兴良,蔺雪芹,胡仕林,等.武汉城市群交通运输体系与城镇空间扩展关联分析[J].地理科学进展,2014,33(5):702-712.

[19] 黄言,宗会明,罗舒畅,等.中国超大城市群陆路交通网络格局及可达性比较研究[J].现代城市研究,2019(4):24-32.

[20] 江雪峰,马小毅.论交通规划在国土空间规划中的关键作用——以广州市

为例[J].城市规划,2021(4):76-83.

[21] 金凤君,陈卓.1978年改革开放以来中国交通地理格局演变与规律[J].地理学报,2019,74(10):1941-1961.

[22] 柯昌波,孔令伟,原二普,等.国土空间规划下交通国土空间规划体系与重点内容[J].综合运输,2021,43(7):52-55+90.

[23] 廖勇刚,郭凯,王晟,等.TOD模式城市道路交通节点空间开发及综合设计技术[J].公路,2021,66(6):298-301.

[24] 李国政.综合交通运输视角下枢纽经济的演化机理与推进路径[J].铁道运输与经济,2021,43(8):37-42.

[25] 刘杰.铁路货物运输网络关键节点识别算法研究[J].重庆交通大学学报(自然科学版),2021,40(8):71-77.

[26] 马小毅,张海霞.国土空间规划构建期大城市交通实践与探索：以广州市第三轮交通发展战略规划为例[J].城市规划,2020,44(9):100-105.

[27] 钱竞,洪武扬.以立体化视角重构国土空间利用模式——深圳案例[J].国土与自然资源研究,2019(5):19-21.

[28] 宋京妮,吴群琪,薛晨蕾,等.综合交通运输网络规划研究综述[J].世界科技研究与发展,2017,39(2):182-188.

[29] 宋敏,陈益鑫.城市群综合交通运输效率对经济增长的影响——基于长三角与粤港澳大湾区的比较研究[J].城市问题,2019(9):45-53.

[30] 汪德根,徐银凤,赵美风.长江经济带城市高铁枢纽接驳：集疏运绩效空间分异及机理[J].地理学报,2021,76(8):1997-2015.

[31] 王灵丽,黄敏,高亮.基于聚类算法的交通网络节点重要性评价方法研究[J].交通信息与安全,2020,38(2):80-88.

[32] 吴威,曹有挥,曹卫东,等.长三角地区交通优势度的空间格局[J].地理研究,2011,30(12):2199-2208.

[33] 肖礼谆.城市群城际铁路线网规划评价研究[D].成都:西南交通大学,2016.

[34] 杨涛.新时代跨区域综合交通运输规划的思考[J].城市规划,2021,45(3):21-23.

[35] 易伟忠.长三角城市群综合交通发展现状与展望[J].交通与运输(学术版),2017(2):1-6.

[36] 张乔,黄建中,马煜箫.国土空间规划体系下的综合交通规划转型思考[J].华中建筑,2020,38(1):87-91.

[37] 朱高儒,王曼,刘杰,等.我国综合立体交通网中心节点评估识别[J].科技管理研究,2022(12).